21 世纪 经济学系列教材

作者简介

黄卫平

经济学博士，中国人民大学经济学院国际经济系教授，博士生导师，曾作为富布赖特高级学者在美国斯坦福大学作研究。任教育部高等学校经济学学科教学指导委员会委员，中国社会科学院美国研究所、亚太研究所学术委员会委员，中国世界经济学会、中国国际贸易学会、美国经济学会、欧盟经济研究会等学会的理事或常务理事，太平洋经济合作委员会国际顾问组成员，国务院特殊津贴获得者。研究方向为国际经济、国际商务、经济发展等。主要代表作有：《关贸总协定与走向开放的中国经济》《亚太经济中的“龙”》《国际经济学教程》《中国经济发展理论与实践研究》《发展经济学教程》《走向全球化》等。

彭刚

经济学博士，中国人民大学经济学院国际经济系教授，博士生导师，中国人民大学发展中国家经济研究中心主任，美国哈佛大学访问学者。长期从事发展经济学，国际经济学，世界反贫困，中国经济发展理论、战略、政策等方面的教学和研究工作。主要代表作有：《国际经济学教程》《中国经济发展理论与实践研究》《发展经济学教程》《西方公司理财实务》《国际营销渠道策略》等。

21世纪经济学系列教材

国际经济学简明教程

THE SHORT COURSE IN INTERNATIONAL ECONOMICS

（第三版）

黄卫平　彭　刚　编著

中国人民大学出版社
·北京·

21 世纪经济学系列教材

总　序

改革开放以来，经济社会的发展对中国经济学教育、教学产生了重要的影响，提出了新的要求。为了使经济学教育、教学根植于我国改革开放和现代化建设的肥沃土壤，服务于时代和实践的需求，中国人民大学出版社从本世纪初就开始组织国内知名经济学者编写适应新时期经济学教学的“21世纪经济学系列教材”。

十多年来，21世纪经济学系列教材已经逐步推出了许多适合中国特点的经济学教科书，影响了一批又一批的青年学子。这其中，我国经济学界杰出教育家、西方经济学学科主要奠基人之一高鸿业先生主编的《西方经济学》，已成为我国高校经济学专业的权威教材，读者早已超过千万！中国马克思主义政治经济学的奠基人宋涛先生的《政治经济学教程》，对马克思主义政治经济学在中国的传播、普及和发展发挥了重要作用。该系列已经出版的其他教材，如孙久文教授的《区域经济学教程》、彭刚教授的《发展经济学教程》、王则柯教授的《博弈论教程》、黄卫平教授的《国际经济学教程》，等等，都产生了广泛的影响，为中国的经济学教育作出了贡献。

近几年来，中国的经济学教育、教学面临新的形势，取得了长足的进步：一是我国经济学界教育思想、教育观念已经发生了重大转变，更加重视素质教育；二是教学内容有了重大改革，在学科专业调整建设、课程体系、教学内容改革方面取得了进展；三是教育、教学方法有了重大进步，更加重视理论联系实际，实验、实践、案例教学逐步加强，现代化教学手段被广泛应用。

有鉴于此，为了应对新的形势与变化，中国人民大学出版社在认真调查研究高等学校经济学专业本科培养方案和课程教学大纲的基础上，组织专家学者，经过反复研究论证、合理定位、精心写作、吐故纳新，进一步整合优化了“21世纪经济学系列教材”。这套教材将涵盖经济学专业所有的基础课、主干课、核心课，使学生通过《政治经济学》《微观经济学》《宏观经济学》等基础理论教材的学习，掌握经济学的基础理论，培养厚实的经济学理论功底；通过《产业经济学》《区域经济学》《国际经济学》等应用类主干课程教材的学习，掌握现实经济部门的运行和发展；通过《经济学说史》《经济思想史》《世界经济史》等经济史学类教材的学习，理解经济学的发展和演变规律；通过《计量经济学》《统计学》等经济学方法类教材的学习，掌握经济学的思考方法和具体的研究方法；通过《博弈论》《行为经济学》等专业教材的学习，了解经济学理论的前沿进展；通过《西方经济学典型题题解》《政治经济学学习与教学手册》等基础课程的配套教辅书的学习，牢固掌握所学经济学理论。

这套教材的编写特色主要体现在以下几个方面：

第一，作者阵容强大，教学经验丰富。作者大都是来自中国人民大学、北京大学、清华大学、南开大学、复旦大学、浙江大学、武汉大学等国内重点大学的学科带头人，有很高的科研水平和丰富的教学经验。

第二，在教材编写和内容安排上，强调基础知识、基本理论、基本技能。同时充分吸收国内外优秀教材的优点，定位明确，体系科学，概念准确，深入浅出。

第三，融合本学科现有的研究成果，反映本学科研究的最新进展，反映中国改革开放和现代化建设实践中的新成果，反映当今世界发生的深刻变革对经济学理论和实践产生的影响。

第四，教材重视加入现实经济生活中的案例、新闻素材等内容，使教材的可读性更强，更能够与当前中国经济现实结合起来，使学生能够学以致用。

中国人民大学出版社希望通过这套教材的出版，与广大教师、学生一起研究和探讨，进一步提高中国经济学教材的编写水平，提高经济学教学质量，为经济学的发展，为培养具有创新能力与实践能力、具有国际视野又了解中国国情的高层次经济学人才作出新的贡献。

前　言

国际经济学是在传统的国际贸易和国际金融理论的基础上发展起来的一个经济学的重要分支学科。它以经济学的一般原理为基础，主要分析的是国际经济关系和国际经济运动，是一般经济理论在国际经济活动领域的延伸与应用，是经济学理论体系的有机组成部分。

本教材是依据中国人民大学提交教育部的《国际经济学大纲》，并结合该分支学科的一些新规范内容展开编写的，可供高校财经类学生作为教科书使用，或供其他专业人士参考。

本教材基本涵盖了国际经济学研究的主要内容，如国际贸易的理论与政策、国际收支理论、汇率决定理论和国际货币理论、要素的国际流动理论、国际投资理论、开放的宏观经济均衡理论、国际经济关系理论和经济全球化等。

本书的编著者自20世纪80年代中后期起，每年均在中国人民大学校内外讲授同主题课程，也曾在欧美高校讲授过该课程，都受到普遍欢迎。这本教材是在编写者长期积累的教案的基础上，求教于前辈，寻助于同行，并请学生多次对讲授内容和教案进行评估，最终编撰而形成的。在编写过程中，本教材还参考了大量国外教科书，尽量以规范为主旨，把握学科基本内容，同时注重保持与国外同行主流教材在内容、结构、体例上的一致性，并对国际经济中的新现象、新事物以及新的研究成果给予了关注。

丁凯、汤学敏等同志参与了此版的修订工作，在此对他们的辛苦工作表示感谢。由于国际经济形势瞬息万变，且囿于自身学识尚不能完全与时俱进，难免挂一漏万。疏漏之处，真诚希望读者不吝惠赐宝贵意见，以便今后补正。

编著者

目　录

第一章 绪论

本章的教学目的在于使学生对于国际经济学有一个概括性的了解，即了解并掌握国际经济学这一经济学分支学科产生的历史沿革过程，学习国际经济学应该具有的方法论基础，以及国际经济学的研究对象和基本内容。

重点掌握

国际经济学的产生与发展
国际经济学的研究对象
国际经济学的主要内容

第一节 国际经济学概述

随着经济全球化进程的日益深化和世界经济的空前发展，在整个世界范围内，各个国家、各个地区之间的经济联系空前密切，经济竞争、贸易摩擦、关税报复、金融风潮等利益争夺更加激烈。中国的改革开放使得中国更深地融入世界经济，人们从来没有像今天这样深切地感受到：国际经济事务、国际经济关系与自己的生活和利益如此接近、息息相关；人们也从来没有像今天这样普遍地关注：如何运用经济学原理对国际经济形势的迅速发展和急剧变化作出合乎理性的预期和说明。正因为如此，作为专门研究国际经济活动与国际经济关系的经济学科——国际经济学，愈发引起经济学界乃至整个社会的浓厚兴趣和高度重视，从而成为当代经济学当中最富挑战的新兴经济学科之一。

一、国际经济学的产生与发展

以传统的国际贸易和国际金融理论为基本内容的当代国际经济学，也称西方国际经济学，产生于20世纪40—50年代。第二次世界大战结束后特殊的国际背景、经济学理论的变革和国际贸易的迅猛发展，为当代国际经济学的产生提供了时代背景、理论基础和现实动因。

西方经济学为国际经济学的产生和发展提供了理论基础、基本的结构框架、主要的分析工具。为了更加全面、深入地理解国际经济学的理论体系，有必要对西方经济学的历史发展沿革做一个简略的回顾。

（一）西方经济学的产生与发展

回顾人类从事经济活动的历史进程，在一个相当长的历史时期，家庭曾经是人类从事生产与消费活动最为普遍的基本单位。在经济学说史上，与这一经济模式相适应的家政学中有关经济学的内容被视为经济学的史前阶段。家政学的研究对象是家庭，即在收入既定的条件下，一个家庭如何获得最大的经济福利。这是一个永恒的研究课题，即便是今天，只要一个家庭的收入是有限的，家庭成员是理性的，该命题依然是正确的。随着经济的发展，单个家庭之间在经济上开始发生联系，形成新的、具有独立经济运行决策的基本单位，对一个家庭的研究扩展到对这一新的生产单位的研究，即开始研究企业的行为。

在自由竞争条件下，企业行为的核心内容是：企业在资源既定的条件下，如何取得最大利润；要素提供者在收入既定的条件下，如何使效用最大化。因此，经济学也就从家政学发展到微观经济学。微观经济学的研究对象包括人们对微观经济学不同问题的看法，如研究价格问题、消费者行为问题、生产理论、厂商均衡、要素价格以及福利经济学，等等。在微观经济学中，人们认为，企业在解决生产什么的问题时，由货币选票（以脚投票）决定；在解决如何生产的问题时，通过竞争决定生产中使用的技术；而在解决为谁生产的问题时，则由要素价格决定。人们在研究企业时，十分注重资源的有效配置，注重收入分配的激励性，注重考察商品与要素市场的有效性。

当一个国家的所有微观经济活动主体有机地结合成国民经济时，宏观经济问题便进入了研究者的视野。研究国民经济的学科即宏观经济学，它研究的内容非常广泛，如经济周期、商品市场的均衡、货币市场的均衡、需求管理，等等。概括地讲，宏观经济的目标有经济增长、充分就业、物价稳定和国际收支平衡。而宏观经济中的各个微观经济单位，追求的仍然是经济福利，即企业如何在资源既定的条件下获得最大的利润，以及人们如何在收入既定的条件下获得最大的效用。由于宏观经济目标中有国际收支平衡，这意味着经济的开放已经成为经济运行的有机产物。在宏观经济发展到一定阶段时，不同的经济体之间形成了内在的经济联系，这种联系已经成为宏观经济运行的必要条件，从而表明研究国际经济关系的客观基础已经具备，国际经济学作为一门独立的经济学分支学科也就应运而生。

（二）国际经济学的产生与发展过程

根据国际上通行的看法，国际经济学是在传统的国际贸易和国际金融理论的基础上发展起来的。有关国际经济关系的研究也是从非常久远的年代就开始了。例如，在英国，早在 1355 年，就已存在有关国际贸易的统计资料了。到了 15 世纪，随着重商主义思潮的兴起，人们对于国际贸易的兴趣日渐浓厚。对国际经济的初期理论研究是古典经济学中的国际贸易理论，研究的基础是劳动价值论。古典经济学家关于比较利益的学说构成了现代国际经济分析的起点。古典经济学以后的现代经济学理论以效用价值论代替了劳动价值论，在一定程度上为后来的新古典经济学的国际经济分析提供了基础。

古典经济学和新古典经济学的国际经济学理论的基本着眼点是价格、交换、均衡、效益和福利。从总体来看，这还仅仅局限在微观分析的范围内。20 世纪 30 年代后，凯恩斯在经济分析中引入了总量分析方法，建立起一整套系统的宏观经济学理论。正是在此基础上，作为一门独立的经济学分支学科的国际经济学体系才于 20 世纪 40 年代后期，即第二次世界大战后脱颖而出并日臻完善。究其原因，除了战后国际经济实践的重大变迁与迅猛发展外，还与凯恩斯宏观经济学的出现直接相关。因为只有从宏观经济的角度，关于国际收支平衡的各种宏观调控机制的分析才得以完成。诸如制度学派、货币主义学派等其他一些宏观经济学流派的理论观点也在不同程度上充实了国际经济学的理论内容。

有关国际贸易的纯粹理论和有关贸易政策的分析构成了国际经济学的微观方面。这是因为当理论研究涉及单个国家时，仅仅分析一个独立的经济单位和该国单个商品之间的（相对）价格是不够的。此外，由于国际收支涉及总量收入与支出，政策调节会影响到国民收入水平和一般价格水平，它们构成了国际经济学的宏观方面，通常被称为开放经济下的宏观经济学。

二、经济学与国际经济学

根据大多数国际经济学家的意见，国际经济学不论从什么角度来考察，都可以被视为国内经济学的一种延伸。既然如此，为什么还要将国际经济学作为一门独立的经济学科来进行研究呢？显然，国际经济学与国内经济学既有密切的联系，又存在明显的区别。就国际经贸活动的目的而言，大多为实现资源的合理配置、追求经济福利及其公平分配、保持总供给与总需求的均衡等；就贸易、金融以及其他生产要素的流动而言，国际经贸活动与国内经济活动并没有什么重大区别，只不过活动的空间更为广阔而已，其范围从部门间或区际扩展到国与国之间。在一国经济中所存在的资源有效配置、利益合理分配、经济稳定运行和均衡增长等问题，在国际经济学中同样存在。正因为如此，世界著名的美籍奥地利经济学家哈伯勒（Haberler）曾经表达过这样的思想：严格说来，要在国际贸易与国内贸易之间划出一道鸿沟，既是不可能的，也是不必要的。一旦我们考察所谓对外贸易的特性，就会发现，我们所论及的仅仅是程度上的差别，而并非能够造成严格的理论分界的本质差别。美国麻省理工学院的著名国际经济学家查尔斯·金德尔伯格（Charles P. Kindleberger）也曾经强调：作为传统理论的一个分支，国际经济学与国内的区域经济学所研究的问题存在着程度上的不同。可以认为，国际经济学所反映的是经济学的一般原理在国际经济这一特殊领域所发挥的作用和运用，而对国际经济活动的考察研究，又构成了一般经济学理论体系的重要组成部分。正是在这个意义上，著名的国际经济学家威尔斯（Sidney J. Wells）认为：对一般经济理论与国际经济学这一特殊学科之间的联系发现得越多，对后者的理解就会越好。

经济学与国际经济学的共同点和差异取决于国内经济与国际经济的共同点与不同点。国内经济与国际经济的运行，既有许多共同之处，也存在着明显的差异。因此，一般的经济学和国际经济学除了相同之处外，也有很多不同的地方。了解国内、国际经济的异同之处，是我们在学习国际经济学时必须把握的内容。

（一）经济运行主体的异同

无论是在国内还是在国际经济环境中，个人、企业、国家和国家集团都在从事不同层次的经济活动，他们是经济运行的主体，是经济产出的供给者与消费者，他们的经济活动主要集中在商品、服务、劳动力、信息等产出的交流上。而且他们的经济活动场所是商品、服务、劳动力和信息市场，即在国内或国际经济活动中，这些经济主体运行的主要基础是市场。从这一方面看，国际经济与国内经济的相同之处可能更多些。

（二）经济运行目的的异同

个人、企业、国家和国家集团总是在追求经济福利的增长，以最小的资源耗费，获取最大的经济福利；以最小的收入，获得最大的经济效用。这是国内、国际经济运行的永恒目的。除了生产过程外，对已有经济福利的分配、再分配，在经济运行的主体间也要符合一定的原则。从总体上考察，国际经济中还存在着个别经济体或国家经济集团的利益与世界经济总体利益之间的差异，以及效率与公平之间的区别。

（三）经济运行范围的异同

如前所述，国际经济是国内经济跨越国界的延伸，一般经济学研究的是国内经济的运行，国际经济学研究的是国与国之间的经济关系与活动，经济运行的范围明显不同，国际经济运行的范围大于一国国内经济。在经济全球化的今天，由于经济活动是在一个更为广阔的国际背景下进行的，国际经济关系在很大程度上因经济全球化的出现而成为影响一个经济体发展的重要因素。

（四）经济运行机制的异同

所谓经济运行机制，主要是指在经济运行层面那些可操作的技术程序问题。经济运行机制的异同主要包括以下几个方面：

（1）要素流动的自由程度不同。由于不同国家在历史习俗、文化背景、经济环境、政治制度、法律法规、社会发展等各方面存在巨大差异，生产要素的国际流动比国内流动要面临更为严重的障碍。例如，关税壁垒与非关税壁垒有效地限制了商品在国际上的流动；各国政府所制定的利率、外汇政策以及投资环境的质量影响着国际资本的进入。显然，生产要素的跨国流动远比国内流动要困难得多。这就构成了国内经济与国际经济的明显差别。

（2）经济运行的条件不同。这是由于不同国家具有不同的法律、经济体制、规则、惯例、习俗、宗教和文化背景，这使得经济在国内与国际上运行的条件具有极大的差异。

（3）经济交往的媒介不同。在国际经贸往来中，不存在一个统一的货币金融体系，从而引发了诸如货币兑换、汇率调整、国际收支平衡等一系列复杂问题，这也是在国内经济运行中所不曾遇到的。

（4）经济调节手段起作用的程度与范围不同。在一国国内，一般而言，经济调节手段能够贯彻得比较彻底，但是在国际经济运行中，经济协调往往难以得到彻底贯彻，因此国际经济政策协调的结果大多是各国妥协的产物。

由于经济运行机制的差异，国内经济运行与国际经济运行的规律便有了较大区别，人们只能通过研究这些不同的经济规律来指导自己的经济行为。

（五）经济交流方式的异同

在国内经济与国际经济的运行中，个人、企业、国家与国家集团之间以及国家集团内部的贸易、投资、资金流动、劳务提供、信息交流等，在方式上是大同小异的。但由于存在着国界的限制，这些大同小异的方式也必然会在不同的条件下得到一定程度的修正。

（六）经济交流场所的异同

在国际经济中，经济资源的流动、经济产出的交换，往往是在市场条件下进行的，市场机制更容易得到贯彻，市场的竞争性体现得更为完全。在世界经济中，国际金融市场今天已经趋于一体化，价格发现机制使得各国金融市场之间金融产品的价格趋于一致，世界市场日趋完善和成熟。

第二节　国际经济学的研究对象、主要内容与研究方法

开放经济的存在和国际分工体系的形成是国际经济学产生的先决条件。经济学意义上的封闭是指一个经济体在经济活动中没有与国外经济体发生往来，例如，没有国际贸易或国际金融、劳动力的交流，仅仅存在国内的经济活动等。本国经济与外国经济之间不存在密切的联系，被称为处于封闭经济状态。依照经济发展的内在规律，经济必然会不断地从封闭走向开放。经济学意义上的开放是指一个经济体与国外经济体存在着经济往来，如存在国际贸易、国际金融或劳动力的往来，也就是对外有进出口和货币、资本、劳动力的交流往来。本国经济与外国经济之间存在着密切的联系，即为开放经济。

国际分工是国际经济最基本的出发点，国际分工即各国之间的劳动分工、生产的国际专业化，是经济发展到一定阶段的必然产物，是社会分工从一国国内向国外延伸的过程和结果。各国对于分工方式的选择以及分工的变化，反映了彼此之间经济发展水平的差异，以及各国经济联系的密切程度。目前的国际分工主要有不同产业间的分工、同一产业内的分工、垂直型分工、水平型分工、不同要素密集度产业之间的分工等类型。

一、国际经济学的研究对象

任何一门独立的经济学科，都有自己特定的研究对象。作为一门独立的经济学分支学科，国际经济学的研究对象是什么呢？根据西方比较普遍的看法，国际经济学的研究对象是国与国之间的经济活动和经济关系。按照彼得·林德特（Peter H. Lindet）的看法，国际经济学作为经济学的一门独立分支学科，所考察的主要是各国之间的经济活动与经济关系，其研究范围要比国内经济学广泛得多。①德尔伯特·斯奈德（Delbert A. Snider）阐述得更为详细一些，他认为：国际经济学主要研究国际经济关系，其中包括国际分工、国际

① 彼得·林德特. 国际经济学. 北京：经济科学出版社，1994：1.

商品交换、国际劳工和资本流动原因的研究，数量的研究，过程的研究，以及后果的研究，并且这些研究中还包括制度、结构、发展程度不同的各国之间的经济关系问题。美国哥伦比亚大学教授彼得·凯南（Peter B. Kenen）和雷蒙德·卢比兹（Raymond Lubitz）则认为：国际经济学是将国家作为一个经济单位，考察国与国之间（即各个经济体之间）的经济关系的一门学科，它试图说明国际商品、劳务和资本的流动，估量它们对国内福利的影响，并预测各国在国内政策方面所能作出的反应。

综上所述，我们看到国际经济学家们在阐述国际经济学的研究对象时表达了如下看法：第一，国际经济关系发生的原因是国与国之间的经济联系日益密切，经济往来日益频繁。无论是像美国这样经济发达的大国，还是处于经济不发达状态的其他弱小国家，其经济状况总是在一定程度上依赖于其他国家的经济状况并直接受到国界以外所发生事件的影响。经济越是发达的国家，与外部的经济联系就越密切。第二，所谓国际经济关系，主要是指国与国之间的经贸往来。因此，从国际经济学的角度来考察，国家就构成经济活动的基本单位或行为主体。正像在微观经济学的研究中将企业和居民户作为基本经济单位一样，在国际经济学的研究中，每个国家就构成一个基本的经济单位。国际经济学就是考察不同国家间经济往来的内容及其对双方所造成的影响。从某种意义上讲，国际经济学不过是国内经济学的一种延伸，有关国内经济学的许多一般原理和基本结论对于国际经济学也是适用或大体适用的。第三，国际经济交往的主要方式是生产要素（商品、资本、技术、人才、信息等）跨越国界的流动。国际经济学就是要说明各种要素流动的原因、条件、后果及其发展趋势。随着国际分工、国际生产、国际交换的不断深化与国际经济一体化的发展，要素流动的范围日益扩大，内容迅速拓展，渠道愈发通畅，技术工具与操作手段也更加先进和丰富。

二、国际经济学研究的主要内容

国际经济学内容丰富，源远流长。随着国际经济实践的迅猛发展，国际经济学的理论内容也在不断地充实和完善。概括来讲，国际经济学研究的主要内容包括：国际贸易纯理论研究、国际贸易政策研究、国际收支研究、外汇理论研究、生产要素的国际流动研究、跨国公司研究、经济发展研究、经济一体化研究、开放经济的宏观调节研究，以及经济全球化研究，等等。

（一）国际贸易纯理论研究

国际贸易纯理论所考察的是国际贸易中的实物关系。它是在没有政府干预和人为限制、排除货币因素等一系列假定条件下，对国际贸易的基础、利益、模式等问题所进行的纯粹理论考察。由亚当·斯密（Adam Smith）所创立的绝对利益学说是国际贸易纯理论的开端；大卫·李嘉图（David Ricardo）所创立的比较利益学说是国际贸易纯理论的基础；约翰·穆勒（John Miller）的相互需求理论论证了贸易条件的确定。20 世纪 30 年代由赫克歇尔（Heckscher）与俄林（Ohlin）所共同创立的要素禀赋论标志着国际贸易纯理论进入新的发展阶段。第二次世界大战以后，新技术革命的发生极大地推动了国际贸易的迅猛发展，国际贸易的根本要求是通过国际分工和专业化生产，使世界上的资源得到最有效的利用。当代国际贸易理论以规模经济的存在尤其是以市场不完全竞争为条件，考察国际贸易理论的新发展。

（二）国际贸易政策研究

国际贸易政策是连接国际贸易理论与国际贸易实践的中介，也是国际贸易理论在现实中的具体运用。国际贸易政策最初制定的重点在于考察不同国家通过对关税和其他非关税壁垒的运用，如何在国际经贸往来和竞争中保护民族经济、拓展国际市场。贸易保护与贸易自由一向是主导国际贸易活动的基本矛盾，国际贸易政策的制定和运用总是围绕着这一基本矛盾展开。

现代国际贸易政策更多的是各经济体对贸易过程的某种控制和干预，在多数情况下依然是以各种行政垄断因素对自由贸易实行的某种限制和某些影响，当然也有政府为鼓励自由贸易而制定的政策，这些政策对贸易从而对经济会产生相应的影响，是一种有目的的政府行为。应该讲，贸易政策比纯理论更贴近贸易的实际。不同的国家往往会根据自己的具体情况，为实现既定的政策目标而制定、实行不同的贸易政策。

（三）国际收支研究

国际收支的失衡与调整也称开放经济的宏观调整。一个国家的国际收支反映着这个国家与世界上其他国家的经贸往来情况。一个国家的经济通过国际收支的途径与整个世界经济联为一体。因此，国际经济的波动和震荡会通过国际的贸易往来和金融活动相互传递，导致国际收支的失衡。国际金融理论探讨造成国际收支失衡的原因及其对一国经济的影响；介绍关于调整国际收支失衡的主要理论观点和政策措施；研究为恢复平衡而进行调整的机制和途径，这主要包括传统的价格与收入调整机制、国际货币体系以及其他国际组织机构的调整功能等。

（四）外汇理论研究

外汇的定义及汇率的确定是国际经济关系的重要方面，贸易要通过货币进行表示与计量，不同经济货币制度的区别导致了货币的兑换与比价问题；资金在不同经济体之间流动，出口劳务获得工资报酬，存在着将不同形式的资金在一个经济体内转化为统一货币单位的需要；即便是进行不同经济体之间的比较，也同样需要使用统一的货币单位。因此，汇率不仅是重要的理论问题，而且是重要的实际运作问题。在此不涉及外汇交易与外汇市场研究。

（五）生产要素的国际流动研究

国际贸易并非国际经济活动的唯一形式。随着国际经济关系的发展和科学技术的进步，除了商品的跨国转移外，资本、技术、劳动力以及信息等生产要素的国际流动日益成为国际经济往来的主要内容。尤其是以现代信息技术为依托的国际投资浪潮和跨国公司的大发展，正在重新塑造当代的国际经济关系。生产要素跨国流动的内容、范围、发生的原因、遭遇的障碍、对流出流入国经济所造成的影响以及要素流动的经济福利变化等情况，都早已成为国际经济学研究的重要课题。

（六）跨国公司研究

跨国公司是当今国际经济中使国际贸易得以开展、生产要素国际流动得以有序进行的重要经济主体。有关跨国公司的研究主要集中在跨国公司产生的原因、跨国公司运作的理论与案例、跨国公司的经济影响、不同国家针对跨国公司制定的政策等问题上。随着经济全球化进程的不断深化，跨国公司在当今世界经济中将发挥越来越重要的作用。

（七）经济发展研究

经济发展是第二次世界大战后出现的新课题，至今已经发展成一门独立的经济学分支学科——发展经济学。国际经济学研究的经济发展问题，主要集中在与发展有关的国际经济关系方面，如在经济发展中对传统国际贸易模式的探讨、对比较利益学说在经济发展中作用的质疑、对国际直接投资效应的评价，等等。

（八）经济一体化研究

国际经济一体化是二战后国际经济关系中一个引人注目的新现象。关税同盟是经济一体化的一种典型形式。通过对关税同盟的分析，可以探讨国际经济一体化的原因、条件及其经济后果。进入21世纪以来，国际经济一体化和区域集团化成为国际经济发展进程中不可抗拒的历史潮流，开创了许多国际经济合作的新形式，涌现出众多尚待研究的新特点。作为国际经济关系的集中体现，国际经济一体化的丰富实践和迅速发展，不断为国际经济学的理论研究提出新的课题，也注入了新的活力，从而逐渐形成一个独立的研究领域。在当前的世界经济中，重要的经济一体化组织有欧洲联盟（EU，简称欧盟）、北美自由贸易区（NAFTA）和亚太经济合作组织（APEC）等。

（九）开放经济的宏观调节研究

国际经济学在研究这一问题时，主要强调的是宏观经济的内外均衡，即如何同时达到经济增长、物价稳定、充分就业和国际收支平衡四个宏观经济目标。在此研究的宏观经济失衡的概念，涉及利用 $IS-LM-FE$ 曲线进行宏观经济调节，按照蒙代尔（R. Mundell）的主张进行政策搭配，使经济回归到均衡点的过程。

（十）经济全球化研究

经济全球化是国际经济发展到一定阶段的产物，它是在各个经济体对外开放、国际经济资源和产出流动日益自由化的前提下得到发展的。经济全球化是国际经济学的一个新课题，由于它对各个经济体均具有重大影响，因此经济理论界近年来不断对它进行探讨，这种研究与探讨使得国际经济学不断地总结自身、发展自身，以便能够更好地解释经济全球化的发展过程并适应经济全球化发展的需要。

三、国际经济学的分析方法与特征

任何一门经济学科都有自己的研究方法。研究方法的完善与成熟程度决定着一门经济学科的完善与成熟程度，特殊的研究方法决定着经济学科的理论特征。了解和掌握正确的研究方法是学习好一门经济学科的先决条件。

概括起来，在国际经济学的理论研究中，经常运用的研究方法如下。

（一）宏观分析与微观分析相结合

国际经济学的微观方面主要涉及分析国际市场中的交易、价格、资源配置、收入分配、经济效益以及福利等内容。国际经济学的宏观方面主要涉及分析国际收支与国民收入的关系、国际收支的各部分之间的关系、国际收支的调节、国际收支达到平衡的过程等内容。经济全球化的历史进程及发展趋势更是宏观国际经济关系分析的主要内容，而国际经贸政策的研究则既包括微观的福利探讨，也包括宏观的均衡分析，是二者的有机结合。

（二）静态分析与动态分析相结合

国际经济学的静态分析主要涉及比较静态分析。纯静态分析强调在其他条件不变时某一因素对过程的影响结果，比较静态分析强调对变化的不同阶段的一些既定结果的比较分析。例如，比较利益学说本身就是一种静态分析。动态分析则主要强调对事物变化过程以及变化中各个变量对过程的影响的分析，例如，国际贸易的产品生命周期分析。国际经济学的发展趋势是，正逐步以静态分析为起点，尽量使得理论自身动态化，以适应国际经济现实，并对它作出符合实际的解释。

（三）定性分析与定量分析相结合

国际经济学的定性分析主要强调的是经济中结构性的联系，与马克思主义政治经济学中提到的定性分析，即对经济关系本质内容的揭示不同。例如，比较利益分为得自贸易的利益和得自分工的利益，国际债务有次优规模，国际经济福利涉及分配、再分配，等等。国际经济学中的定量分析主要是对事物数量关系的变换进行分析，例如，某一关税水平对于国内市场的有效保护率是多少。与政治经济学和计量经济学不同，作为应用经济学，国际经济学更强调定性分析与定量分析的有机结合，这是国际经济学的一个突出特点。

（四）局部均衡分析与一般均衡分析相结合

国际经济学中的局部均衡分析是指只对单个市场、单一商品、单一要素的价格与供求进行考察。例如，进口关税的局部均衡分析在局部均衡的基础上考察经济福利的变化。国际经济学中的一般均衡分析强调的是对全部市场、全部商品的价格与供求变化的考察，如对进口关税的一般均衡分析考察总体的福利变化。

（五）理论分析与政策分析相结合

在国际经济学的分析方法中，理论分析与政策分析相结合表现得要比一般微观、宏观经济学更为明显，它所具有的强烈的政策内涵使得人们在学习这一经济学分支学科时，总是能够从中获得方方面面的政策启迪。例如，国际贸易理论分析总是要结合国际贸易政策同时进行；国际收支理论总是要伴随经济失衡调整来阐述；购买力平价理论的分析也总是与它的实际应用结合在一起。国际经济学的各种理论本身大多具有很强的政策取向，是许多国家对外经济关系政策制定的基础，也是许多国际经济组织政策制定的理论依据。因此，理论联系实际是国际经济学这一经济学分支的最重要的特征之一。

（六）吸收与评价相结合

国际经济学是西方经济学的一个分支学科，具有西方经济学普遍的理论特征。例如，对于生产关系分析的刻意回避，不能从根本上揭示出国际经济关系中存在的不平等现象，甚至认为在与富国打交道时，发展中国家实际获得的利益更大，从而引发了激进经济学派对这些理论的批判和否定。从基本理论层面看，西方国际经济学的许多重要内容发源于劳动价值论，曾经以劳动价值论为基础，但作为西方经济学的分支，却发生了对劳动价值论的背离，国际经济学的理论更多的是在论述国际经济活动，描述表面的联系，即与国际经济的日常活动紧密相连，对国际经济关系深层次的联系缺少定性的分析。然而，国际经济学中也有许多值得借鉴的地方，例如，调节国际经济关系的政策手段，国际经济运行机制，一国经济对内、对外均衡的调整等方面，已经为当今绝大多数国家和地区所采用，并取得了相当显著的成效。因此，在学习国际经济学时，吸收与评价相结合是我们应坚持的基本原则。

除了上述研究方法以外，诸如抽象与具体的研究方法、逻辑与历史的研究方法、规范与实证的研究方法等也都是国际经济学的基本研究方法。

小　结

1. 西方经济学的发展经历了一个发展沿革的历史过程。最初的经济学来自家政学中对人类经济活动的理性分析。因此，家政学也被视为经济学的萌芽。随着单个家庭之间的联系日益紧密，对一个家庭的研究扩展到一个生产单位，即企业，经济学的研究也就由家政学发展到微观经济学。所有企业的总和构成一个国家的国民经济，也称一个国家的宏观经济。宏观经济要实现的政策目标主要有经济增长、充分就业、物价稳定和国际收支平衡。研究如何实现这些政策目标，便构成了宏观经济学的主要内容。

2. 无论是从历史的起点还是从逻辑的起点看，一个国家的宏观经济都可以划分为封闭经济与开放经济。随着国民经济从封闭日益走向开放，国与国之间的经济活动愈发频繁，经济关系愈发密切。当把国家作为经济活动的主体，国家的经济活动以国际为背景时，为了探讨国际经济关系中的内在联系，就有必要开辟独立的经济学分支学科来专门研究国际经济问题，国际经济学也就应运而生了。

3. 国际经济学作为一门从一般经济学理论中独立出来的分支学科，与经济学的一般理论既保持着密切的联系，又存在着明显的区别。这种联系与区别取决于国内经济与国际经济的联系和差异。一方面，国内经济与国际经济密不可分，所谓的国际经济不过是国内经济在时间上尤其是空间上的拓展和延伸。另一方面，国际经济作为一个相对独立的整体，又有其特殊的内在联系和运行规律。

4. 国际经济学是在人类经济不断发展的历史过程中产生的经济学科，是人们对跨国经济活动深入研究、不断总结的理论成果。根据西方比较普遍的看法，国际经济学的研究对象是国与国之间的经济活动和经济关系。国际经济学研究的主要内容有：国际贸易纯理论研究；国际贸易政策研究；国际收支研究；外汇理论研究；生产要素的国际流动研究；跨国公司研究；经济发展研究；经济一体化研究；开放经济的宏观调节研究，经济全球化研究；等等。

复习与思考

核心概念

封闭经济　　开放经济　　微观经济学　　宏观经济学　　国际经济学　　国际分工
经济全球化

思考题

1. 试述西方经济学发展沿革的历史过程。
2. 试述国际经济学的产生与发展。
3. 试述国际经济学的研究对象和主要内容。

第二章

国际贸易的传统理论

本章的学习目的在于使学生了解和掌握传统国际贸易理论的基本内容。本章以劳动价值论为基础，从纯理论的角度说明了国际贸易产生的原因、国际贸易本身的利益、国际贸易利益的分配、国际贸易格局和基本模式等，并对这一理论内容进行了客观的评价。

重点掌握

重商主义的贸易观点及对其的基本评价
斯密的绝对利益学说
李嘉图的比较利益学说

国际贸易的传统理论也称国际贸易的古典理论或纯粹国际贸易理论，始于斯密的绝对利益学说，完成于李嘉图的比较利益学说，重商主义的贸易理论构成了这一理论体系的“前史”。国际贸易的传统理论奠定了西方国际贸易的理论基础，构建了西方国际贸易理论的逻辑框架，规范了西方国际贸易理论的分析内容。从这一理论体系构建到今天，两百多年的时间过去了，但这一理论体系所揭示的基本规律、提出的主要结论，在今天解释和指导日益深化的国际经贸活动方面，依然具有不可替代的理论与现实意义。

第一节　重商主义的经济学说

重商主义是西欧资本原始积累时期反映商业资产阶级利益和要求的经济学说与政策体系。早期重商主义盛行于 14 世纪—16 世纪中叶；晚期重商主义则流行于 16 世纪下半叶—17 世纪中叶。不论是早期重商主义，还是晚期重商主义，其基本的财富观都是一致的。在重商主义者看来，贵金属金银，即货币，是社会财富绝对的、唯一的表现形式。一个国家要想日益强大，就必须竭尽全力地去获取金银，积累货币财富。从这种财富观出发，重商主义将流通中的“贱买贵卖”视为财富产生的源泉，而这里的流通领域又被限定为对外贸易，从而认为只有在对外贸易中输出大于输入，才能使更多的金银流入国内，使国家的财富不断增加。对于通过怎样的途径才能增加一个国家的货币存量，或是如何才能促使金银大量流入，早期重商主义与晚期重商主义则提出了不同的政策主张。

一、早期重商主义的贸易观点

早期重商主义者认为所有的购买都会减少货币，所有的售卖都会增加货币。因此，一国在对外贸易中必须坚持扩大出口、减少进口甚至不进口的原则。这是因为，只有这样，贵金属或者货币才能流入国内，增加一国的财富量。因此，人们也把早期重商主义的贸易观点称为“货币差额论”。

由于当时西欧各国的商品经济还远不发达，商品流通只是处于起始阶段，对外贸易也未充分展开，仅仅依赖经济手段无法保证迅速地吸收和积累货币财富的目的顺利实现，所以各国政府都是通过立法和制定严格的政策措施来保证预期目标的实现的。

二、晚期重商主义的贸易观点

早期重商主义的贸易政策带来了巨大的负面影响：其一，导致了“劣币驱逐良币”的发生，甚至引发了伪造货币的现象。其二，大量贵金属的流入不仅会导致对方的报复，还会引致本国通货膨胀的发生，造成经济形势的不稳定和失衡。尤其是随着商品经济的发展与世界市场的形成与扩大，传统的限制贵金属流动的早期重商主义观点已经不能适应商业资本拓展经营规模和发展对外贸易的需要了，为适应这种变化，重商主义者提出了一些新的政策主张。

晚期重商主义的贸易观点也被称为“贸易差额论”，晚期重商主义者主张国家不应该禁止而是应该允许将货币输出到国外，以便扩大对外国商品的购买，正所谓“货币产生贸易，贸易增加货币”。但是，晚期重商主义者依然坚持在对外贸易中必须保持顺差的原则，强调用于购买外国商品的货币总额，必须少于出售本国商品所得的货币总额，即在总体上依然保证货币的流入和国家财富的增加。

为了实现这一目标，除了既往的贸易政策外，晚期重商主义还提出了相应的产业政策和税收政策。为了保证对外贸易的持续顺差，晚期重商主义主张国内的制造业要有一个大发展，以生产更多更好的产品输往海外，由于输出产品比输出原料能够获得更多的货币财富，振兴国内制造业便成为必然的政策选择。与此相联系，晚期重商主义提出要通过关税政策对国内制造业进行保护。

三、对重商主义的评价

重商主义的经济理论表现出以下两个明显的特征：第一，重商主义认为，从事贸易不仅仅是为了获利，更是为了强国。而一个强盛国家最重要的标志就是拥有尽量多的金银货币。第二，由于重商主义将金银等贵金属视为财富的绝对象征，而金银等贵金属又是一种禀赋，由此便决定了贸易利益此消彼长的特殊性质。因此，在重商主义看来，贸易参与国之间的贸易利益是公然对立的。

通过上述重商主义的基本经济观点我们可以看到，重商主义的财富观是错误的。重商主义将金银等贵金属视为财富绝对和唯一的表现形式，实际上是将金银与货币混为一谈。正如马克思主义政治经济学所揭示的那样：金银天然不是货币，只是在特定的生产关系下才成为货币。事实上，在不同的社会形态里，财富具有不同的内容。在商品经济条件下，财富表现为交换价值，金银等贵金属作为货币只是财富的一种表现形式，却不是财富存在的唯一形态。

重商主义者既没有搞清楚什么是财富，也没有搞清楚什么是财富的源泉。在他们看来，财富来源于流通中的“贱买贵卖”，而流通领域又被限定为对外贸易，从而认为只有在对外贸易中出口大于进口，才能使国家的财富不断增加。重商主义的这种“流通致富论”显然是错误的，因为根据马克思科学的劳动价值论，只有生产过程中的劳动才是物质财富真正的源泉。

第二节　斯密的绝对利益学说

斯密在其国际分工理论的基础上，进一步发展和完善了有关自由贸易的思想，对重商主义的国家干预政策给予了猛烈的抨击。从某种意义上讲，正是在对重商主义所极力推崇的国家对经济活动的全面干预政策取向的深刻批判和彻底否定中，才诞生了斯密以经济平等和贸易自由为本质特征的自由贸易理论。

以斯密的绝对利益学说为开端的西方贸易理论，主要探讨了两个问题：第一，贸易的基础是什么；第二，贸易的模式是怎样的。所谓贸易的基础是什么就是要回答，人们为什么要从事贸易活动，贸易展开的原因是什么。这里牵涉两个问题：首先，人们从事贸易活动，有没有贸易利益产生；其次，如果有贸易利益产生，那么这一贸易利益又是如何进行分配的。根据李嘉图的理性人假设，所有贸易活动的参与者都应该是“理性人”。因此，人们之所以参与贸易活动，其目的就是获得贸易利益，只有买卖双方都获得了贸易利益，贸易才能够继续进行下去。所谓贸易的模式，说得直白些就是参与国际贸易的双方出口什么商品、进口什么商品。

从经济史的角度来考察，绝对利益学说是为了适应当时处于上升阶段的产业资本家阶级的贸易利益而诞生的，是经济自由主义在国际分工领域的应用。在经济政策上，经济自由主义对内主张自由放任，强调“看不见的手”的作用；对外则主张自由贸易，这是斯密时期英国的经济实力在其对外经济关系上的反映。

一、绝对利益学说的基本内容及数字说明

1776年，在美国建国的同时，英国古典经济学家亚当·斯密（1723—1790年）出版了巨著《国民财富的性质和原因的研究》（简称《国富论》），在这部著作中，他提出了被后人称为绝对利益学说的国际分工和国际贸易理论。斯密提出：“如果一件东西在购买时

所费的代价比在家内生产时所费的代价小，就永远不会想要在家内生产，这是每一个精明的家长都知道的格言。裁缝不想制作他自己的鞋子，而向鞋匠购买。鞋匠不想制作他自己的衣服，而雇裁缝制作。……在每一个私人家庭的行为中是精明的事情，在一个大国的行为中就很少是荒唐的了。如果外国能以比我们自己制造的还便宜的商品供应我们，我们最好就用我们有利地使用自己的产业生产出来的物品的一部分来向他们购买。”① 斯密的这一思想表明了两国之间的贸易，是建立在成本的绝对差异的基础上的。

绝对利益学说的基本思路是：一个国家在生产特定商品时，如果生产成本绝对低于其贸易伙伴，便会具有竞争的绝对优势，出口这种商品便会受益。如果在国际贸易中，人人都遵循这样的原则——生产、出口自己超过他国的、具有绝对竞争力的商品，则参加国际贸易的每一个国家都可以得到更多、更好的商品，促进各个国家的资源得到充分、有效的利用，各个国家的福利水平以至全世界的福利水平都会得到提高。

（一）绝对利益学说的基本概念与内容

简单地讲，绝对利益学说的基本含义为：在某一种类商品的生产上，一个经济体在劳动生产率上占有绝对优势，或其生产所耗费的劳动成本绝对地低于另一经济体，若各个经济体都从事自己占有绝对优势的商品的生产，继而进行交换，那么双方都可以通过交换得到绝对利益，从而整个世界的福利水平也得以提高。

在进行劳动成本的比较时，斯密的基本观点是建立在劳动价值论的基础上的，即将生产中劳动耗费的差异作为分析的出发点。但今天大多数西方的教科书则将劳动耗费扩大为生产商品的成本或费用，强调如果一个国家某种商品的生产成本绝对地低于另一国家，则这个国家生产该种商品的产业便是具有绝对优势的产业，而另一国家的该种产业则被认为是处于绝对劣势的产业。

（二）绝对利益学说的简单数字说明

本书将遵循斯密的原意，从劳动价值论的角度对国际贸易的发生及利益分配进行讨论，并假定只有一种要素（劳动）参与生产，同时贸易遵循等价交换的原则。

假设有两个国家——A 国和 B 国，且 A 国和 B 国组成整个世界（即 A+B=W），每个国家均生产两种产品——X 产品和 Y 产品，即 2×2 模型。在两个国家的生产进行专业化分工之前，劳动耗费（成本）情况如表 2－1 所示。

表 2－1　　绝对利益学说的简单数字说明（分工前）

国家	X 产品耗费的劳动	Y 产品耗费的劳动
A 国	1	2
B 国	2	1

上述数字矩阵的含义为：A 国生产 1 单位 X 产品需要 1 单位劳动，生产 1 单位 Y 产品需要 2 单位劳动；B 国生产 1 单位 X 产品需要 2 单位劳动，生产 1 单位 Y 产品需要 1 单位劳动。我们可以很清楚地看出 A、B 两国的劳动耗费（各 3 单位劳动）、两国的产品消费（各消费 1 单位 X 产品和 1 单位 Y 产品）和全世界（A+B=W）在生产中的劳动耗费（6

① 亚当·斯密. 国民财富的性质和原因的研究：下卷. 北京：商务印书馆，1995：28.

单位劳动)，以及全世界 X、Y 两种产品的消费数量（共 4 单位产品）。

按照绝对利益学说的原则，A 国在生产 X 产品上具有超过 B 国而绝对低的生产劳动耗费，因此 A 国应专业化生产具有超过贸易对手的高劳动生产率的 X 产品。B 国在生产 Y 产品上具有超过 A 国而绝对低的生产劳动耗费，则 B 国应该专业化生产 Y 产品。进行专业化分工后的劳动在不同产品生产上的分配和产量情况如表 2-2 所示。

表 2-2　　绝对利益学说的简单数字说明（分工后）

国家	X 产品耗费的劳动	Y 产品耗费的劳动
A 国	3	0
B 国	0	3

上述数字矩阵的含义为：A 国将全部劳动 3 单位用于 X 产品的生产，共生产 3 单位 X 产品，但因只有 0 单位劳动用于 Y 产品的生产，故只有 0 单位 Y 产品被生产出来。B 国专业化生产（用全部 3 单位劳动）Y 产品共 3 单位，但因只有 0 单位劳动用于 X 产品的生产，故 X 产品的产量为 0 单位。很清楚，在全部劳动耗费不变的情况下，与分工前相比，世界的总产量增加了 2 单位。A 国经过分工，比分工前多生产了 2 单位 X 产品（但与分工前相比，少生产了 1 单位 Y 产品)，B 国经过分工，比分工前多生产了 2 单位 Y 产品（但与分工前相比，少生产了 1 单位 X 产品)。如果 A 国保持 1 单位 X 产品的消费、B 国保持 1 单位 Y 产品的消费（A 国维持分工前的 X 产品消费，而 B 国维持分工前的 Y 产品消费)，然后按照 1X∶1Y 的比率进行 X 和 Y 产品的交换，则 A、B 两国的消费总量均会有所增加，即 A 国比分工前多消费 1 单位 Y 产品，B 国比分工前多消费 1 单位 X 产品。在 A、B 两国即整个世界的劳动耗费不变的情况下，消费水平得到了提高。A、B 两国组成的世界的总消费也得到了提高（X、Y 产品各增加了 1 单位)。

二、绝对利益学说的图形解释

为了更为直观地分析按照绝对利益学说进行的分工和贸易的状况，我们用图形来做进一步的分析。我们的假设条件仍然为两个国家——A 国和 B 国，各自生产两种产品——X 产品与 Y 产品。图 2-1（a）为 A 国的基本情况，图 2-1（b）为 B 国的基本情况。图 2-1 表明，在国际分工与国际交换发生后，两国的生产点和消费点都出现了空间上的分离。

在图 2-1 中，A 国在分工前，如果用全部资源生产 X 产品，产量为 OX_0，如果用全部资源生产 Y 产品，产量为 OY_0。B 国的情况则为，如果用全部资源生产 X 产品，产量为 OX'_0，如果用全部资源生产 Y 产品，产量为 OY'_0。我们以 A 国为例来说明情况，A 国参加国际贸易的分析如图 2-1（a）所示。从图中可以直观地看出，A 国的产业优势在于生产、出口 X 产品，因此 A 国就使用全部的资源（劳动）生产 X 产品（A 国从而不生产 Y 产品)，并用 X 产品按照国际交换比率 T_W（假设交换比率为 1∶1）交换 Y 产品进行消费。A 国出口 CD 单位的 X 产品，换回 DA' 单位的 Y 产品进行消费。进行专业化分工和交换之后的福利情况如图 2-2 所示。

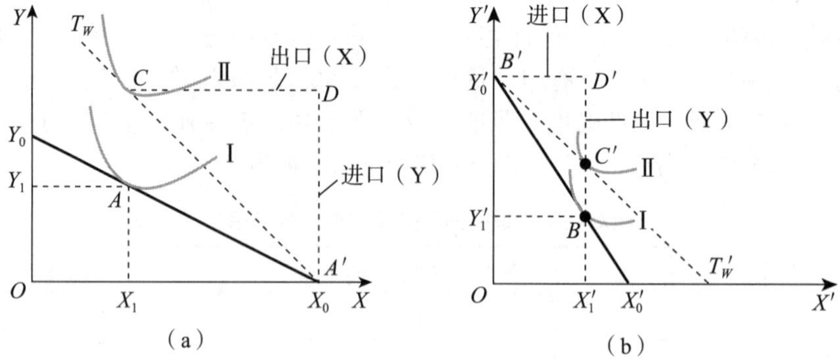

图 2-1　斯密绝对利益学说的图形分析

在图中，OX_0、OY_0 为 A 国将全部资源分别用于生产 X、Y 两种产品时的产量情况，OX_0'、OY_0' 为 B 国将全部资源分别用于生产 X、Y 两种产品时的产量情况，从图形中可以看出两个国家的绝对优势：A 国的优势在于生产 X 产品，B 国的优势在于生产 Y 产品。在封闭状态下，A 国的生产可能性曲线（也称生产可能性边界）为 X_0Y_0，B 国的生产可能性曲线为 $X_0'Y_0'$。经过专业化分工，A 国只生产 X 产品，B 国只生产 Y 产品，A 国出口 X 产品向 B 国交换 Y 产品，B 国则相反，两国均受益，世界整体的福利水平也因此得到提高。这在图中表现为社会无差异曲线与原点的距离扩大了。

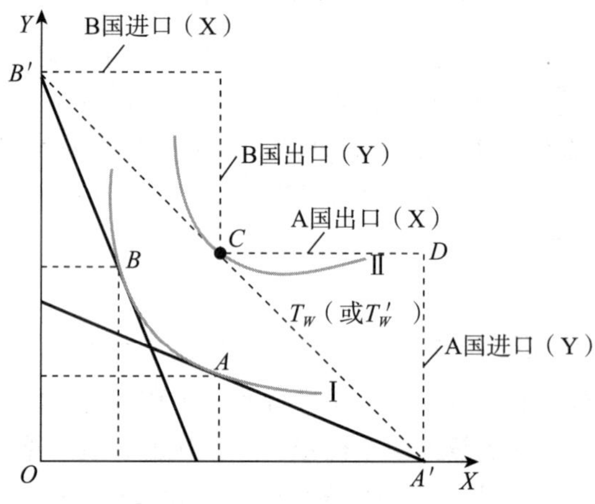

图 2-2　绝对利益学说的福利效应分析

在图 2-2 中，A 点和 B 点分别为分工前的生产点和消费点，A'点和 B'点为分工后的专业化生产点，C 点为分工后的消费点。该图是把图 2-1 中 A 国与 B 国的两个坐标图放到一起合成的。图中社会无差异曲线向外推移的部分便是国际贸易利益所在，它与国际价格线 T_W（也即 T_W'）相切。在分工以前，两国具有相同的社会无差异曲线。实行完全分工以后，两国的生产点 A'、B'与消费点 C 产生了分离。

三、对斯密绝对利益学说的评价

（一）绝对利益学说的积极意义

斯密的绝对利益学说批判了重商主义关于财富的定义。如前所述，重商主义认为：贵金属是社会财富绝对和唯一的存在形式。除了开采金、银矿藏之外，只有国际贸易是一国增加财富的重要途径，因为国内贸易只是现有财富在不同社会阶层之间的分配。一个国家为了发展生产和贸易，就应该实行国家干预经济的政策，鼓励贸易顺差的发生。斯密认为社会财富应该以商品、劳务的生产来衡量，而不能单纯以贵金属的保有数量来衡量；政府应鼓励经济自由主义，减少对经济的干预；并且从货币流的调整机制出发，贸易的顺差与逆差事实上存在着自动调节机制，会导致贸易自动向平衡的方向发展。贸易的一方不可能长期保持顺差而以此积累财富，贸易的利益应该是双向的。此外，斯密还认为国际贸易也是一国解决生产剩余、消除过剩的办法之一。贸易参与国也可以用对本国用途相对较小的商品换回对自己更为有用的商品，即用对自己效用较低的商品（如过剩的商品）换回对自己效用更高的商品。

斯密的绝对利益学说揭示了，在自由市场经济条件下，国际贸易产生的原因在于两国之间劳动生产率的绝对差异，按照绝对利益学说的原则进行国际分工，贸易的参与者与整个世界会因此而获得利益。这一学说在一定程度上反映了国际贸易中的某些规律，为产业资本的发展提供了相应的理论支撑，具有重要的实践意义和理论意义。

（二）绝对利益学说的缺陷与不足

斯密的国际贸易理论囿于经济发展的水平和人们对于国际经济运动认识的局限性，存在着一些理论与实践方面的重要缺陷与不足，使得该理论的适用范围受到了限制。

（1）从国际贸易实际出发的评价。斯密的绝对利益学说存在一个必要的假设前提：一国要参加国际贸易，就必然要有至少一种产品与贸易伙伴国相比处于劳动生产率绝对高或生产所耗费劳动绝对少的地位，以便利用劳动生产率的绝对差异进入国际市场。如果在所有的产品生产上，一国的劳动生产率均低于贸易伙伴国的劳动生产率，该国便不具备参加国际分工的条件，或者在国际贸易中没有任何的获益。这一点在理论上过于绝对，在实践中也不符合实际情况（发展中国家很可能在所有产品上的劳动生产率都不如发达国家，但仍然在进行国际贸易），实际上陷入了理论与实践的两难境地：如果没有超过贸易对手的高劳动生产率部门，该国便被排除在国际贸易的大门之外，或者在贸易中本国的生产部门将被对方击垮，另外，一国只要参加了国际贸易，就必须能够证明劳动生产率一定超过贸易对手。显然，世界贸易的历史与现实并不完全、普遍地符合这样的假设。

（2）从劳动价值论出发的评价。斯密的学说基本上反映了 18 世纪资产阶级通过国际贸易进行经济扩张的要求，但是由于斯密没有提出抽象劳动的概念，因此他的学说无法解释 X、Y 两种产品进行国际交换的内在等价要求是什么，在国际进行交易的价值基础是什么。

第三节　李嘉图的比较利益学说

西方古典国际贸易理论是以李嘉图的比较利益学说为理论标志的。李嘉图最大的理论贡献就在于突破了斯密关于一个国家必须具备绝对优势才能参与国际贸易并分享贸易利益的狭隘假设前提，从而使这一理论具有普适性。西方贸易理论界评价说："这是一项最为重要、至今仍然没有受到挑战的经济学原理，具有很强的实用价值。"①

一、李嘉图比较利益学说的基本内容及数字说明

按照斯密的绝对利益学说，如果在任何产品的生产上，一个国家的劳动生产率均低于其他国家的劳动生产率，该国便失去了参与国际贸易并获取贸易利益的可能，或者参加国际贸易便会使得本国的利益丧失殆尽。然而，国际贸易实践的现实结果并非如此，劳动生产率处于绝对劣势的国家同样在积极地参与国际贸易。人们便产生了疑问：这些国家不怕利益的丧失？或者，斯密的绝对利益学说存在着巨大的缺陷？古典经济学的比较利益学说对这一问题给出了答案——国际贸易发生的原因不在于贸易中绝对利益的存在，而在于比较利益的存在。

（一）李嘉图比较利益学说的假设前提

比较利益学说的基本思路实际上是由英国经济学家托伦斯（R. Torrens）上校提出来的。英国古典经济学集大成者大卫·李嘉图极大地发展了这一学说，并在其 1817 年出版的《政治经济学及赋税原理》一书中对此进行了具有说服力的阐述。

李嘉图的比较利益学说是建立在一系列假设前提上的。

（1）比较利益学说是两个国家、两种产品、一种生产要素的模型（2×2×1 模型）。也就是说，现实世界由 A、B 两个国家构成（即 A+B=W），每个国家都在从事 X、Y 两种产品的生产，只有唯一的要素即劳动要素的投入。

（2）要素市场和产品市场是完全竞争性的，A、B 两国均实行自由贸易政策，不存在任何贸易限制。

（3）要素（这里主要是劳动）在一国内可以自由流动，在两国之间完全不能流动。

（4）以劳动价值论为基础，即劳动时间决定价值，同时一国之内劳动是同质的，劳动充分就业，且劳动的报酬是一样的。

（5）交易双方单位生产的劳动成本不变，规模收益不变，不考虑运输、保险等成本支出。

（6）收入分配不受贸易的影响。

在上述假定前提下，李嘉图的比较利益学说试图证明：决定国际贸易的基础是比较（相对）利益，而非绝对利益。

（二）李嘉图比较利益学说的基本内容

如果用一句话来概括李嘉图比较利益学说的核心思想，那就是"两利相权取其重，两弊相衡取其轻"。在日常生活中，可以找出许多符合这一原则的例子：某人在城中是最好的外科医生，同时又是最好的外科护士，那么他面临的问题是：他应该集中全力当好外科医生，还是既当外科医生动手术，又当外科护士做辅助的护理工作呢？很显然，他应该集中全力做好外科手术，而外科护士的工作则交给能够胜任这项工作的人去做。这样，外科医生的行为才符合人们的常识，他能够得到最高的收入，而且能够增加社会的就业。从上

① Dominick Salvatore, *International Economics*, Fifth Edition, New York: Prentice-Hall International, Inc. 1997: 30.

面的例子可以看出，比较利益就是相对优势，因而人们要在对自身的各种优势进行比较后，从事那些自己具有更大优势的工作才会取得成绩，同时应该放弃在自身比较中劣势更为突出的工作才能避免更大的损失。

在李嘉图看来，国际分工和国际交换也应该遵循同样的原则。若两个国家生产力水平不相等，甲国在生产任何产品时成本均低于乙国，处于绝对优势，而乙国则相反，其劳动生产率在任何产品的生产上均低于甲国，处于绝对劣势，这时，按照斯密的绝对利益学说，贸易便不可能发生。但事实上两个国家间进行贸易的可能性依然存在，因为两国劳动生产率之间的差距并不是在任何产品上都一样，这样处于绝对优势的国家不必生产全部产品，而应该集中生产本国具有最大优势的产品，处于绝对劣势的国家也不必停产所有产品，而只应该停止生产本国处于最大劣势的产品。通过自由贸易，参与交换的国家可以节约社会劳动，增加产品的消费，世界也因为自由贸易而增加产量，提高劳动生产率。

（三）李嘉图比较利益学说的简单数字说明

假设世界由 A、B 两个国家组成，每个国家都在分别生产 X、Y 两种产品，在国际分工发生以前，其要素（劳动）分配、产品产量的情况如表 2－3 所示。

表 2－3　　比较利益学说的简单数字说明（分工前）

国家	X 产品耗费的劳动	Y 产品耗费的劳动
A 国	6	4
B 国	1	2

分工前，A 国生产 1 单位 X 产品需要 6 单位劳动，生产 1 单位 Y 产品需要 4 单位劳动，B 国生产相同单位的 X 和 Y 产品，则分别需要 1 单位和 2 单位劳动。B 国的劳动生产率明显地高于 A 国。世界的全部产出为 4 单位，每个国家消费 X、Y 产品各 1 单位。世界的全部劳动支出为 13 单位，A 国为 10 单位，B 国为 3 单位，分配在 X 产品上的劳动为 7 单位，分配在 Y 产品上的劳动为 6 单位。世界的总消费为 4 单位产品。进行分工后，A 国的相对优势在于生产 Y 产品，因而 A 国集中生产 Y 产品而放弃生产 X 产品，B 国的相对优势在于生产 X 产品，因而 B 国集中生产 X 产品而放弃生产 Y 产品，具体情况如表 2－4 所示。

表 2－4　　比较利益学说的简单数字说明（分工后）

国家	X 产品耗费的劳动	Y 产品耗费的劳动
A 国	0	10
B 国	3	0

A 国此时生产为 10/4 即 2.5 单位 Y 产品，B 国此时生产 3/1 即 3 单位 X 产品。A 国在保持分工前 1 单位 Y 产品消费的同时，可以用 1.5 单位 Y 产品来换取 X 产品进行消费；B 国则在保持分工前 1 单位 X 产品消费的同时，可以用 2 单位 X 产品来换取 Y 产品进行消费；如果假设交换的比率为 1X∶1Y，则双方通过交换均可以得到利益，从而世界的消费也得到提高，劳动得到节约。在这里，贸易的基础在于利益的比较：以 X 产品为 Y 产品的价值衡量标准，A 国的 4/6 小于 B 国的 2/1；以 Y 产品为 X 产品的价值衡量标准，A 国的 6/4 大于 B 国的 1/2。这决定了交换的基础，即 A 国的优势在于生产 Y 产品，而 B 国

的优势在于生产X产品。依照这一优势从事生产和交换，便会存在双方的比较利益，双方的福利水平即全球的福利水平也会因此得到提高。

二、李嘉图比较利益学说的图形解释

两个国家、两种产品、单一要素（2×2×1模型，劳动是唯一要素）且不完全分工的国际贸易模型，可以使分析更加接近国际贸易实际，因为在国际经济中很少有国家进行完全的国际分工，即完全不生产一些产品而集中全部资源去生产另一些产品。因此，A、B两国在进行国际分工后仍然各自均生产X和Y产品，与分工前相比，只是资源发生了重新配置，X和Y产品生产的数量比率发生了变化。B国将沿着生产更多的X产品、较少的Y产品的方向组织生产，而A国将沿着生产更多的Y产品、较少的X产品的方向组织生产。其情况如图2-3所示。

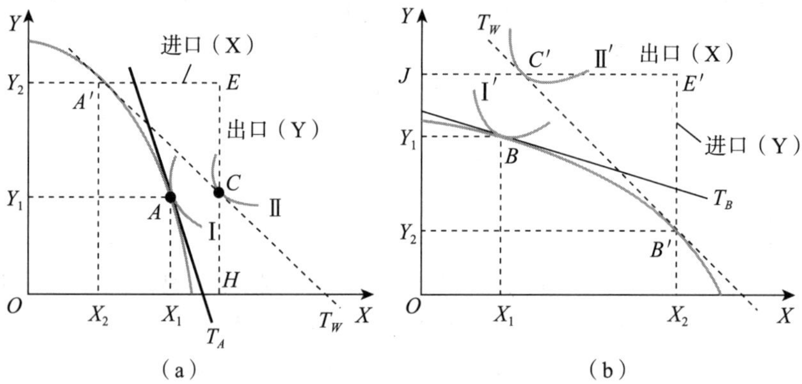

图2-3　李嘉图比较利益学说的图形分析

图2-3（a）代表A国的基本情况，图2-3（b）代表B国的基本情况。从图中可以看出，用同样的资源，A国的优势在于生产Y产品，B国的优势在于生产X产品。原国内交换比率分别为T_A、T_B（A、B点的切线）；分工前国内生产组合、消费组合点为A、B。按照比较优势进行专业化分工，A国表现为从A点上移至A'点，放弃部分X产品的生产而增加Y产品的生产；B国表现为从B点下移至B'点，放弃部分Y产品的生产而增加X产品的生产。在A'、B'点上，两国的国内均衡价格（也就是国际价格）dY/dX是相等的。按照1∶1的交换比率进行国际贸易，A国分工后的生产组合点为A'，即生产$OX_2=Y_2A'$的X产品和$OY_2=A'X_2$的Y产品，用CE的Y产品换EA'的X产品，共消费CH的Y产品和$Y_2A'+A'E$的X产品，消费点为C。B国分工后的生产组合点为B'，即生产$OX_2=Y_2B'$的X产品和$OY_2=X_2B'$的Y产品，用$C'E'$的X产品换$E'B'$的Y产品，共消费$C'J$的X产品和$E'B'+B'X_2$的Y产品，消费点为C'。在A国X、Y产品的消费中，Y_2A'为本国生产，$A'E$为进口，CE为出口。在B国X、Y产品的消费中，X_2B'为本国生产，$E'B'$为进口，$C'E'$为出口。在1∶1的交换线下，有$C'E'=E'B'$。同时，社会无差异曲线与原点的距离扩大了，即Ⅱ高于Ⅰ，Ⅱ′高于Ⅰ′，表示总体福利水平的提高。

我们也可以将生产可能性曲线画为直线。但要注意的是，由于B国的劳动生产率绝对超过A国，即B国在生产X和Y产品上均处于优势，而A国均处于劣势，因此在表示A、B两国的两个坐标图中，A国生产可能性曲线涵盖的区域一定要小于B国，而且全部资源分别用于生产X产品或Y产品时，B国生产任何一种产品的数量都一定要多于A国。

三、比较利益的分解

国际贸易中的比较利益可以被分解，使得人们对贸易利益的来源有一个更为清楚、全面的认识。

(1) 得自交换（贸易）的利益。前面图形中显示的比较利益，在理论上可以被分解为得自交换（贸易）的利益和得自分工的利益。前者来源于在资源配置不变、产出不变、该国并未实行产品完全专业化生产的情况下，一部分产品以国际价格而非国内价格进行贸易，这时该国的生产点不变，但社会无差异曲线不是与国内价格线而是与国际价格线相切，这样新产生的社会无差异曲线Ⅱ离原点的距离更远，即社会福利得到提高，见图2-4。

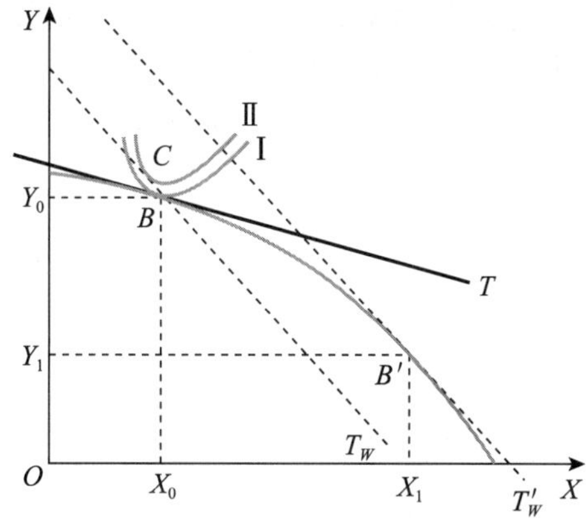

图2-4　得自交换（贸易）的利益

(2) 得自分工的利益。这一利益主要来源于资源按照比较利益进行的重新配置，即产生了新的国际分工。在原生产点上，一国按照国际交换比率进行交换明显比按照国内交换比率进行交换更为有利，由于更高价格的吸引，该国将生产更多的X产品，以获得更多利益。这时生产将在新的资源配置组合下进行，生产点沿着生产可能性曲线向符合比较利益的方向变动，即生产更多的X产品，而生产较少的Y产品，同时生产点与消费点分离，生产点在生产可能性曲线与国际价格线的切点处，消费点在社会无差异曲线与国际价格线的切点处，社会无差异曲线Ⅲ与图2-4中的Ⅱ相比进一步向外推移，福利水平得到提高，见图2-4、图2-5。

(3) 利益的合成。将图2-4、图2-5拼接在一起，我们便可以得到完全的比较利益的图解，其中从社会无差异曲线Ⅰ到Ⅱ为得自交换（贸易）的利益，从社会无差异曲线Ⅱ到Ⅲ则为得自分工的利益，从社会无差异曲线Ⅰ到Ⅲ为总的利益。

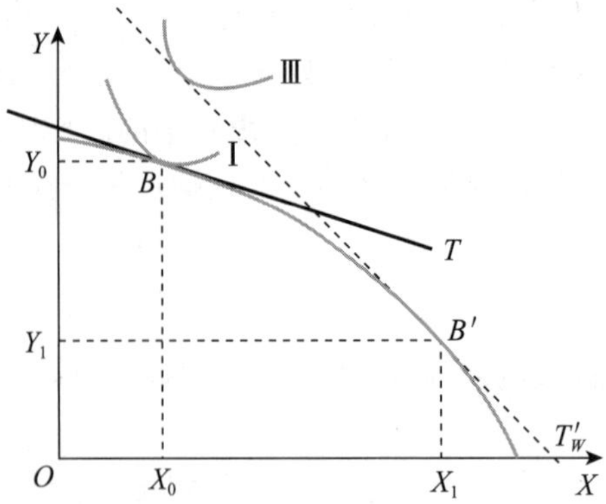

图 2-5 得自分工的利益

四、对李嘉图比较利益学说的评价

（一）从国际贸易实践出发的评价

（1）从国际贸易的实践出发，李嘉图的比较利益学说具有其合理内核，分析了国际贸易具有的各个方面的利益。比较利益学说揭示了国际贸易因比较利益而发生，并具有互利性。它证明了各国通过出口相对成本较低（而非成本绝对低）的产品、进口相对成本较高（而非成本绝对高）的产品就可以实现贸易互利，世界的总福利水平也会得到提高。这一结论可以用图 2-6 进行解释。

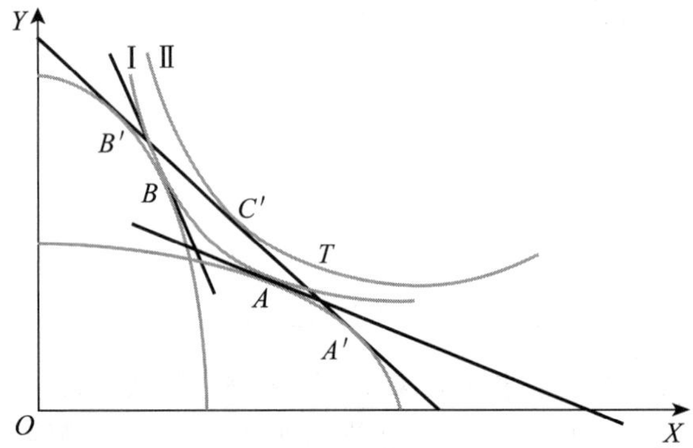

图 2-6 国际分工和贸易的福利效应分析

在图 2-6 中，生产可能性曲线分别表示 A、B 两国的生产力水平，A、B 点分别为 A、B 两国在封闭条件下的生产点与消费点，Ⅰ为封闭条件下两国的福利水平。两国在分工前各自有国内的交换价格，即国内的价格线，以及在封闭条件下的福利水平。在分工之后，两国遵循相同的国际价格进行交换，A'、B'分别为A、B 两国的生产点，C'为共同消费点，福利水平因贸易而提高，即社会无差异曲线Ⅱ比两国原有的社会无差异曲线Ⅰ离原点更远。

（2）该学说的假设前提过于苛刻，并不符合国际贸易的实际情况。例如，市场是完全竞争的，要素在国际上完全不能流动，经济中规模收益不变，都与当今世界经济的现实相差甚远。这使得传统比较利益学说的适用范围受到了限制。

（3）按照该学说，贸易产生的原因是国家间比较利益的差异，即不同国家间比较利益差异越大则贸易发生的可能性就越大，这样，当今的贸易便应该主要在比较利益差距较大的发达国家与发展中国家间展开。而现实情况却是，今天的贸易主要发生在比较利益差距较小的发达国家之间。

（4）按照该学说，在自由贸易条件下，参加贸易的双方都可获利，为获得贸易的利益，所有贸易参加国都应该积极实行自由主义而非保护主义的贸易政策，否则就会违背经济理性的假设。但在实际中，各国政府却都在不同程度地实行贸易保护主义的政策，所以国际贸易的事实与李嘉图贸易理论的结论存在较大的差距。

（二）从劳动价值论出发的评价

李嘉图是英国古典经济学家，他坚持劳动价值论，并试图用劳动价值论解释国际贸易中的各种现象，但由于种种原因，李嘉图在解释国际贸易时，并没有能够将劳动价值论坚持到底。

（1）在该理论中，出现了同一商品国内价值和国际价值的差异以及交换比率的不同，这违背了李嘉图自己坚持的劳动价值论。当看到这一情况时，他无法对同一商品具有两种价格进行理论解释——究竟哪一个符合等量劳动相交换的原则，李嘉图表示无能为力，并认为国内商品交换的基本原理（即等价交换原则）在国际贸易中并不适用，即国际贸易可以不遵循等价交换的原则。

（2）该理论并未从根本上揭示贸易发生的原因。从国内贸易、国际贸易的功能都是实现商品价值的角度来看，马克思主义经济学的资本流通公式揭示出：

$$G-W<\begin{matrix}Pm\\A\end{matrix}\cdots P\cdots W'-G'$$

式中，G 为资本投入，W 为商品，A 为劳动力，Pm 为生产资料，W'与 G'分别为含有剩余价值的商品与价值；实线为流通过程；虚线为流通过程的中断。因此，贸易无论在国内还是国外，总是与资本投入转变为生产资料、含有剩余价值的商品的实现有关。在经济实践中，资本家进行生产后，最重要的是尽快实现商品价值，收回投资并获得利润。在市场中，他们追求收益的顺序首先应该是本金的回归，然后是平均利润的获得，最后如果有可能，才是对于超额利润的追求。可以认为，即便国际贸易中不存在超额利润，即比较利益，只要能使商品价值得到实现，有一定的利润，贸易就会发生，因为从逻辑与现实出发，厂商最先要收回投资、获取平均利润，之后才会追求超额利润。

（3）比较利益学说存在着一个隐含的命题，即越落后的国家按照比较利益参加国际贸易，则受益就越大。这里实际上没有看到国际贸易具有的不等价交换和价值转移的性质。该学说认为，在静态的基础上，相对落后国家遵循已有的比较利益发展经济便可以获得利益，因此也不必十分强调产业结构的调整与升级。

小　结

1. 我们通常将西方国际贸易理论体系的历史发展与变迁划分为三个阶段：国际贸易

的传统理论、国际贸易的现代理论和国际贸易的当代理论。国际贸易的传统理论主要包括斯密的绝对利益学说和李嘉图的比较利益学说，重商主义构成了这一理论体系的前史。

2. 重商主义的基本观点是，贵金属金银即货币是社会财富绝对的、唯一的表现形式，并将流通中的“贱买贵卖”视为财富产生的源泉。

3. 早期重商主义主张在对外贸易中，必须坚持扩大出口、减少进口甚至不进口的原则。这是因为，只有这样，贵金属或者货币才能流入国内，增加一国的财富量。正因为如此，人们也把早期重商主义的贸易观点称为“货币差额论”。

4. 晚期重商主义的贸易观点也被称为“贸易差额论”，晚期重商主义者主张国家不应该禁止而应该允许将货币输出到国外，以便扩大对外国商品的购买，正所谓“货币产生贸易，贸易增加货币”。

5. 绝对利益学说的基本含义为：在某一种类商品的生产上，一个经济体在劳动生产率上占有绝对优势，或其生产所耗费的劳动成本绝对地低于另一经济体，若各个经济体都从事自己占有绝对优势的商品的生产，继而进行交换，那么双方都可以通过交换得到绝对利益，从而整个世界也可以获得分工的好处。

6. 根据比较利益学说，当一个国家在两种商品的生产上均处于劣势时，只要这两种劣势不处于同一水平，该国便依然可以凭借其比较优势参与国际分工，分享贸易利益。

复习与思考

核心概念

早期重商主义	晚期重商主义	货币差额论	贸易差额论
绝对优势	比较优势	得自分工的利益	得自交换（贸易）的利益

思考题

1. 试述重商主义的基本观点并进行评价。
2. 试述斯密绝对利益学说的主要内容。
3. 说明绝对利益学说的主要缺陷。
4. 试述李嘉图比较利益学说的基本内容，并用简单数字进行分析。
5. 试用图形描述李嘉图的比较利益学说。
6. 试对李嘉图的比较利益学说作出评价。

第三章

国际贸易价格的确定

本章的学习目的在于使学生了解和掌握国际贸易价格是如何确定的。本章通过引入机会成本的概念，对李嘉图的比较优势理论作出新的解释，从而为国际贸易产品价格的确定提供分析工具；通过引入需求因素（相互需求方程式），讨论在现实的国际交换过程中，贸易产品的价格是如何确定的，以及在价格确定的情况下，国际贸易的利益是如何分配的；通过引入对贸易条件的动态考察，了解贫困化增长发生的条件、后果及政策含义。

重点掌握

出口的贫困化增长原理及对发展中国家的政策意义
相互需求方程式
机会成本与相对价格

第一节　比较优势与机会成本

以李嘉图的比较利益学说为代表的传统国际贸易理论是建立在一系列严格的假设前提上的逻辑演绎。其结论虽然具有普遍的指导意义，但在解决现实贸易产品的价格确定问题时，却由于理论基础的先天不足所导致的内在矛盾，无法作出科学的解释。后来的西方学者通过引入机会成本的概念，试图解决比较利益学说的内在矛盾，为国际贸易价格的确定提供可行的理论分析工具。

一、比较优势与劳动价值论

无论是斯密的绝对利益学说，还是李嘉图的比较利益学说，都是建立在劳动价值论的基础上的，劳动价值论构成了比较利益学说的理论基础。由于传统的国际贸易理论是一个单一劳动要素投入模型，因此，在生产过程中，投入的劳动决定商品的价值，投入的劳动量决定商品的价值量。比较优势是建立在生产同一商品的不同劳动生产率的基础上，才得以形成和发展的。然而，在现实的国际贸易交换场合，如果遵循劳动价值论，商品的价值或价格仅仅取决于生产商品所需要的劳动量，这便意味着：第一，劳动是唯一的生产要素，或在所有的商品生产过程中，劳动均占有一个固定的比重；第二，劳动是同质的生产要素（即只存在一种类型的劳动）。根据西方经济学的传统看法，“由于这两条假设均不真实，因此不能将比较优势的原理建立在劳动价值论的基础之上”①。

西方学者认为，在生产过程中，劳动既不是投入生产的唯一要素，也不以固定比率投入所有商品的生产过程。譬如，生产汽车和生产服装，所投入的（劳动与资本）要素比率显然不同。而在大多数商品的生产过程中，劳动、资本以及其他生产要素之间存在着相互替代的关系。更进一步而言，投入生产过程的劳动要素显然不会是同质的。这些劳动力在智力水平、教育背景、生产率高低和收入水平等方面都存在较大的差异。因此，他们认为比较利益学说不能以劳动价值论为基础，并进一步提出了机会成本的概念，主张用机会成本的理论来解释比较优势的存在。

事实上，在生产过程中所投入的劳动要素的单一性和同质性假设不仅是古典贸易理论的基本前提，而且是传统西方经济学坚持了百余年的经典假设。这是因为在斯密和李嘉图生活的那个年代，劳动生产率和社会进步程度还处在一个较低的水平上，在生产过程中，人类还主要是凭借自己的体力和简陋的生产工具来征服自然、改造自然，向客观外界索取生存资料。因此，在这一生产水平层面，劳动力之间的差异和辅助的生产工具都可以被合理地抽象掉，并且正是由于劳动投入要素的单一性与同质性假设，劳动创造价值这一本质关系才得到解释。然而，随着工业化进程的发展和现代科学技术的出现，人类更多地是依靠自己的智力，通过发明和制造复杂的生产工具，乃至操纵高智力密集的智能工具来从事生产活动。在这种情况下，在生产过程中多种生产要素的有效配置和原本隐性的劳动异质性特征便成为不容忽视的重要因素。由于传统国际贸易理论在运行层面难以对现代生产活动作出令人信服的解释，引入机会成本的概念来解释比较优势的形成，便成为国际贸易理论发展的一个重要环节。

二、机会成本与相对价格

1936 年，哈伯勒在对外贸易的理论研究中，引入了机会成本的概念，用机会成本理论解释了比较优势的原理。这一用机会成本理论解释的比较优势原理，常常被称为比较成本原理。

根据机会成本理论，一种商品的成本是再生产一单位此种商品所必须放弃的另一种商品的产量。在此，该理论并没有作出劳动是唯一的投入要素或劳动是同质要素的假设，也没有假定劳动是决定商品价格的唯一要素。据此，哈伯勒得出结论：当一国在一种商品的生产上具有较低的机会成本时，该国在这种商品的生产上就具有比较优势（在另一种商品

---

① Dominick Salvatore, *International Economics*, Fifth Edition, New York: Prentice-Hall International, Inc. 1997: 37.

的生产上具有比较劣势）。①

由此我们看到，在李嘉图那里，比较优势的基础是生产某种商品的劳动生产率。两个国家相比较，如果A国在X商品的生产上的劳动生产率高于B国，则表明A国在X商品的生产上具有比较优势。A国专业化生产并出口X商品，就可以获得贸易利益。而在哈伯勒引入机会成本的概念后，一个国家比较优势的基础转变为这个国家能够以较低的机会成本来生产这种商品。两个国家相比较，如果A国用于生产X商品的机会成本低于B国，则表明A国在X商品的生产上具有比较优势。在哈伯勒看来，用机会成本的差异取代劳动生产率的差异作为比较优势的基础，既避免了李嘉图原有假设前提的内在局限，又保持了比较利益学说结论的普适性，从而提供了一座从纯贸易理论的抽象演绎通达现实国际贸易活动的桥梁。

我们还是运用两个国家、两种产品的模型来加以说明：假设在一个封闭的经济中，在具有资源约束的条件下，A国为了提供更为充裕的资源来多生产1单位X产品就必须放弃2/3单位Y产品的生产，则X产品的机会成本就是2/3单位Y产品（即在A国，1单位X产品＝2/3单位Y产品）。与此同时，如果B国X产品的机会成本是1单位X产品＝2单位Y产品，则X产品的机会成本在A国要比在B国低，因此，A国在X产品的生产上相对于B国来说具有比较优势。显然，B国在Y产品的生产上具有比较优势。根据比较成本原理，A国将专业化生产X产品并出口一部分X产品去交换B国的Y产品，这个结论与基于劳动价值论的比较利益学说所得出的结论完全一致。

机会成本可用生产可能性曲线或转换曲线加以说明。生产可能性曲线是指一个国家运用其所拥有的全部资源和最佳技术所能生产的两种产品的各种组合。

表3-1所显示的是A国和B国在进行产品生产时X产品与Y产品的生产可能性组合（运用假设数据）。

表3-1　　A、B两个国家X产品、Y产品的生产可能性组合

A国		B国	
X产品	Y产品	X产品	Y产品
180	0	60	0
150	20	50	20
120	40	40	40
90	60	30	60
60	80	20	80
30	100	10	100
0	120	0	120

从表3-1中可以看到，当A国将其全部生产要素都用于生产X产品时，它可以生产180单位X产品，而1单位Y产品也不生产。A国也可以将它的要素资源分别用于生产两

① Dominick Salvatore, *International Economics*, Fifth Edition, New York: Prentice-Hall International, Inc. 1997: 37.

种产品，譬如说生产 150 单位 X 产品和 20 单位 Y 产品，或 120 单位 X 产品和 40 单位 Y 产品。A 国还可以将其全部生产要素都用于生产 Y 产品，即生产 120 单位 Y 产品，而 1 单位 X 产品也不生产。我们看到：A 国每放弃 30 单位 X 产品的生产，所转移出来的要素资源就可以多生产 20 单位 Y 产品。也就是说，30 单位 X 产品＝20 单位 Y 产品（生产这两种产品需要耗费同等数量的资源）。由此我们可以得出结论：在 A 国，1 单位 X 产品的机会成本是 2/3 单位 Y 产品，而且保持不变。同样，在 B 国，当 B 国将其全部生产要素都用于生产 X 产品时，它可以生产 60 单位 X 产品，而 1 单位 Y 产品也不生产。B 国也可以将它的要素资源分别用于生产两种产品，譬如生产 50 单位 X 产品和 20 单位 Y 产品，或者 40 单位 X 产品和 40 单位 Y 产品。B 国还可以将其全部生产要素都用于生产 Y 产品，即生产 120 单位 Y 产品，而 1 单位 X 产品也不生产。我们看到：B 国每放弃 10 单位 X 产品的生产，就可以增加 20 单位 Y 产品的生产。因此在 B 国，1 单位 X 产品的机会成本为 2 单位 Y 产品，而且保持不变。

由表 3－1 中所给出的 A、B 两个国家 X 产品和 Y 产品的生产可能性组合，我们可以作出如图 3－1 所示的生产可能性曲线。曲线上的每一点都代表该国可能生产的 X、Y 产品的组合。例如在 *A* 点，A 国可以生产 90 单位 X 产品和 60 单位 Y 产品。在 *A′* 点，B 国可以生产 40 单位 X 产品和 40 单位 Y 产品。

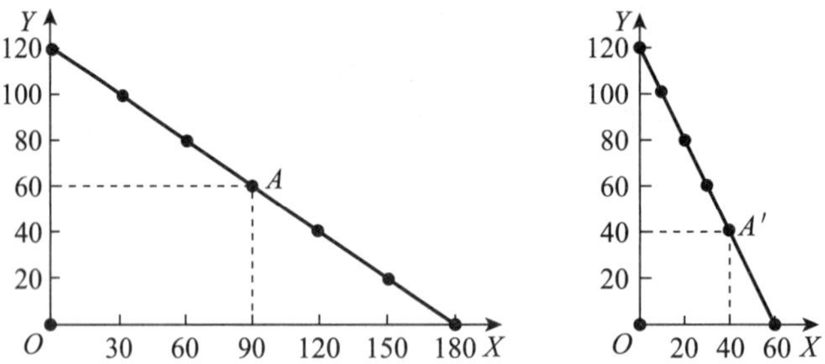

（a）A国　　（b）B国

图 3－1　A 国和 B 国的生产可能性曲线

一方面，生产可能性曲线以下或以内的组合也是可行的，但不是高效率的，因为国家未能充分利用资源和（或）现有的技术。另一方面，基于现有的资源和技术，生产可能性曲线以上区域的各组合均不可能实现。

在图 3－1 中，A 国和 B 国的生产可能性曲线向下倾斜，表明如果这两个国家想生产更多的 X 产品，就必须放弃一定数量 Y 产品的生产。两条生产可能性曲线均是线性的，表明它们的机会成本是固定的，即如果想多生产 1 单位 X 产品，A 国就必须放弃 2/3 单位 Y 产品的生产，而 B 国就必须放弃 2 单位 Y 产品的生产。在生产可能性曲线上的任何一点处，这一结论都成立。

固定的机会成本（constant opportunity cost）包含以下内容：第一，生产资源或要素是完全替代品或者在两种商品中各要素比例固定；第二，同一要素的所有组成都是相同的或确切地说具有同等的质量。因此，A 国将生产 Y 产品的资源转移到 X 产品的生产中，不会越来越不利于 X 产品的生产。也就是说，我们所定义的固定机会成本是指每生产 1 单位某种商品所必须放弃的固定数量的另一种商品。

即使每个国家的机会成本是固定的，由于国与国之间的机会成本不同，也使国际贸易成为可能。然而，由于边际成本递增是现实生产活动中的一个普遍规律，固定成本就只是一种理论上的抽象，只是一个便于理解的假定。

上述分析表明，X 商品的机会成本就是指每多生产 1 单位 X 商品所必须放弃的 Y 商品的生产量。这可以由生产可能性曲线或转换曲线的斜率的绝对值得出，这个斜率的绝对值有时被称作边际转换率。

由图 3－1 我们可以看到，A 国生产可能性曲线的斜率的绝对值为 120/180＝2/3，为 A 国 X 商品的机会成本，并且保持不变。B 国生产可能性曲线的斜率的绝对值为 120/60＝2，为 B 国 X 商品的机会成本，并且保持不变。基于价格等于成本及每个国家都生产两种商品的假设，X 商品的机会成本等于 X 商品与 Y 商品的相对价格（P_X/P_Y）。

因此，在 A 国 $P_X/P_Y=2/3$，相反，$P_Y/P_X=3/2=1.5$；在 B 国 $P_X/P_Y=2$，相反，$P_Y/P_X=1/2$。可见，A 国的 P_X/P_Y 值低于 B 国的 P_X/P_Y（2/3 与 2 相比较），这表明 A 国在 X 产品的生产上具有比较优势；同样，B 国的 P_Y/P_X 值较低，这说明 B 国在 Y 产品的生产上具有比较优势。应该指出的是，在固定成本的假设下，P_X/P_Y 值仅仅是由本国的生产或供给决定的。在相对商品价格的决定中，我们将需求的因素抽象掉了。由此可以得出的结论是：由生产可能性曲线的斜率决定的两国相对商品价格的差异是贸易当事方各自所具有的比较优势的反映，从而为两个国家展开互利贸易提供了基础。

三、成本递增条件下的生产可能性曲线

在现实条件下，一个国家在其生产过程中通常所面对的不是固定的机会成本，而是递增的机会成本。递增的机会成本意味着一个国家每多获得 1 单位的某种商品，必须减少越来越多的另一种商品的生产。在边际成本递增的情况下，生产可能性曲线不再是一条直线，而是一条凹向原点的曲线。

图 3－2 所表现的是假设的 A 国和 B 国所生产的 X 与 Y 商品的生产可能性曲线。两国的生产可能性曲线都凹向原点，表明这两个国家在生产这两种商品时，机会成本都是递增的。A 国每多生产 20 单位 X 商品，就必须减少越来越多的 Y 商品的生产。图 3－2（a）中纵轴左侧向下的长度递增的箭头说明了这一点。同样地，B 国每多生产 20 单位 Y 商品的递增的机会成本是以 X 商品的数量减少的增多来表示的。图 3－2（b）中横轴下侧向左的长度递增的箭头说明了这一点。

假设 A 国的生产组合现在为生产可能性曲线上的 A 点，如果 A 国想生产更多的 X 商品，就必须减少 Y 商品的生产数量。这是因为 A 国在现有的技术条件下已经使用了它的全部资源，如果不将资源从生产 Y 商品的部门转移出来，它就不可能增加 X 商品的生产。A 国所面临的递增的机会成本用 Y 来表示，就是图中向下的越来越长的箭头，这使得生产可能性曲线凹向原点。A 国在生产 Y 商品时也面临着递增的机会成本。这也可以通过图中的曲线来说明：A 国每多生产 20 单位 Y 商品，就必须放弃递增数量的 X 商品。下面我们用 B 国的生产可能性曲线来说明生产 Y 商品的机会成本也是递增的。从 B 国的生产可能性曲线上的 A' 点向上移动，我们就可以看到向左的箭头长度不断增加。这表明 B 国每多

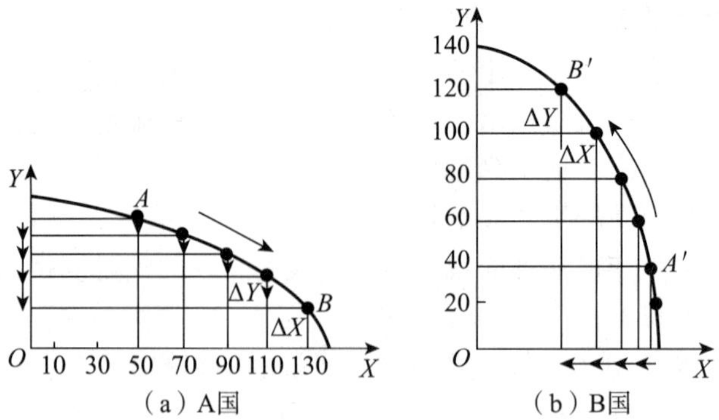

图 3-2 成本递增条件下 A 国与 B 国的生产可能性曲线

生产 20 单位 Y 商品，就必须放弃越来越多数量的 X 商品的生产。A 国与 B 国凹向原点的生产可能性曲线表明，在生产 X 和 Y 两种商品时它们的机会成本都是递增的。

我们将每多生产 1 单位 X 商品而少生产的 Y 商品的数量称为 X 商品对 Y 商品的边际转换率。因此，边际转换率可以用来表示 X 商品（横轴上的商品）的边际成本。生产可能性曲线的某一点上 X 商品对 Y 商品的边际转换率可以用生产可能性曲线在该点的斜率的绝对值来表示。在图 3-2（a）中，假设在 A 国生产可能性曲线的 A 点上斜率的绝对值是 1/4，即在这一点上，A 国必须少生产 1/4 单位 Y 商品以释放出足够的资源来多生产 1 单位 X 商品。同样，假设在曲线的 B 点上斜率的绝对值等于 1，就表明在这一点上 A 国必须少生产 1 单位 Y 商品才能多生产 1 单位 X 商品。可以看到，沿着 A 国的生产可能性曲线从 A 点向 B 点移动，也就是斜率的绝对值从 A 点的 1/4 向 B 点的 1 移动，就表明在生产越来越多的 X 商品的过程中，机会成本是不断增加的。

机会成本递增的主要原因在于，生产过程中所需要的要素或资源具有以下特征：第一，在生产过程中所使用的要素不是同质的。第二，在所有商品的生产过程中，生产要素的比率不是固定不变的。这意味着一个国家在生产越来越多的某种商品的同时，必须利用那些效率较低的或并不完全适合生产这种商品的资源或要素。这就使得一个国家每多生产 1 单位该种商品，就必须放弃越来越多的另一种商品的生产，才能保证为所增加的商品的生产提供充足的资源。

我们通过上述分析可以得出如下结论：两个国家之间同一商品相对价格的差异是两个国家具有不同比较优势的表现，也构成了互利贸易的基础。在我们的例子中，A 国与 B 国相比，其所生产的 X 商品相对价格较低，所生产的 Y 商品相对价格较高，则表明 A 国在 X 商品的生产上具有比较优势，在 Y 商品的生产上具有比较劣势。对于 B 国而言，情形则正好相反，其利用比较优势，以较低的相对价格生产 Y 商品。推而广之，在国际生产和国际贸易中，每一个国家都应该专业化生产本国具有比较优势的商品，并将其部分出口以交换自己具有比较劣势的商品。

在 A 国与 B 国专业化生产本国具有比较优势的商品的同时，生产的机会成本也在递增。一旦两国生产同一商品的相对价格达到同一水平，这种基于比较优势的分工就会停止，贸易就在这一价格水平上实现了均衡。通过互利贸易，A 国和 B 国的最终消费水平均

图书、期刊印刷委托书

No:（京)1189836

书（刊）名	国际经济学简明教程（第三版）				
出版单位（委托方）名称	中国人民大学出版社	地址		北京市海淀区中关村大街31号	
印刷企业（受托方）名称	运河（唐山）印务有限公司	地址		芦台经济开发区农业总公司三社区	
总发行单位名称		地址			
国际标准书（版）号	ISBN 978-7-300-26638-1	版次		第3版 第3次	
中国标准刊号或国内统一刊号		刊期			
开本	16K	印数	1500	著译者	黄卫平 彭刚
页数	212	印张	13.25	责编	王素克
字数	0	定价	36.00	责编	
排版	原稿页数	0		版式	
	正文用字			校样份数	0
制版	图稿数量	0			
	图版色数			（阳图片、树脂版、铜版、锌版）	
印刷	用纸规格			印刷方法	胶印
	用纸数量	22.56		印完日期	2021-12-11
装订	装订方法	平装			
	装订册数	0		交书日期	2021-12-13
委托方经办人姓名	廖斌	联系电话	62515880	身份证号码	
受托方经办人姓名	孙立先	联系电话	13051790285	受托日期	2021-11-30

出版单位（委托方）所在地省、自治区、直辖市新闻出版局备案盖章：	印刷企业（受托方）所在地省、自治区、直辖市新闻出版局备案盖章：	印刷企业（受托方）盖章：	出版单位（委托方）盖章：
	河北省新闻出版局 出版物备案专用章		
经办人：	经办人：任二雄 2021-12-01 14:43:30	负责人：杜树文 2021-12-01 14:42:43	负责人：
委托书扫描图			

会大于不存在贸易时的消费水平。

第二节　相互需求方程式

西方经济学的价格决定理论认为，价格是由供给曲线与需求曲线的交点决定的。在国际贸易中，尽管国际价格也是由供求决定的，但因为有出口国和进口国的同时参与，交易又分为进口与出口，价格的决定要复杂得多。

一、相互需求方程式的提出及其基本内容

李嘉图的比较利益学说尽管分析了贸易的发生与互利性，却没有说明贸易条件（单位出口能够换回的进口，即商品的国际交换比率，这一比率在实际中往往是用出口价格指数去比进口价格指数得到的）是如何确定的。因为单纯从比较利益学说的角度来看，该理论缺乏从需求方面进行论述的过程，因此就基本找不到由供求曲线交点决定的价格。

我们可以用过去熟悉的两个国家、两种产品、单一要素的交易模型来说明：李嘉图的比较利益学说在价格方面给出的是一个价格区域而不是一个交换比率。价格区域矩阵如表 3－2 所示。

表 3－2　　价格区域矩阵

国家	X 产品	Y 产品
A 国	10	15
B 国	10	20

在表 3－2 中，我们用单位劳动可以生产的 X 产品和 Y 产品的数量，代替过去李嘉图模型中单位产品使用的劳动量。可以看出，A 国的比较优势在于生产 X 产品，而 B 国的比较优势在于生产 Y 产品。因此，A 国在贸易中用 X 产品换取 Y 产品，B 国在贸易中用 Y 产品换取 X 产品。在 A 国，国内交换比率为 10X∶15Y；在 B 国，国内交换比率为 20Y∶10X。这意味着，若 A 国在国际市场上能够用 10 单位 X 产品换取多于 15 单位的 Y 产品，即国际交换比率优于国内交换比率，则 A 国便会进入国际市场。反之，若 B 国能以少于 20 单位的 Y 产品换取 10 单位 X 产品，即国际交换比率优于国内交换比率，则 B 国便会进入国际市场。因此 X 产品与 Y 产品在 A、B 两国国内市场的交换比率便构成了 A、B 两国进入国际市场进行交换的比率的上限和下限。现实的国际商品交换只能在这一交换比率的上下限之间进行，交换比率超出上下限，就必然会有一个国家退出现实交换（见图 3－3）。

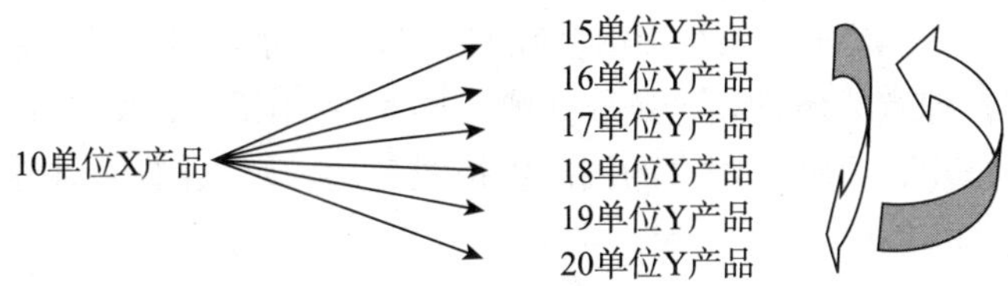

图 3－3　价格区域

对于A国，如果能够用10单位X产品换回多于15单位的Y产品，其在国际贸易中就有利可图；对于B国，只要能够用少于20单位的Y产品换回10单位X产品，B国便会进入国际市场。因此10∶15和10∶20是A国和B国的国内交换比率，也是两国进入国际市场的“门槛”。从图3-3中可以明确看出，对于A国，它得自交换的利益应该是自上而下提高的（由左边自上而下的粗箭头来表示），国际交换比率越贴近B国的国内交换比率，A国获得的利益便越大；对于B国，它得自交换的利益应该是自下而上提高的（由右边自下而上的粗箭头来表示），即国际交换比率越贴近A国的国内交换比率，B国获得的利益便越大。

我们可以将上述情况用我们熟悉的图形进行描述，具体情况如图3-4所示。

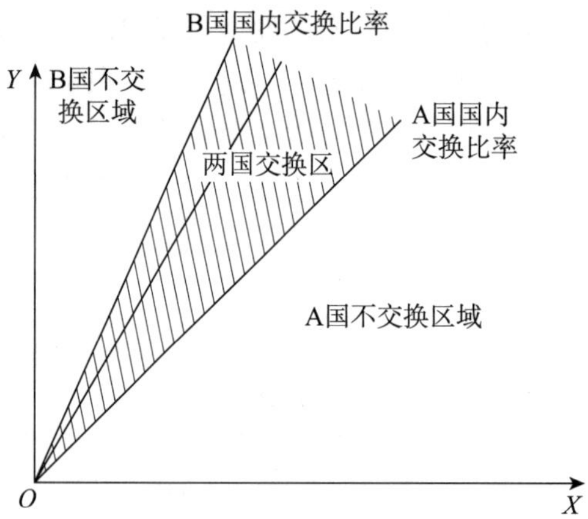

图3-4　国际贸易利益分配

实际交换比率将处于由两国国内交换比率界定的两国交换区内，超出该区域必然有一个国家退出交易，即如果交易处于A国国内交换比率的右方，则A国退出交易；如果交易处于B国国内交换比率的左方，则B国退出交易。交易只会处于两条国内交换比率线之间的区域中，然而具体的交换比率究竟应对应哪条射线，即dY/dX的斜率如何，仅从供给方面是无法说明的。

比较利益学说只能确定两国商品交换比率的区域，而非一个确定的比率，我们必须运用新的理论来予以说明。相互需求方程式就是解释国际价格确定的最为基本的一个学说。在图3-4中，我们可以找到国际交换比率的上下限。对于A国来说，10单位X产品能够交换的B国产品越多，其获益就越丰，因此它的利益从10X∶15Y到10X∶20Y越来越大。B国则相反，在国际市场中要用少于20单位的Y产品换回同量10单位的X产品，它的利益趋势是从20Y∶10X到15Y∶10X。我们发现，从原点射出的射线代表着X产品与Y产品的价格比率，即贸易条件，这条线离哪个国家的国内价格线越近，则该国在国际贸易中获得的利益便越小；离哪个国家的国内价格线越远，则该国加入国际贸易就越能够获得更多的贸易利益。

二、相互需求方程式的解释

在由比较利益决定的两国交换比率的上下限内（见图 3－4），实际而且唯一的均衡贸易条件是由两国对交易对手的相对需求强度决定的，理论上这个价格应该处于双方正好能够吸收对方的出口，即对方的出口恰恰是我方的进口，而我方的出口恰恰又是对方的进口的那个比率上。在实践中，如果对手国对本国商品的需求强度大于本国对对手国商品的需求强度，则交换比率越接近于对手国的国内交换比率，反之则越接近本国的国内交换比率。

相互需求理论是由英国经济学家穆勒提出来的。按照他在《政治经济学原理》一书中的论述，相互需求理论无非是要表明：现实的国际贸易条件是使得双方出口的总收入恰好能够支付双方的总进口时所形成的价格。当进口方对出口方商品的需求程度提高，在价格不变的情况下希望进口更多的商品时，出口方的贸易条件得到改善，进口方的贸易条件比过去有所恶化。如果需求强度的方向相反，则进口方的贸易条件会得到改善。双方的相互需求强度基本上取决于双方对商品的偏好，以及双方各自收入水平的实际情况。

第三节　出口的贫困化增长

出口的贫困化增长是在国际贸易中发生的一种经济现象，目前主要发生在经济欠发达的国家和地区。出口的贫困化增长主要是指在一定条件下，一国生产规模的扩大，即生产可能性曲线的向外推移，是沿着原有优势推进的（即如果该国的原有优势在于生产某种产品，现在进一步扩大该种产品的生产），但由于原有的贸易比较优势不变，出口的扩大不仅没有使得该国的福利有所提高，反而使得该国的福利因为出口增加而有所下降。人们普遍认为这种现象的根源在于该国的贸易条件由于出口扩大而恶化。

一、出口的贫困化增长的图形分析

一般而言，经济增长会带来产出水平的提高，同时在多数经验检验中，经济增长还有因产出提高而促进出口增加的效用，因而社会福利水平得到提升。但是，国际经济学和发展经济学的研究表明，经济中存在着出口的贫困化增长。这一现象的主要根源在于贸易条件的恶化。由于贸易条件恶化，出口数量的增长导致了出口收入的下降，从而造成了福利的降低，图 3－5 反映了这种现象。图中生产可能性曲线沿着原有的优势向外扩张，X 产品的生产能力得到了提高，但由于该国出口的扩大，国际市场中 X 产品因供大于求而价格下降，这导致了出口增长、单位 X 产品换回的 Y 产品数量减少，该国的福利水平与经济增长之前相比有所下降，社会无差异曲线向原点移动。

在图 3－5 中，生产可能性曲线从 PPF_1 向外扩张为 PPF_2，意味着生产能力的扩大。随着生产点从 A 点外移到 A'点，在生产增加的同时，出口也因之得到增长，但是贸易结

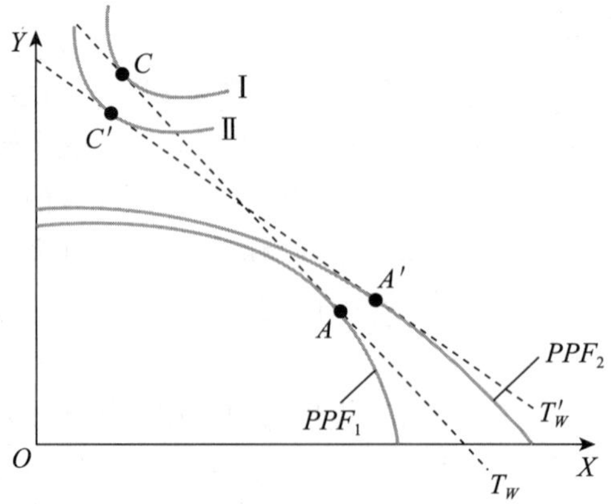

图 3-5　出口的贫困化增长

构并没有发生变化。国际价格线 T 在该国生产扩大、出口增加后发生变化，从 T_W 移至 T'_W，斜率变化即价格变化，结果是出口增加，价格（贸易条件）反倒下降了。这在图 3-5 中表现为消费点从 C 点下降到 C' 点，即单位出口产品所能换得的进口产品数量下降，总体福利水平也下降了。

二、出口贫困化增长的条件

出口的贫困化增长并不是一种普遍的经济现象，它的出现需要具备许多条件：

（1）出口国大多是处于一定发展阶段的发展中国家，具有典型的单一经济，离开单一产品的生产与出口，该国经济便会陷入困境。

（2）该国属于国际市场中的大国，即生产的产品为初级产品或劳动密集型产品，且出口量占据世界销售量的很大份额，任何增量的出口都将造成价格的波动和变化。

（3）该国生产、出口的产品需求弹性低，不会因为价格的变化而导致需求增长，价格的下降并不意味着销售量的大幅度上升。

（4）该国国民经济的发展高度依赖出口，属于很强的出口导向型经济，出口就是经济，经济就是出口。经济增长的直接结果就是出口增长，这种增长导致价格下跌，但国际价格的下降需要靠更大的出口量来弥补损失，其后果是价格的再次下跌。

如果上述条件不具备，出口的贫困化增长便不会发生，原有的国际价格便得以维持，或价格有所下降但不足以导致该国福利下降，甚至出口、福利双增长的情况也可能出现（见图 3-6）。

图 3-6（a）中的情况说明，尽管国际价格有所下降，但下降的幅度尚不足以造成该国福利水平的下降；图 3-6（b）中的情况则说明，该国是一个小国，其出口对国际市场的价格不会产生影响，而且世界是可以在价格不变的情况下全部吸收该国的出口的，因而出口的增长带来了福利水平的提高，社会无差异曲线与原点的距离增大了。

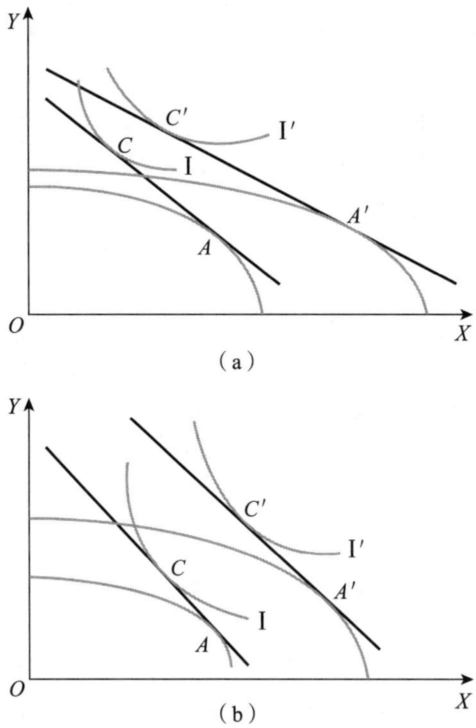

图 3－6　不同条件下的非出口贫困化增长

三、出口贫困化增长的政策含义及对其的评价

出口的贫困化增长理论具有相应的政策方面的积极含义，发展中国家在经济发展中可以借鉴其中的某些道理，趋利避害，调整好产业结构。从上面的论述与图形中我们可以清楚地看到，如果经济发展或经济产出增长是向其他产品即用本国稀缺要素生产的产品的方向发展，结果会完全不同（见图 3－7）。

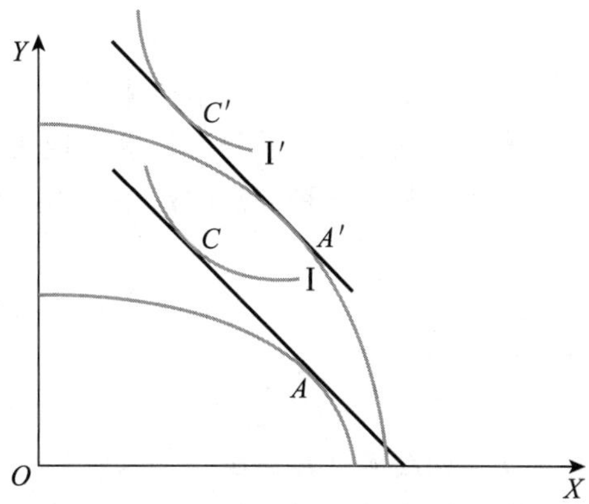

图 3－7　出口贫困化增长的政策含义图解

该国可以增加本国Y产品的生产，即从事国内的进口替代生产，使一部分劳动力转而从事Y产品的生产，这时或者X产品的生产下降、Y产品的生产增加，或者在X产品的生产未下降的情况下，Y产品的生产增加，社会无差异曲线向外推移，该国的福利水平得到提高。这是国内资源增加引起的福利提高（有时还会伴随因贸易条件的改善而获得的福利），其在某种程度上说明了该国的生产优势已经发生了变化（不单纯是X产品具有优势）。

这一理论给予我们的启示主要有：

（1）重视产业结构转化的重要性。

许多发展中国家的产品结构单一，处于初级或次级出口替代的阶段，同时东亚的发展中国家和地区走外向型经济发展道路的成功经验，使得一些发展中国家模仿东亚的发展模式走出口导向型道路以促进经济发展，但本国经济结构的特点和世界市场的需求结构却让这些国家出现了产品出口越多价格越疲软、出口收入越下降的情况。这说明发展中国家的产业结构从长远来看应该作出改变，结合本国的实际情况，尽早完成从初级产品的加工出口向制成品出口的转化。

（2）平衡出口量与出口价格。

出口的贫困化增长现象应该说仅仅提供了一种可能，但其在现实经济中并不是一种普遍的现象，大多存在于发展中国家经济发展的一定阶段。在这一阶段，发展中国家主要依赖某些类别的劳动密集型产品的出口来促进经济发展，在这些产品在世界市场中已经占据相当大的份额之后，继续扩大出口该类产品的努力便会造成出口贫困化增长的现象。因此，这些国家在发展的一定阶段应该特别注意避免这种现象的发生，并能够考虑到价格与出口数量之间的平衡，利用市场机制尽量避免不应该发生的损失。

小　结

1. 英国古典学派的国际贸易理论是建立在劳动价值论的基础上的。随着单一劳动投入要素“唯一性”和“同质性”假设在现实生产活动中遭遇挑战，哈伯勒运用机会成本的理论来解释比较优势的原理。一种产品的机会成本就是有足够资源多生产1单位该种商品所必须放弃的另一种商品的数量。一种商品的机会成本等于商品的相对价格即生产可能性曲线斜率的绝对值。

2. 机会成本递增意味着一个国家每多生产1单位某种商品，就必须减少越来越多的另一种商品的产量，以获得生产第一种商品足够的资源。这表现为生产可能性曲线为一条凹向原点的曲线。资源的不同性质和资源在各种商品生产中所占比例的差异引起了机会成本的递增。

3. 同一条社会无差异曲线反映了使一个国家满足程度相同的两种商品的所有组合。较高的社会无差异曲线反映了较大的福利满足程度。

4. 在没有贸易发生的条件下，当一个国家达到其生产可能性曲线所允许的最高点时，其生产和消费就达到了均衡。这一均衡发生在该国生产可能性曲线和社会无差异曲线的切点上。两条曲线在切点的公切线的斜率的绝对值即该国内部均衡时的相对商品价格，它可以反映该国的比较优势。

5. 在贸易条件下，每一个国家都在机会成本递增的情况下分工生产其具有比较优势的商品。这种分工将进行到该种商品在两国的相对价格相等时才停止。在这个价格水平上，贸易达到了均衡。通过贸易，每一个国家都达到了比无贸易条件下的社会无差异曲线更高的社会无差异曲线上。

6. 相互需求方程式被用来说明国际贸易价格的确定。相互需求方程式表明：A 国和 B 国 X 产品与 Y 产品在两个国家国内市场上的交换比率决定了国际市场上两种产品交换比率的上限与下限，实际而且唯一的均衡贸易条件则是由两个国家对贸易对手产品的相对需求强度决定的。

7. 在现实的国际交换中，确定的国际价格线越接近哪一个国家的国内价格线，则该国所获得的贸易利益就越少，贸易对手国所获得的贸易利益就越大。

8. 贸易的增长能够带来国民福利的增长。但是如果在一定条件下，出口的增长导致了贸易条件过度恶化，以至于使这个国家的福利水平出现净下降，便会出现出口的贫困化增长。发展中国家应该趋利避害，抓住机遇，不断地提升自己的出口商品结构。

复习与思考

核心概念

机会成本　　相互需求方程式　　贸易条件　　出口的贫困化增长

思考题

1. 试述国际贸易价格是如何确定的。
2. 试用图形说明两国贸易价格的可能性及利益分配（在 2×2 模型条件下）。
3. 试述相互需求方程式的基本内容。
4. 试用图形描述国际均衡价格的形成过程。
5. 试画出出口贫困化增长的图形并作出分析。
6. 试述出口贫困化增长的政策含义并对这一理论进行评价。

第四章

国际贸易的现代理论

本章的学习目的在于使学生了解和掌握国际贸易的现代理论。以赫克歇尔-俄林模型为标志的国际贸易现代理论，从两个方面对李嘉图的比较利益学说进行了修正和补充：第一，李嘉图的比较利益学说只是阐明了一个国家的比较优势是什么，却没有说明这个国家为什么会拥有这样的比较优势。而赫克歇尔-俄林模型不仅说明了一个国家的比较优势是什么，还进一步深入地解释了产生不同的相对价格和比较优势的原因。第二，李嘉图的比较利益学说在阐述其比较利益的基本原理时，将国际贸易对收入分配的影响抽象掉了。而赫克歇尔-俄林模型则讨论了国际贸易的开展对贸易参与国双方要素收入的影响。

重点掌握

赫克歇尔-俄林定理
列昂惕夫反论
要素价格均等化原理

在大多数教科书中，国际贸易的古典理论（斯密、李嘉图的理论是这一古典理论的代表）与国际贸易的现代理论大多是以赫克歇尔-俄林模型（H－O模型）为划分界限的。人们一般还认为，国际贸易的现代理论与当代理论的分界则在于第二次世界大战后由列昂惕夫反论的出现引发的人们关于国际贸易理论的研究成果。国际贸易的现代理论主要是对古典比较利益学说进行补充，并针对该理论的某些缺陷进行更为充分的论述。

第一节　H－O模型及其分析

H－O模型，又被称为赫克歇尔-俄林模型或要素禀赋论，是由瑞典经济学家赫克歇尔和他的学生俄林提出来的。赫克歇尔在1919年发表的论文中提出了通过要素禀赋、生产部门的技术水平来解释国际贸易发生的原因。俄林于1933年在他的著作《区际贸易和国际贸易》中继承了他老师的思想，较为详细地提出了要素禀赋的国际贸易理论，该书被认为是对国际贸易理论的创新发展和经典贡献，俄林因此获得了1977年诺贝尔经济学奖。他们提出的发挥一国要素禀赋优势发展国际贸易的思想，即我们常说的“靠山吃山，靠水吃水”，在相当长的时间中，甚至直至今天，都被认为是一个国家尤其是经济相对落后国家从事国际贸易、制定对外经贸战略的基本出发点。

一、H-O模型的基本命题

（一）H-O模型的提出

李嘉图的比较利益学说从总体上认为，比较利益源自各国在生产不同产品时劳动生产率的相对差异以及由此产生的劳动成本差异，而产品成本的差异则是国际贸易发生的直接原因，如果存在自由贸易，只要同种产品的价格差异大于产品的运输费、保险费等费用，产品就会从价格低的国家流向价格高的国家来逐利。其基本思路如图4-1所示。

图4-1　国际贸易的产生原因

后来的经济学家以机会成本差异代替了劳动成本差异，形成了对比较利益的当代理论的解释。但俄林认为，劳动成本差异并没有从根本上解释国际贸易产生的原因。在他看来，即使要素的生产率在不同国家并不存在相对差异，即要素的生产率在任何地方都相同，贸易也仍然会产生，即国际贸易的发生可以与劳动生产率差异无关。俄林认为，李嘉图坚持的劳动价值论并不符合实际，因为单一劳动要素不能说明生产与贸易的全过程。这样，H-O模型以要素的生产率一致为出发点，从其他角度对生产成本的差异给出了说明。

（二）H-O模型的假设前提

赫克歇尔在讨论国际贸易发生的原因时，使用了与李嘉图基本一致的假设前提，目的在于探讨李嘉图学说中比较利益产生的基础。俄林认为国际贸易与国内贸易都是区际贸易，具有相同的起因，彼此并无本质上的区别。H-O模型提出了以下假设前提：

（1）两个国家、两种要素、两种产品，即2×2×2模型，这与比较利益学说的假设前提有着根本的区别：H-O模型认为要用两种或两种以上的要素才能生产出产品，而李嘉图认为劳动是生产产品的唯一要素。H-O模型的这一假设前提实质上是以要素论代替了劳动价值论，而且为分析不同国家中不同的资本-劳动比对比较成本的作用确定了前提。

（2）两国在生产同一产品时，技术水平一样，具有同样的生产函数，产量只是要素投入量的因变量。相同的要素具有同样的生产率，这一假设意味着在两国具有相同的劳动生产率时，贸易仍然可能发生。作为斯密、李嘉图解释国际贸易发生的原因的劳动生产率的绝对差异、相对差异并不发挥根本性作用。

（3）产品、要素市场属于完全竞争市场，要素在一个国家内可以充分流动，在国际上完全不能流动。这可以保证同种产品在一个国家之内具有相同的价格，而在国际上则存在着价格差异。

（4）两个国家的最大区别在于要素禀赋的差异，其中一个是资本存量相对丰裕的国家，资本的报酬——利率相对较低，另一个是劳动存量相对丰裕的国家，劳动的报酬——工资率较低。

（5）在两种产品中，其中一种在生产过程中使用的劳动相对更多（资本-劳动比较低），是劳动密集型产品；另一种使用的资本相对更多（资本-劳动比较高），为资本密集型产品。

（6）影响贸易的其他因素，如运输成本、需求偏好、规模效益、贸易壁垒等被抽象掉了，不予考虑。

在上述假设前提中，生产要素相对丰裕是指一国的某种生产要素相对于其他生产要素而言的丰裕，不是绝对量的丰裕。要素密集度是指生产不同产品所需要投入的生产要素之间的比率，在此指的是资本与劳动两种投入要素之间的比率。

（三）H－O模型的基本命题分析

在上述假设前提下，赫克歇尔与俄林提出了H－O模型的四个基本理论点。

（1）每个国家都以自己相对丰裕的生产要素从事产品的专业化生产和国际交换，就会处于比较有利的地位；相反，如果以自己相对稀缺的生产要素从事专业化生产和国际交换，就会处于相对不利的地位。

（2）如果两个国家生产要素存量的比例不同，则即使两国相同生产要素的生产率完全一样，也会产生生产成本的差异，从而使两国发生贸易关系。

（3）国际商品交换的结果往往是使各个国家之间的要素报酬（利息、地租、工资）差异趋于减小，出现要素价格均等化趋势。

（4）在这一理论中，还存在着后面将要论述的雷布津斯基定理（Rybczynski theorem）和斯托尔珀-萨缪尔森定理（Stolper-Samuelson theorem）。

二、H－O模型的基本内容

如前所述，如果用通俗的话来表述H－O模型的核心思想，那就是“靠山吃山，靠水吃水”，即各个国家都应该在要素方面发挥自己所具有的优势。如果一国的劳动要素存量相对丰裕，则该国就应该集中生产、出口劳动密集型产品；反之，如果一国的资本要素存量相对丰裕，则该国就应该集中生产、出口资本密集型产品。如果两个国家都贯彻这一原则进行生产、交易，则各国的资源就会实现更为有效的配置，福利水平将会得到提高，世界范围内的资源也将实现更为有效的配置，全世界的福利水平也将会得到提高。

（一）H－O模型的基本内在逻辑关系

与斯密、李嘉图的国际贸易理论一样，H－O模型认为，同种产品存在的价格绝对差异是国际贸易的直接基础，而产品在交换时的价格绝对差异是由生产成本的绝对差异决定的。但在解释成本差异产生的原因时，H－O模型与其他理论有着重大区别。在H－O模型看来，生产产品的成本的绝对差异是由生产时使用的要素的价格之间的差异决定的；要素价格绝对差异是由要素存量比率，即一国中不同要素相对存量的不同决定的；要素存量比率差异又是由要素供求决定的；要素的供给则是由要素禀赋决定的。其基本的内在逻辑关系如图 4－2 所示。

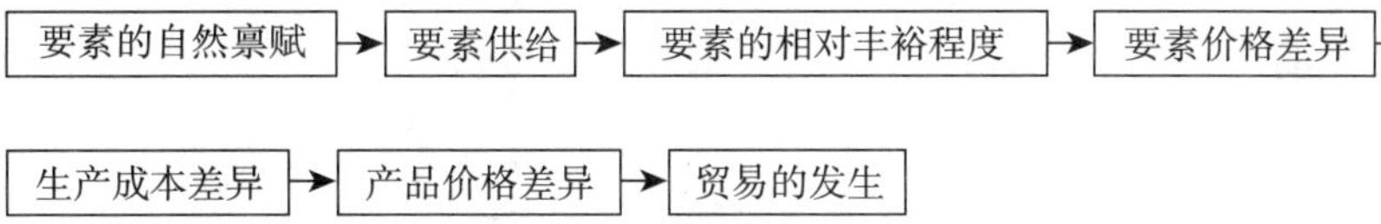

图 4－2　H－O 模型的基本内在逻辑关系

一个国家要素的自然禀赋状况，即劳动或资本的多寡，决定着该国劳动或资本的基本供求状况。如果劳动要素相对丰裕，则劳动供给丰裕，工资率就会相对较低，而工资率较低，在生产中人们就愿意更大量地使用劳动，尽量节约资本的使用，这就会造成生产中使用的要素比率的不同，即资本-劳动比的差异，资本-劳动比的差异则是构成生产成本差异的原因。这样，即便要素的生产率在绝对或相对意义上一致，只要生产中使用的要素的比率（在这里为资本-劳动比）存在差异，生产成本就会不同，产品的价格差异就会产生，最终导致贸易的进行。

（二）H－O 模型的图形解释

下面我们用图 4－3 来说明 H－O 模型。图 4－3（a）所描绘的是 A 国和 B 国的生产可能性曲线。A 国的生产可能性曲线向 X 轴倾斜，这是因为 X 产品是劳动密集型产品，而 A 国是劳动要素丰裕的国家。两个国家均使用相同的技术。此外，因为两个国家具有相同的需求偏好，它们可以共用同一条社会无差异曲线。社会无差异曲线Ⅰ（两国共同的社会无差异曲线）与 A 国的生产可能性曲线相切于 A 点，与 B 国的生产可能性曲线相切于 A' 点。社会无差异曲线Ⅰ是 A 国和 B 国在无贸易条件下所能达到的最高水平的社会无差异曲线，A 点和 A' 点反映了两国在无贸易发生时各自生产和消费的均衡点。

社会无差异曲线Ⅰ与两个国家生产可能性曲线的切点 A 和 A' 确定了两国在独立均衡时的相对产品价格，A 国为 P_A，B 国为 $P_{A'}$。由于 $P_A<P_{A'}$，A 国在 X 产品的生产上具有比较优势，B 国在 Y 产品的生产上具有比较优势。

图 4－3（b）表明，在贸易中，A 国分工生产 X 产品，B 国分工生产 Y 产品。两国的分工将进行至 A 国达到 B 点、B 国达到 B' 点为止。此时两国的生产可能性曲线与其共同的相对价格线 P_B 相切。A 国出口 X 产品以交换 Y 产品，最终的消费组合为社会无差异曲线Ⅱ上的 E 点（见贸易三角形 BCE）。相应地，B 国则出口 Y 产品以换取 X 产品，最终的消费组合为与 E 点相重合的 E' 点（见贸易三角形 $B'C'E'$）。

在 A 国、B 国从一个封闭的经济转向一个开放的经济，开展国际贸易以后，两个国家均从贸易中获得利益。这是因为 A 国和 B 国都达到了更高的社会无差异曲线Ⅱ上。

（三）要素价格均等化定理

1948 年，美国经济学家保罗·萨缪尔森（Paul Samuelson）对 H－O 模型进行了研究，使得要素报酬趋同的命题被表述为：国际贸易将使不同国家间的同质生产要素的相对和绝对收益均等化，这一推论被称为要素价格均等化定理。由于萨缪尔森的这一结论是从 H－O 模型中发展出来的，因此，其也被称为赫克歇尔-俄林-萨缪尔森定理（H－O－S 定

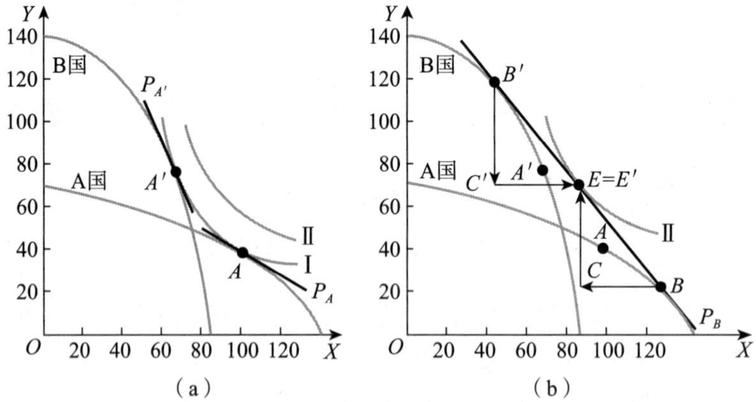

图 4-3　赫克歇尔-俄林模型

理)，我们可以用图形予以说明。

在微观经济学中，我们曾经学习过表明一国生产的埃奇沃斯盒状图的内容。图 4-4 表明，这里的埃奇沃斯盒状图是由两个图合成的，即一个是以 O 为原点的 X 产品的生产函数图，另一个是以 O' 为原点的 Y 产品的生产函数图，其中第二个图翻转了 180°，两个图合成为一个盒状图。

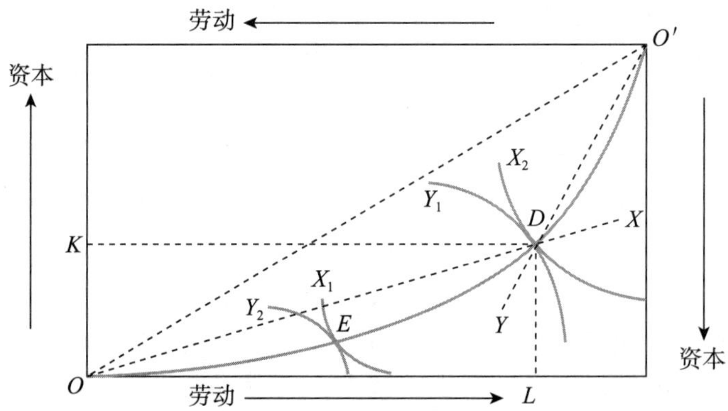

图 4-4　埃奇沃斯盒状图

在图 4-4 中，以 O 为原点，X_1、X_2 两条曲线是 X 产品的等产量线。它们的经济含义是，在该曲线的任一点上的生产要素的组合，都只能生产同等数量的 X 产品；距离原点越远的等产量线，代表的产量越高，即 X_2 所代表的产量$>X_1$ 所代表的产量。连接 O、E、D、O'点的线，在西方经济学中被称为契约曲线（contract curve）。契约曲线上的任何一点都表明在既定的资源情况下，最有效利用资源所能够生产出的不同产品的最大组合。图 4-4 中的 D 点表示，在该国的总资源中，OL 的劳动与 OK 的资本被用来生产 X 产品，而其他资源则被用来生产 Y 产品，这时所达到的产出总量是最大的。

我们将两个埃奇沃斯盒状图组合在一起，便可以用图 4-5 来论证 H-O-S 定理。图 4-5 中原点 O_x 是 A、B 两国 X 产品生产的共有原点，Y 产品生产的原点是分离的，O_y

是 A 国 Y 产品生产的原点，O'_y是 B 国 Y 产品生产的原点。在两国发生贸易之前，A、B 两国的国内生产的均衡点分别为 D、C 点。在两国之间发生贸易之后，生产形成专业化趋势，A 国转向专业化生产 Y 产品，B 国转向专业化生产 X 产品。A 国的生产点由于专业化（尽管是不完全分工）生产 Y 产品，会沿着 O_yO_x 线（A 国的契约曲线）向下移动，B 国的生产点由于专业化（尽管是不完全分工）生产 X 产品，会沿着 $O_xO'_y$线（B 国的契约曲线）向上移动。当 A 国的生产点移动到 E 点、B 国的生产点移动到 E'点时，A、B 两国的 X 产品生产的要素比率相等，即：

$$\frac{O_xK_b}{O_xL_b}=\frac{O_xK_a}{O_xL_a}$$

此外，A、B 两国 Y 产品生产的要素比率也处于相等状态，因为在图 4－5 中可以清楚地看到，O_yY 射线与O'_yY'射线是平行的。这样，由于国际贸易的发生，分工和专业化造成了 A、B 两国的要素（资源）在 X、Y 产品的生产上有了新的配置，要素使用的比率趋于一致，两国中的要素价格也会趋于相等。在图 4－5 中从原点 O_x 射出的射线，过 E 和 E'点，因而是矩形 $O_xK_bE'L_b$、$O_xK_aEL_a$ 的对角线，而从 O'_y点和O_y 点射出的两条射线是平行的，因而说明要素的价格是一样的。

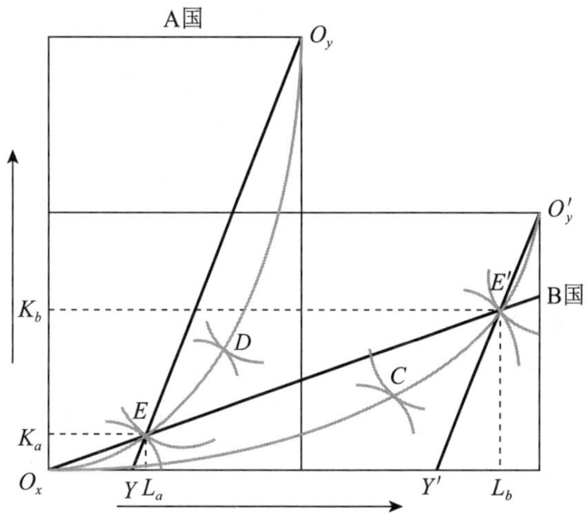

图 4－5　要素价格均等化定理的几何证明

应该看到的是，要素价格趋同在很大程度上是一种纯理论的推导，在国际贸易现实中，由于各种条件的限制，这一定理很难充分实现，只是一种趋势。

三、雷布津斯基定理

雷布津斯基定理研究的是：各国的要素禀赋如果发生变化，有的生产要素增长得更快，有的生产要素增长得相对慢些，这种要素禀赋增长差异对国际贸易会产生怎样的影响？例如，在一般情况下，一个经济体的资本、技术会产生相应的积累，用于生产的要素增长得较快，但是土地等自然资源在一定阶段则几乎很难有较大幅度的增长，劳动增长的速度则会受到各种因素的影响，可能增长得快些，也可能增长得慢些。雷布津斯基定理的含义是：如果产品的价格不变，则一种要素使用量的单一增加，将造成密集使用该种要素生产的产品的产量增加，而密集使用另一种要素生产的产品的产量减少。我们用图 4－6 来进行解释。

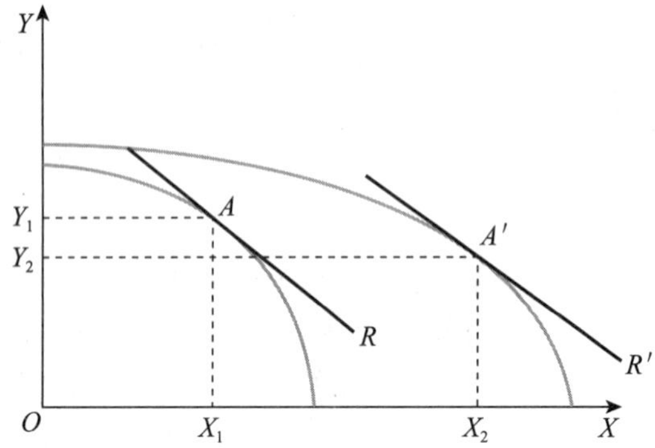

图 4－6　雷布津斯基定理

假设 X 产品为劳动密集型产品，Y 产品为资本密集型产品。如图 4－6 所示，由于劳动要素的增长，生产可能性曲线外移，生产能力提高，并在此基础上形成新的生产可能性曲线，但生产能力提高的趋势是：X 产品生产的扩张速度快于 Y 产品生产的扩张速度。在劳动要素增长之前，生产点在 A 点，生产量为 OX_1 和 OY_1，在劳动要素增长之后，生产点移动到 A'点。比较两个生产点 A 与 A'，就会发现 X 产品的产量增长而 Y 产品的产量下降，即 $OX_2>OX_1$，但 $OY_2<OY_1$。

我们知道，如果在劳动要素单一增长后仍然要维持产品相对价格不变，即 $\mathrm{d}Y/\mathrm{d}X$ 不变，则条件只能是要素的相对价格也不变。然而要素相对价格不变的条件是相当苛刻的，只有两种要素的生产率保持不变，X、Y 产品在生产时投入的要素比率才有可能不变。如果两种要素中，只有劳动要素得到增长，资本要素保持不变，则要保证增加的劳动能够充分就业且生产的要素投入比率（K/L）不变，就只能减少资本密集型产品的生产，以便有更多的资本与增加的劳动相结合。因此，在图 4－6 中，劳动密集型产品的产量随着劳动要素的增加而得到绝对的增长，资本密集型产品的产量则出现绝对的减少。

四、斯托尔珀-萨缪尔森定理

斯托尔珀-萨缪尔森定理说明的是产品价格的变化与要素价格、收入分配之间的关系。根据斯托尔珀和萨缪尔森的研究，自由贸易中产品价格的变化会使得在生产中使用的要素的报酬以及不同要素所有者的收入情况发生变化。他们的研究表明：自由贸易会使得产品价格上升的出口行业中使用的要素的价格上升，而产品价格下降的进口替代部门中使用的要素的价格下降。例如，如果劳动密集型产品的相对价格上升，则劳动的实际报酬会得到提高，而资本的实际报酬却会因此而下降。另外，自由贸易会使一国相对丰裕的要素的所有者的实际收入得到提高，而使相对稀缺的要素的所有者的收入下降，这意味着尽管国际贸易会提高一国整体的福利水平，但由于要素所有者的收入分配格局会产生变化，因此并不是所有人都可以同水平地分享这一福利水平的增长。我们用图 4－7 来进行说明。

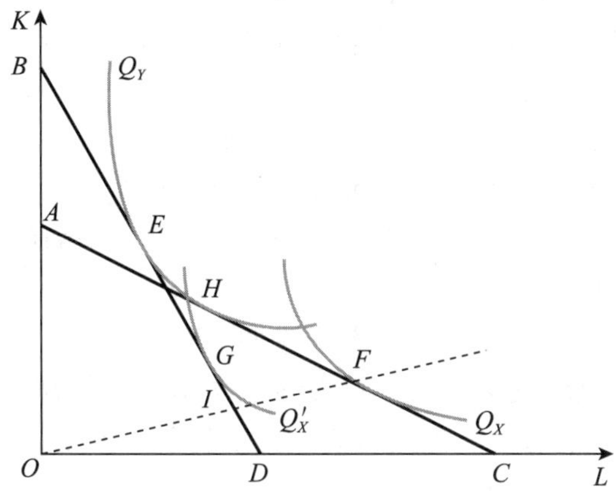

图 4－7　斯托尔珀-萨缪尔森定理

在图 4－7 中，横轴代表劳动（L），纵轴代表资本（K），等产量线为 Q_X、Q_Y，分别代表 X 产品、Y 产品的生产情况，和单位成本的等成本线 AC 分别切于生产点 F 与 H，这时劳动的报酬为 $1/OC$，资本的报酬为 $1/OA$。如果 Y 产品的价格不变，但 X 产品的价格由于大量出口而得到提高，则 X 产品的等产量线内移为 Q_X'，单位成本的等成本线变为 BD，生产点变为 E、G 点，显然劳动的报酬变为 $1/OD$，资本的报酬变为 $1/OB$。对比两条等成本线，有 $1/OD>1/OC$，劳动的报酬提高；$1/OA>1/OB$，资本的报酬下降。另外，$CD/CO>FI/FO$，这表明劳动报酬的相对变化大于产品 X 的价格变化。图 4－7 中的情况还表示，由于要素价格的变化，产生了产业内要素的替代和产业间要素的流动，正是这种替代与流动使得要素的充分就业保持不变。在 X 与 Y 产品的生产中，我们可以看出发生了用资本替代劳动的情况，两种产品的生产要素投入的资本-劳动比得到提高。

五、对 H－O 模型与比较利益学说的比较及对 H－O 模型的评价

（一）H－O 模型与比较利益学说的异同点

从理论的基本层面看，H－O 模型是建立在相对优势基础上的，强调国际贸易产生于差异，H－O 模型与比较利益学说关于要素流动的假设也基本一致。但 H－O 模型认为：

（1）李嘉图将商品的生产仅仅归结为劳动时间的耗费，即单一要素决定生产的观点是不对的，因为在现实中其他要素如资本、土地，在商品生产中是不可或缺的，只有这样才符合生产与贸易的实际。

（2）只有首先确立生产需要两种以上的要素投入的理论前提，才能奠定资本-劳动比这一 H－O 模型解释国际贸易发生原因的分析基础。

（3）如上所述，H－O 模型认为国内、国际贸易均为不同区域间的商品贸易，这些贸易的本质是相同的，商品交换的规律也应该相同，这里隐含的意思是，李嘉图所阐述的国内通行的等量劳动相交换的原则不能应用于国际商品交换的观点是错误的。

（4）斯密、李嘉图均认为劳动生产率（绝对或相对）差异的存在是国际贸易发生的原因，H－O模型为了论证他们的理论是不正确的，将相同要素的劳动生产率一致作为模型进行分析的出发点，从根本上否定了劳动生产率差异在国际贸易产生中的必要作用，而将国际贸易发生的原因归结到了生产中使用的要素的比率差异上。

（二）对H－O模型的评价

（1）以一个国家基本的经济资源优势来解释国际贸易发生的原因，从实际优势出发决定贸易的模式（产品结构、地理格局），根据贸易对经济的影响来分析国际贸易的作用，这在理论上是有益的，扩充了国际贸易发生的原因和利益分配的影响因素，比斯密、李嘉图的理论更贴近事实，更具有说服力。

（2）或许可以认为自然禀赋是国际贸易发生的必要条件，但并不能认为它是国际贸易发生的充分条件，因为社会因素在确定一个国家对外开放的战略中具有极其重要的地位，离开了社会因素，很多问题就无法得到有说服力的解释。例如，许多国家的要素禀赋相近，但国际贸易的格局却极其不同，存在着很大差异。同时，H－O模型比较强调静态结果。事实上，一个国家的资源优势除了自然禀赋之外，还有由于社会经济发展而产生的后天优势。例如，一个国家的资本丰富状况就大多是社会经济发展的产物，人从一般劳动力发展为智力密集的白领劳动力是社会经济发展的结果，而反过来这些又促进了社会经济的进一步发展。

（3）H－O模型在假设前提中排除了技术进步的因素以及许多实际存在的情况，这种抽象在今天的国际贸易实践中是绝对违背世界经济发展现实的。如果坚持这样的观点，就会使得世界经济结构凝固化，尤其是使得发展中国家在发挥所谓资源优势的同时，无法转换生产结构，阻碍经济发展。今天自然资源丰裕的国家未必就是资源密集型产品的出口国，这样的事实实际上影响了该理论的普适性，也影响了它作为国际经贸战略和政策制定的理论基础的作用。

（4）这一理论对需求因素并未予以充分的重视，在今天的国际贸易格局中，需求因素已经被视为极其重要的方面，国际贸易已经作为调节需求的重要手段在各个国家的经济政策中发挥着日益重要的作用。

（5）从经济学说史的角度考察，H－O模型实际上回归到了萨伊的“三要素说”，即将资本与利息、劳动与工资、土地与地租联系在一起论述，回避了对经济关系的揭示，马克思主义经济学曾经对这样的经济学说作出深刻的批判。

第二节　列昂惕夫反论

一、列昂惕夫反论概述

列昂惕夫是1931年移居美国的著名俄裔经济学家，因为参与创建了投入-产出模型而获得了1973年的诺贝尔经济学奖。列昂惕夫反论（Leontief paradox）又被称为列昂惕夫之谜，是指列昂惕夫运用投入-产出模型来检验美国的对外贸易情况，其结果恰好与H－O模型理论推断给人们的印象相反。

（一）列昂惕夫反论的提出

H－O模型自提出后，逐渐为人们所普遍接受，成为当时国际贸易的主流理论。第二次世界大战后，一些西方学者开始利用国际贸易的经验数字，尤其是发达国家的贸易数字对该模型予以检验，如美国的麦克道格尔（G. Macdougall）就曾考察它是否能够反映国际贸易的实际情况。列昂惕夫本人十分相信 H－O 模型，但他利用投入-产出模型进行的经验检验却得出了与人们印象相反的结果，反论的提出引发了后来国际贸易理论的一系列发展。

（二）列昂惕夫反论的基本内容

H－O模型的核心观点是，一个国家将生产、出口使用自己相对丰裕的生产要素生产的产品，而进口使用自己相对稀缺的生产要素生产的产品，这样贸易参与国才能获益。在人们的观念中，美国显然是一个资本相对丰富、利率相对较低而劳动力相对稀缺、工资率相对较高的国家。因此，美国应该在大量使用资金投入的机器设备的生产与出口方面具有相应的优势，出口资本密集型产品而进口劳动密集型产品。列昂惕夫从以上观点出发，使用他所创建、完善的投入-产出模型对美国 1947 年和 1951 年的对外贸易情况进行了分析。他对每百万美元的出口产品与每百万美元的进口替代品中的要素含量作比较，发现美国参加国际分工是建立在劳动密集型专业化分工的基础上，而不是建立在资本密集型专业化分工的基础上，即美国是通过对外贸易来安排剩余劳动力和节约资本的。

传统上，人们认为美国属于资本要素存量相对丰富的国家，因此按照 H－O 模型的原理，它的对外贸易结构应该以出口资本密集型产品和进口劳动密集型产品为主。由于上述经验检验结论的内容与人们关于美国要素禀赋和对外贸易结构的印象相反，因此人们称其为“反论”。

二、围绕列昂惕夫反论展开的争论

列昂惕夫反论的结论与 H－O 模型的原理给人们关于美国要素禀赋和进出口情况的印象相悖，它的发表在学术界引起了极大的反响。许多人用同样的方法对美国和其他国家的贸易进行了检验，如美国的鲍德温（H. Baldwin）、日本的建元正弘（Tatemoto）和市村真一（Ichimura）、加拿大的沃尔（D. Whal）、印度的巴哈尔德瓦（R. Bahrdwaj）、德国的斯托尔珀（W. Stolper）等，他们的检验结果有的符合 H－O 模型，有的符合列昂惕夫反论，并没有一个固定的结论，但是却反映了国际贸易结构的多样性。用一种乃至几种要素已经难以解释复杂的国际贸易现象了。即便像 H－O 模型这种人们认为具有相当说服力的理论，也很难涵盖日益多样化的国际贸易结构，从其他角度进行探讨已成为一种需要，这对国际贸易理论的发展提出了实践上的要求。

（一）列昂惕夫对反论的解释

列昂惕夫本人认为，美国对外贸易结构出现出口劳动密集型产品而进口资本密集型产品现象的原因在于美国的就业者具有比其他国家工人更高的劳动生产率。按照他的解释，美国工人的劳动生产率大约是具有相似机器设备的其他国家工人的 3 倍，如果按照其他国家工人的劳动生产率来衡量，美国工人的劳动是倍加的劳动，是集约型劳动，因此应该把美国工人总数乘以 3，才是该国的劳动要素的实际总数量，故美国显然是劳动要素相对丰富而资本要素相对稀缺的国家，对外贸易的格局必然是用劳动密集型产品换取资本密集型产品。在这样一个解释中，人们可以发现，列昂惕夫实际上提出了不同国家的国民劳动非同质的问题，即劳动应该分为简单劳动与复杂劳动，复杂劳动是倍加的或自乘的简单劳动。当然，不同国家中资本发挥作用的效率也是有差异的，也是非同质的，从而他的这一分析指出了 H－O 模型前提中关于劳动、资本的同质性假设的缺陷。

（二）要素密集度逆转观点的解释

持这种观点的人认为，某种商品在资本相对丰富的国家属于资本密集型产品，而在劳动力相对丰富的国家则属于劳动密集型产品（如小麦在非洲是劳动密集的生产过程的产物，而在美国则是资本密集，即使用大机器和大量化肥的生产过程的产物）。在这样的情况下，同一种产品是劳动密集型还是资本密集型并没有绝对的标准界限。有些产品在美国国外属于劳动密集型产品，在美国国内可能就会是资本密集型生产的产物。这种理论在说法上比较简单，但应该指出的是，在国际经济实际中，这种逆转现象并不普遍，它只有在特定的条件下才可以用来解释列昂惕夫反论。这一观点可以用图 4－8 来进行说明。

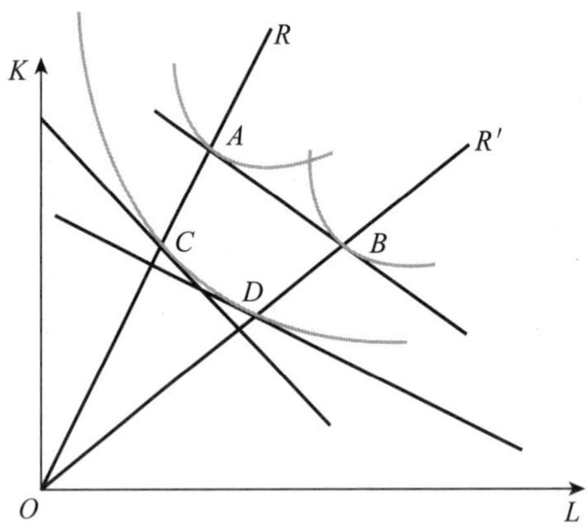

图 4－8　要素密集度逆转

在图 4－8 中，横轴为劳动要素，纵轴为资本要素。在正常情况下，等产量线只能切等成本线于一点，如图中的 A、B 点。但是在要素密集度逆转的情况下，等产量线可以切不同的等成本线于若干点（图 4－8 中为切不同的等成本线于两点）。C、D 两个切点在同一条等产量线上，代表了相同的产量，却有着不同的成本。其中射线 OR 代表资本含量更高的生产方法，而射线 OR' 代表劳动含量更高的生产方法，即有 $dOR > dOR'$。其经济含义为，不同的生产方法生产了相同产量的相同产品，即相同产品中的资本-劳动比不同，要素密集度发生了逆转。例如，同为服装生产大国，中国的服装中劳动的含量相对丰富，体现为劳动密集型产品，而意大利、法国的服装中智力因素含量更大，体现为智力密集型产品，这是要素密集度逆转的典型案例。

（三）资本密集型产品需求偏好论

随着经济的发展，不仅供给因素对国际贸易格局有着重要的影响，消费者的需求因素也对国际贸易格局有着重要的影响，这也可以从某种角度解释现存的国际贸易格局，对列昂惕夫反论给予相应的说明。具体的探讨如图 4－9 所示。

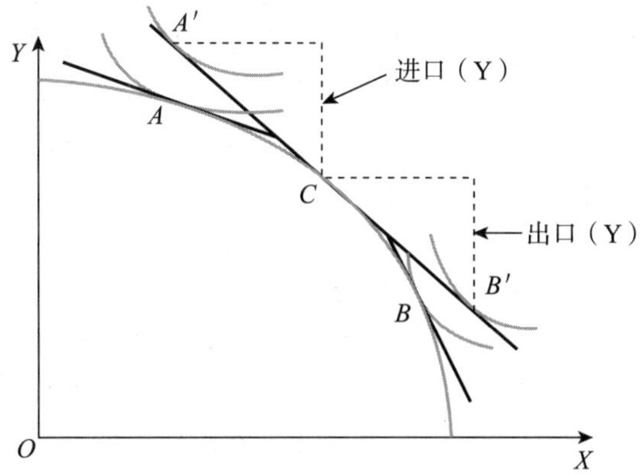

图 4-9　资本密集型产品需求偏好论

在图 4-9 中，横轴表示 X 产品，纵轴表示 Y 产品。有 A、B 两个国家，它们的消费偏好为：A 国更愿意消费 Y 产品，B 国更愿意消费 X 产品。在封闭条件下，这使得生产格局发展为 A 国不得不使用并不适合生产 Y 产品的要素来生产 Y 产品，B 国则使用并不适合生产 X 产品的要素来生产 X 产品。如果有了国际贸易，则 A 国可以用更适合生产 X 产品的要素去生产 X 产品，进而用以高生产率生产的 X 产品换回自己所需要的 Y 产品，B 国也可以采用同样的办法，这样会提高双方的福利。如果 Y 产品为资本密集型产品而 X 产品为劳动密集型产品，A 国由于愿意更多地消费 Y 产品，因此出口劳动密集型的 X 产品换回所需要的 Y 产品，这样便会使该国贸易形成出口以劳动密集型产品为主、进口以资本密集型产品为主的格局。

（四）关税结构说

关税结构说主要是从关税对产品要素密集度的影响方面来阐释问题的。从 H-O 模型的理论分析可以看到，一个国家通过对外贸易能够增加其丰裕要素的真实报酬，会减少其稀缺要素的真实报酬。因此，其贸易政策总是更倾向于保护其稀缺要素的产业。具体到美国而言，关税会更倾向于保护劳动要素所有者的利益而不是资本要素所有者的利益。因此，美国所设置的贸易壁垒也主要是针对劳动密集型产品的进口。其关税结构和非关税壁垒阻碍了劳动密集型产品的进口，从而人为提高了资本密集型产品的进口比重。根据美国学者鲍德温的计算结果，如果美国的进口商品不受限制，则其进口商品中资本与劳动的比率将比实际低 5%。由此表明，由于关税保护的结构性差异，劳动密集型产品受到较多的排斥，从而导致了资本密集型产品成为美国的主要进口产品。可见，贸易壁垒是列昂惕夫之谜产生的原因之一。列昂惕夫反论只能说明美国的关税结构与 H-O 模型所假定的自由贸易模式相悖。

（五）自然资源匮乏说

这一假说试图从生产过程中投入要素的角度来对列昂惕夫反论作出解释。这一理论认为，H-O 模型作为一个两要素投入模型，仅仅讨论了资本与劳动两种投入要素的情形。而这一抽象却在很大程度上局限了 H-O 模型的适用范围。在现代经济中，“自然资源”作为生产过程中的重要生产要素，是不能够被抽象掉的。在列昂惕夫反论中，众多被视为资本密集型进口替代品的产品实际上是“自然资源密集型”产品。列昂惕夫在计算进口替代品的要素需求量时，将自然资源要素忽略了，列昂惕夫本人也曾经讲过，如果自然资源行业不被包括在计算范围内，美国进口资本密集型产品、出口劳动密集型产品的状况便不复存在了。美国进口产品资本密集度高的原因是大量矿产和木材的进口，这些产品在生产过程中不仅耗费了大量的自然资源，同时也使用了大量的资本。在出口方面，美国的农产品在当时恰恰是主要依靠大量使用土地和劳动要素来生产的。

自然资源匮乏说已在后来的一些经验研究中得到了部分的证实。1981 年，哈迪翰(J. Hartigan) 在重新处理列昂惕夫所用的数据时发现，如果不将自然资源分离出来，列昂惕夫反论是成立的。一旦将自然资源从计算中分离出来，所谓反论就不复存在了。1971 年，鲍德温的研究成果表明，在考虑了自然资源因素以后，列昂惕夫反论可以减弱但不能够消除。这说明，将自然资源作为第三种要素对解释列昂惕夫反论具有不确定性。

尽管人们提出了若干观点来说明 H－O 模型的合理性，但列昂惕夫反论仍然是对传统的 H－O 模型的巨大挑战，即人们至少认识到，过于简化、假设条件过于苛刻的国际贸易理论模型，在日益复杂的国际经济现象面前，很难对国际贸易实际给出科学的分析与说明。实际上直到今天，在国际贸易理论界也没有出现一个对列昂惕夫之谜的科学的、具有权威的、为大家所认可的解释。对于西方贸易理论的发展沿革而言，列昂惕夫反论提出的更为重要的意义在于，它动摇了人们对传统贸易理论的盲目崇拜和追随，开创了二战后国际贸易理论繁茂发展、百家争鸣的历史新局面。

小　结

1. H－O 模型阐明，一个国家应该出口使用该国相对丰裕和便宜的要素生产的产品，进口使用该国相对稀缺和昂贵的要素生产的产品，从中获得贸易利益。

2. H－O 模型中内在的逻辑关系为：相同种类产品存在的价格绝对差异是国际贸易的直接基础，价格绝对差异是由成本差异决定的，成本差异是由要素的价格差异决定的，要素价格的差异是由要素存量比率不同决定的，要素存量比率的差异是由要素供给决定的，而要素的供给则是由要素禀赋决定的。因此，要素的禀赋不同导致了国际贸易的产生。

3. 从 H－O 模型中可以引申出要素价格均等化定理。这一定理表明：国际贸易会导致不同国家的同质要素获得均等的相对和绝对收入。也就是说，国际商品交换往往使得各个国家之间的要素报酬（利息、地租、工资）差异趋于缩小，出现要素价格均等化的趋势。

4. 列昂惕夫运用投入-产出模型对 H－O 模型进行经验检验，即引用美国的进出口贸易统计资料进行分析，考察美国出口产品和进口替代品中含有的劳动与资本要素的比重，结果是美国进口替代品的资本密集度高于出口商品，而出口商品的劳动密集度高于进口替代品。这一结论显然是和 H－O 模型的结论相背离的。这就是所谓的“列昂惕夫反论”。

5. 要素密集度逆转是指某一商品在劳动要素相对丰裕的国家是劳动密集型产品，而在资本要素相对丰裕的国家是资本密集型产品的情形。一旦两种商品生产中的要素替代弹性过于悬殊，这种要素密集度逆转的情形就有可能发生。要素密集度逆转被人们用来解释列昂惕夫反论的发生。此外，资本密集型产品偏好论、关税结构说以及自然资源匮乏说等理论也被用来对列昂惕夫反论作出解释。

复习与思考

核心概念

要素禀赋	赫克歇尔-俄林模型	劳动密集型产品	资本密集型产品
要素价格均等化定理	埃奇沃斯盒状图	雷布津斯基定理	斯托尔珀-萨缪尔森定理
列昂惕夫反论	要素密集度逆转	关税结构说	

思考题

1. 试述 H－O 模型的主要内容并对其予以评价。
2. 试述 H－O 模型的基本内在逻辑关系。
3. 试述要素价格均等化定理。
4. 试述列昂惕夫反论的主要内容。
5. 试述要素密集度逆转原理。

第五章

国际贸易的当代理论

本章的学习目的在于使学生了解和掌握国际贸易的当代理论。本章的理论分析以传统和现代国际贸易理论的经典假设为背景，以不完全竞争作为基本的理论分析前提，并考虑到科学技术进步对于国际贸易的影响和作用，从生产要素的新拓展、需求因素的新作用以及规模经济效应等方面对国际贸易发生的原因和贸易利益的分配进行了更为充分的探讨。此外，本章还将介绍战略性贸易政策理论和贸易扭曲理论。

重点掌握

国际贸易的产品生命周期理论
产业内贸易理论
规模经济贸易理论
战略性贸易政策理论

自20世纪50年代以来，尤其是世界范围内的第三次科学技术革命发生以后，世界经济中新现象不断涌现（如东亚经济的兴起、欧洲经济一体化的深化、美国经济滞胀与科技进步并存等），国际贸易的实践中明显出现了与产生自第二次世界大战前的传统贸易理论所描述的情况相悖的新现象：国际贸易主要发生在禀赋差距较小的发达国家之间，而不是如同李嘉图或H－O模型所描述的发生在禀赋差距较大的发达国家与发展中国家之间，要素禀赋、劳动生产率的差异已经很难解释日益多样化的国际贸易现象。而在20世纪50年代后，随着欧洲经济共同体内部贸易的展开，发达国家之间又出现了贸易在同一行业内发生，即同类产品（甚至完全相同的产品）既进口又出口的现象，也就是产业内贸易的现象。到了20世纪90年代，发达国家间的贸易已经成为世界贸易的主流，它们正在取代传统的所谓垂直型贸易而成为发达国家贸易利益的主要来源。这一现象引起了国际经济学界的重视，研究这些现象的新理论也应运而生。

第一节 国际贸易新要素理论与产品生命周期理论

一、国际贸易新要素理论

第二次世界大战后，由于人类历史上的第三次科技革命，世界的生产力获得了突飞猛进的发展。它改变了国际贸易的产品和地理结构，各个国家在国际贸易中的地位也发生了根本性变化。传统的国际贸易理论受到了巨大冲击，这要求人们对战后国际贸易的新现象给予理论上的说明，国际贸易新要素理论便是在这样的背景下产生的。

国际贸易新要素理论扩大了要素的范围，赋予要素新的含义，如智力投资、培训、科技进步以及信息都可以被认为是新的生产要素，它们的获得和在生产中的应用，可以形成一国全新或改进的国际贸易的比较利益，从而使这些国家形成新的相对优势，并构成新的贸易格局。但是，就其理论分析方法而言，国际贸易新要素理论在很大程度上只是对传统的 H－O 模型的改良，即只是将要素的范围从劳动、资本、土地扩大到更多的方面，使得人们对国际贸易中更多的因素予以更多的考虑。因此，尽管比较符合国际贸易的实际情况，但其在理论上的创新却是有限的。

（一）人力资本说的基本内容与评价

所谓人力资本是资本与劳动力结合而形成的一种新的生产要素。人们通过对劳动力进行投资（如进行教育、职业培训、保健等），可以提高原有劳动力的素质和技能，使劳动生产率得到提升，从而对一个国家参加国际分工的比较优势产生作用与影响。在这方面进行过论述的经济学家主要有美国的舒尔茨（T. W. Shultz）、基辛（D. B. Keesing）、鲍德温和凯南（P. B. Kenen）等。他们或者考察美国工人高生产率的来源，认为工人的高生产率来自美国对工人在教育、培训和其他方面的投资（舒尔茨）；或者考察美国进出口部门中各类人员，如非熟练工人、技术人员、工程师在雇员中所占的比例，认定在美国的出口生产部门中，工程师、技术人员、熟练工人的比例更高（基辛）；或者考察美国进出口行业就业人员的受教育年限，以计算不同部门的教育成本，结果是出口部门的就业者受教育年限更长（鲍德温）；或者考察美国进出口部门中不同雇员的工资收入的差异，发现出口部门的就业员工的工资水平更高（凯南）。因此这一理论将高生产率归结为对教育、卫生、培训等的高投入，而这部分投入理应被算入资本投入，因此，美国仍然应该是资本相对丰裕的国家。

该理论认为在新的时代，人力资本与物质资本同样重要，一个国家应该重视人力投资，以取得好的投资效益，这样才可能产生新的比较优势。这样，这一理论引入了一种新的生产要素，即在人身上的投资，从这一点出发也否定了 H－O 模型的劳动同质性假说。同时，它还告诉人们，一个国家如果想要在新的比较优势方面有所作为，就应该重视教育、培训、卫生、保健方面的投资，提高人的综合素质，通过长期积累最终形成新的优势，在国际贸易中获得更好的效益。

（二）研究与开发学说的基本内容与评价

持这一观点的研究者，如美国的格鲁伯（W. Gruber）、梅塔（D. Mehta）、弗农

(R. Vernon) 等认为，研究与开发（R&D）也是一种影响国际贸易格局的生产要素。这里的研究是指与新产品紧密相关的思路、技术、工艺方面的基础研究与应用研究；开发是指新产品的设计与试制，即新产品的开发与创造。不同国家占有的各种研究与开发资源的多寡，可以改变一个国家在国际分工中的比较优势。而充裕的资金、丰富的自然资源、高质量的人才是从事研究开发的必要条件。市场对新产品的需求是研究与开发产业化的基础。研究与开发的变化可以产生新的比较利益，它不是仅仅依靠扩大已有的生产规模，而是通过研究与开发投资，获取新产品、新工艺、新营销方法，从而产生新的经济利益。

在实际研究中人们主要是考察、衡量一个国家研发经费占产品销售总额的比重，比重大则研究与开发的程度就高，通过计算这一比率，间接考察一个国家的研究与开发水平。该学说强调了科技发展在国际贸易优势形成中的作用，符合目前社会发展的大趋势，因此为绝大多数人们所接受。

（三）信息贸易理论的基本内容与评价

今天，人们普遍认为信息是可以创造出价值并能进行交换的一种无形资源，是现代生产要素的组成部分。在实际生产中，土地、现代化的机器设备属于生产中的硬件，是比较优势中的“硬”要素；信息则是生产中的软件，是比较优势中的“软”要素。人们占有经贸信息便会发生贸易，而信息本身又是可以交换的商品，是一种可以作为交易对象的软件要素，具有其相应的价格。不同经济体占有信息的多寡会使得它们在国际贸易中的比较优势发生变化，影响国际贸易的格局。

如果进行贸易的双方获得的信息是不对称的，在贸易中它们的地位显然也是不对称的。由于信息不对称，不同的贸易对象具有的相对优势会大不相同。中国香港在这方面是很好的例子。中国香港与中国内地相比，明显因其地理位置、人才优势、设施先进、联系广泛而占有更多的国际经贸信息，因而在国际贸易中依据信息而开展的转口贸易具有很重要的地位。中国内地的深圳、珠江三角洲和其他出口基地，由于在信息的占有上与香港存在着相当大的差距，尽管在生产上具有很好的比较优势，但在出口方面却处于劣势，甚至不得不通过香港转口来扩大自己的出口，从而将大量的利润让渡给香港。（根据香港理工大学中国商业中心的研究，在 20 世纪 90 年代，这种转口的利润分成比例高达 1∶9，内地仅占有 10%的利润收入。）目前，这种信息贸易理论还不很完善，但从信息占有的不对称角度进行研究却代表着一种重要的理论发展方向。

二、国际贸易的产品生命周期理论

产品生命周期原本是营销学中的概念，营销学将产品看成是有生命的物品，因此产品在生产中就有诞生、成长、成熟和衰落的过程，在销售中也存在试销、旺销、饱和以及衰落的阶段。产品生命周期被引入国际贸易理论，便形成了二战后最有影响力的国际贸易理论之一，即国际贸易的产品生命周期理论。它侧重从技术创新、技术进步和技术传播的角度来分析国际贸易产生的基础，将国际贸易中的比较利益动态化，研究产品出口优势在不同国家间的传导。这一学说不仅对国际贸易，而且对国际经济的其他领域，如国际投资等也有着巨大的影响，同时为相对落后国家（发展中经济体）利用所谓“后发优势”实行赶超的发展战略，提供了现实可行的思路。国际贸易的产品生命周期理论在其发展过程中经历了技术差距贸易论和产品生命周期理论两个阶段，至今仍然在不断完善和发展。

（一）技术差距贸易论的基本内容

技术差距贸易论是产品生命周期理论的先期基础理论（有的国际经济学教科书将这一理论的内容直接称为产品生命周期理论），是由美国经济学家波斯纳（M. Posner）提出来的。技术差距贸易论认为不同国家之间因技术创新、技术模仿而存在的技术方面的时间和空间的差异是某类国际贸易发生的原因，这种差距同时决定着国际贸易某种格局的产生。

技术差距贸易论认为，由于科研、市场、资金、人才等方面的差距，新产品一般总是在创新国家首先诞生，其他类型的国家大多要等一段时间后才能对这种产品进行模仿性生产，在这段时间内便存在着贸易的机会与可能性。技术差距贸易论的解释如图 5-1 所示。

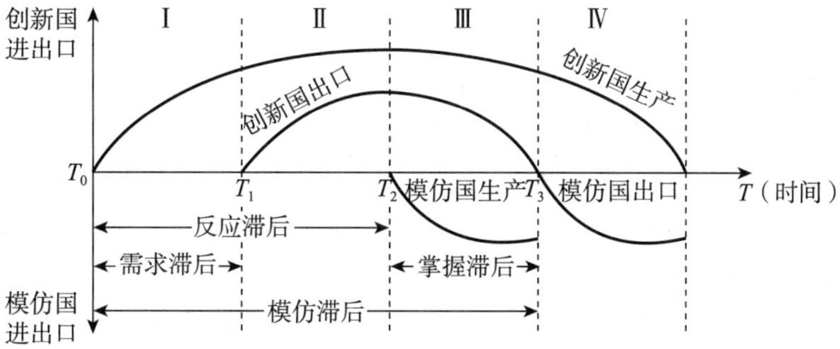

图 5-1　技术差距贸易论

在图 5-1 中，T_0T_1 为需求滞后，即创新国创造出一种新产品之后，模仿国要经过一段时间的滞后才会产生需求，从而进口该产品用于消费，需求滞后的长短取决于收入因素，如收入水平的高低、收入分配是否公平，以及模仿国消费者对新产品的认识、生活方式等各种因素。图中 T_0T_2 为反应滞后，指在国内已经有了一段时间的进口消费后，国内的厂商才会开始投资生产该种产品，反应滞后取决于模仿国厂商的创新欲望、企业家精神、风险承受力，即模仿国的厂商是否认识到该种产品可以带来利润，以及规模经济、价格、市场、关税等。图中 T_2T_3 为掌握滞后，意为模仿国在经过一段时间的生产后，最终可以掌握该种产品的所有生产技术，产品可以自给自足，掌握滞后取决于模仿国取得技术的渠道是否畅通、消化技术的能力是否很强等。在图 5-1 中可以看到，整个 T_0T_3 为模仿滞后，在 T_3 之后模仿国便会以低成本、大规模为基础进行生产并出口。

（二）产品生命周期理论的基本内容

产品生命周期是市场营销的概念，指的是一种产品与有生命的事物一样，要经历生产的诞生、成长、成熟和衰落等时期，最终归于消亡。美国经济学家弗农和威尔士（L. Wells）提出的国际贸易的产品生命周期理论将周期理论与国际贸易结合起来，认定国际贸易的发生是由于不同国家在生产技术方面存在差距，从而产生贸易，技术差距的产生与缩小会改变国际贸易中的比较利益，从而使国际贸易中所谓的比较利益从静态发展成动态，即比较利益从一个或一类国家转移（传导）到另一个或另一类国家，一类产品生产的优势因而从一个国家转移到其他国家，国际贸易的格局也因而发生变化。

弗农与威尔士认为，国际贸易中产品生命周期包括四个阶段。

第一阶段，产品创新阶段。根据弗农的意见，由于种种原因，这一阶段总是在美国发生。如果人们探讨产品创新所需的各种条件，就会发现：从供给方面分析，美国具有世界上最强大的科研力量，创新人才多，又有相当充足的科研经费，因而技术、产品创新思路会不断出现，并且美国还有着高水平的生产厂商，能够轻易地将创新的思路、技术、产品很快转化为商业过程。从需求方面分析，美国人天生喜好新产品、追求新产品，美国市场具有兼容、极为广阔的特点，因而具有相应的购买力来购买新产品。因此，创新大多在美国出现就不足为奇了，例如，电灯、电话、电报、电视、电脑等均是在美国创新、出现，并为美国消费者所认同的。另外，在这一阶段由于美国和其他国家之间的技术差距，美国的厂商对该创新产品有着生产和市场的垄断，别的国家尚不具备条件模仿美国的创新产品，美国厂商获得国内外的垄断性利润。

第二阶段，模仿国开始模仿生产该种产品的阶段。这时因为这一创新在技术上已经基本成熟，生产过程已经标准化，模仿国进行生产已经没有技术、管理等方面的绝对障碍，可以进行模仿性生产了。此外，模仿国在规模生产的基础上，一般还具有劳动成本或其他资源方面的优势，产品价格比美国更为低廉。美国产品的竞争力相对甚至绝对下降，出口到模仿国的市场份额下降，但在其他国家的市场份额仍能保持。尽管如此，美国这种产品的总出口额还是开始下降。

第三阶段，外国模仿者以低成本为基础开始向第三国出口的阶段。在这一阶段，由于模仿国的大规模生产不仅满足了本国的需求，而且开始向第三国出口该种产品，美国对于该种产品在世界市场上的垄断地位逐渐丧失，出口大幅度下降，模仿国的产品在第三国市场上逐渐取代了美国产品的地位。

第四阶段，外国产品进入美国市场的阶段。在这一阶段，美国对于这种不再是创新产品的商品，开始从出口国转变为进口国。由于该产品在美国的生命周期基本结束，生产该产品的比较优势从美国转移到了模仿国。

上述四个阶段结束之后，即该种产品在美国完成了自己的生命周期之后，随着比较优势的动态转移，便在模仿国（由于模仿国具有“后发优势”）开始并进行着自己新的周期。该过程有点像接力棒的传递一样，一种产品从先进国家的创新、生产开始，然后转移、传导到其他相对落后的国家，再转移、传导到更为落后的国家，由它们进行生产和经营。

（三）国际贸易产品生命周期理论的图形说明

美国经济学家威尔士曾经以发展中国家的纺织工业为案例，说明纺织工业在技术水平不同的国家之间是如何传导的，可以很好地解释国际贸易的产品生命周期理论。其过程如图 5－2 所示。图中描述的是国际贸易的产品生命周期模型，图 5－2（a）为创新国的情况，图 5－2（b）为模仿国的情况。

在图 5－2 中，Y 与 Y' 分别代表创新国与模仿国的供给、需求；T 与 T' 分别代表创新国与模仿国的时间。在 O 点，创新国开始在国内生产并消费某种新产品，当生产超过消费即在 T_1 时，创新国开始出口该种新产品。创新国在 T_2 时达到出口高峰，之后由于其他国家的模仿生产、自我供给消费，创新国出口下降。而到 T_3 时出口减少为 0，即创新国在该种产品上已经失去了生产的比较优势。在 T_3 之后该创新国开始进口。模仿国在 T_1' 之前对创新产品或者没有认识，或者由于其他原因而未进行消费，在 T_1' 时开始进口、消费该种产品。到 T_2' 时模仿国的厂商认识到这种产品可以带来利润，开始模仿生产这种产品。在 T_3' 时该种产品在模仿国的生产、消费达到自给，模仿国开始停止进口该种产品。在 T_3' 之后模仿国由于规模生产或其他比较优势而开始以低成本出口该种产品。在实践中，T_1 与 T_1' 之间的水平距离取决于创新国、模仿国之间的收入差距，而 T_3 与 T_3' 之间的水平距离则表明模仿国会先向另外的国家出口，再向创新国出口。

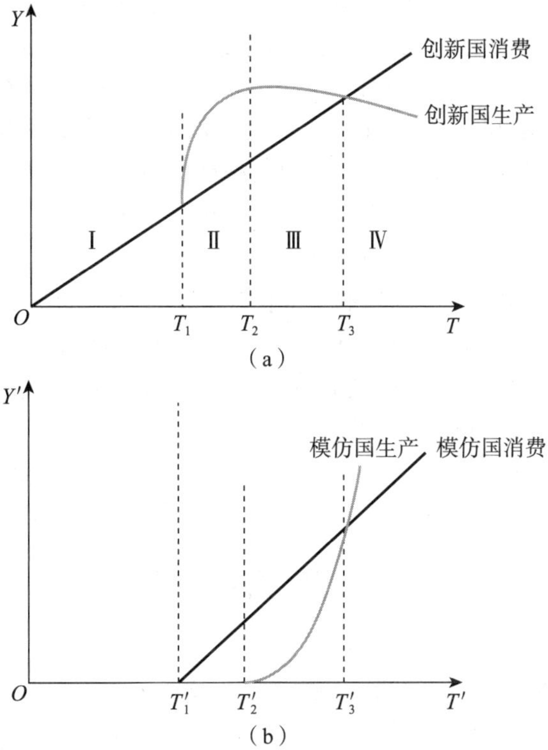

图 5－2　国际贸易的产品生命周期模型

（四）国际贸易产品生命周期理论的动态意义

国际贸易的产品生命周期理论很快为人们所接受，尤其是发展中国家在对外经贸活动中很大程度上遵循并实践了这一理论，因此该理论具有重要的理论与实践意义。

（1）国际贸易的产品生命周期理论考察了由于不同国家之间存在的技术差距，比较利益是怎样从一个国家转移到另一个国家的，这使得解释国际贸易的比较利益学说、H－O 模型摆脱了静态分析，进入了动态化分析阶段，这是理论的进步。

（2）这一理论隐含着一种产品在产品生命周期的不同阶段含有的要素密集度也在发生变化。例如，在产品生命周期的第一阶段，技术、产品的创新要求大量的研究与开发投入；在产品生命周期的第二阶段，由于产品生产已经成熟化、标准化，成本具有重要地位，生产规模要急剧扩大，因此要求大量的资金投入；而在产品生命周期的第三阶段，由于产品生产已经完全标准化，技术障碍已经消除，因此资本要素的重要性也相应下降，竞争要求大量的低成本劳动力的投入，以进一步降低成本；等等。这种在产品生命周期的不同阶段，投入要素的密集度不同的理论，对相对落后国家在国际分工中确定自己的地位和参与格局具有指导性意义，可以使这些国家在产品生命周期的一定阶段参与相应的国际分工，并且关注在发展过程中应该如何进行生产结构的升级、改造。

（3）相对落后国家也要密切关注本国要素优势的变化以应对新的挑战。随着发展中国家经济的进步，其原有的比较优势会发生变化，如果不从动态角度适应本国比较优势的变化，进而加入国际分工，发展中国家的经济发展就会受到影响。从中国对外开放 40 年的历史来看，在理论与政策实践方面，比较利益学说、H－O 模型、国际贸易的产品生命周期理论有着它们相应的地位，并呈现出动态的变化。世界银行前首席经济学家、副行长，美国著名经济学家斯蒂格利茨（Stiglitz）于 2000 年 10 月在中国人民大学的一次演讲中明确表示，中国由于具有将世界先进科学技术与廉价的高素质劳动力相结合的全部条件，因而只要经济政策一如既往，在 21 世纪的经济发展将前途无限。

（五）对国际贸易产品生命周期理论的评价

尽管国际贸易的产品生命周期理论使得比较利益学说、H－O 模型从静态发展为动态，但创新国与模仿国的地位在某种程度上却是固定的、难以转变的。发展中国家往往生产着最大量的劳动密集型产品，虽然它们迫切地希望转换产业结构，但现实经济的既定格局却使它们只能被动地接受较为先进国家转移过来的产业从事生产。从根本上来考察，这严重地制约了它们的经济发展。

第二节　产业内贸易理论

传统的国际贸易理论主要针对的是处于不同发展水平上的国与国之间不同产业间的贸易。随着世界经济的发展，传统国际贸易理论本身存在的问题日益显露出来，传统国际贸易理论愈发难以解释不断增长的禀赋相同或相近国家之间、相同或相近产业之间贸易发生的原因。同时，传统国际贸易理论的假设前提，如完全市场、规模收益不变等，在当今的世界经济中也已经与经济现实相去甚远。新的国际贸易理论——产业内贸易理论应运而生的现实基础业已具备。

产业内贸易理论研究的对象是不同于传统贸易的另外一类国际贸易现象，即一国的某种产业既出口又进口该产业产品的现象，这种国际贸易现象与贸易国家的经济发展水平以及商品生产的区域特点有着密切的关系，同时它也是在不完全竞争市场以及具有规模经济的条件下进行的。产业内贸易理论本身具有多重性，而不是由一个理论模式完成的。

一、产业内贸易理论的提出与假设前提

第二次世界大战后产业内贸易的发展与人均收入的提高存在着密切的关系，而且随着贸易自由化程度的提高而发展。这种贸易现象往往在收入水平相近的高收入国家间更为普

遍，且明显地在有规模经济特征的制成品生产中存在。

（一）产业内贸易理论的提出

传统的国际贸易理论除了解释贸易发生的原因、贸易利益分配之外，对要素的重新配置也有许多考虑。但是，人们从已有的产业内国际贸易的事实出发，发现当代禀赋相似国家间的双向国际贸易似乎并没有引发大规模的资源在国内、国际的重新配置和收入的再分配。似乎伴随着产业内国际贸易格局的形成，贸易参与国得自贸易的利益相比得自其他方面的利益要小些。

产业内贸易理论有很多模型，其中，格林纳威（D. Greenaway）、格鲁贝尔（Grubel）、劳埃德（Lloyd）、迪克西特（A. Dixit）和克鲁格曼（P. Krugman）的理论观点都颇具代表性。

（二）产业内贸易理论的假设前提

（1）理论分析基本是从静态出发的，简化的模型分析只侧重于产业内贸易发生的原因、结果，而非强调过程。

（2）分析以不完全竞争（垄断竞争）市场而非完全竞争市场为前提，这样更接近现代世界经济的现实。

（3）经济具有规模经济特征，并将其解释为国际贸易发生后的重要利益来源之一。

（4）在分析中考虑了需求不相同与相同的情况，即与其他理论相比，产业内贸易理论更加重视需求方面的影响。

除了上述一般性假设前提外，解释产业内贸易的各个分析模型也还有着它们自身的假设前提。

二、产品的同质性与异质性及产业内贸易

我们所分析的产业最明显的特征是：产业中厂商的生产投入要素相近，产品用途可以相互替代。在产业内贸易理论中，符合上述特征的产业内贸易产品被划分为两类：同质产品与异质产品。

（一）产品的同质性与异质性

产品的同质性是指，产品间可以完全相互替代，即产品需求的交叉弹性极高，消费者对这类产品的消费偏好完全一样。这类产品在一般情况下大多属于产业间贸易的对象，即人们用它们去交换其他产品而非相同的产品，但由于市场区位不同、进入市场的时间不同等，相同产品间的贸易也广为存在。

产品的异质性是指，产品相似但又不完全一样，存在着一定的差异，产品彼此之间不能完全替代但尚可进行一定程度的替代，交叉弹性小于同质产品，在生产中要素投入具有相似性。大多数产业内贸易的产品都属于此类产品。

（二）同质产品的产业内贸易

我们在这里讲的同质产品，在很大程度上是完全相同的产品，由于各种原因，一个国家会出现对该类产品既出口又进口的现象。

（1）不同国家间大宗产品的交叉型产业内贸易。这种大宗货物之间的产业内贸易的典型案例是水泥、木材、玻璃等建筑材料和石油等的贸易。由于这类产品大多自身重量较

大，如果运输成本在总成本中占有较大的比重，那么这类产品的需求国便会从最终使用者最近处的国外生产地购入，而不会在国内远距离运输以国产产品去满足消费者的需求。例如，中国是世界上第一水泥生产大国，水泥的生产基地主要在东北地区，但有相当比重的消费者分布在华南地区，如果将东北生产的水泥长途运送到华南，运输成本是很高的，还会占用大量的运力。因此，中国在东北生产、出口水泥（如向韩国、俄罗斯出口）而在华南进口水泥（如从泰国进口）是很经济的。

（2）因经济合作或经济技术因素而产生的产业内贸易。如各国银行业、保险业"走出去、引进来"的情况。尽管各国自己的金融机构都可以在本国国内提供全方位的银行和保险服务，但各国之间的外资金融机构仍然大量重叠建立与运营。例如，中国金融领域对外开放的一项重要工作是吸引外国银行在华投资，经营金融业务，但中国同时又在世界上的其他国家和地区（如非洲、欧洲、北美等）投资建立分行、分公司，从事当地的金融业务。

（3）大量的转口贸易。转口贸易是指进口国或地区并不是最终的消费者，而是将进口的产品再出口（或者经过一定的加工后再出口）。这时在该国或地区的国际收支中，同类产品将同时反映在转口国或地区的进口项目与出口项目中，形成统计意义上的产业内贸易。例如，中国香港是一个以提供服务为主的经济体，它每年的进口绝大部分是为了再度出口，这在香港的经济关系中是非常清楚的。

（4）政府干预产生的价格扭曲。政府干预对外贸易会造成价格和其他交易条件的扭曲，尤其在动用行政干预来推行贸易的限入奖出政策时更是这样。这种做法极易造成相互倾销，但它却会使一国在进口的同时，为了占领其他国家的市场而出口同种产品，从而形成产业内贸易。另外，由于国家在干预对外贸易时往往对一些产品实施出口退税、对急需产品实施进口优惠等，因此这时国内生产企业为了与进口产品生产企业竞争，就不得不先通过产品出口以得到退税，再进口自身生产的产品以享受进口优惠，从而增加竞争力（尽管在中国这是不被允许的），于是便人为地造成了产业内贸易。

（5）季节性产品贸易。人们为了调剂市场的供求而在不同的时间进出口。例如，由于某些产品的生产与消费极具季节性，因此人们便会在本国生产季节出口某种产品，而在本国不生产该种产品时进口该种产品，以保持供求均衡。欧洲一些国家为了充分地使用电力，"削峰填谷"，在本国需要时从邻国进口（如以娱乐业、博彩业为主的国家在夜晚的电力进口）电力，而在本国不太需要时（上述国家在白天时电力消费水平一般相对较低）出口电力供邻国使用，这便会形成电力在一国既进口又出口的现象。

（6）跨国公司的内部贸易也会形成产业内贸易。跨国公司在全世界组织自己的生产和运营，以便更有效地配置资源、降低成本，于是会产生在跨国公司内部零部件、半成品的调拨。在一个生产、组装基地既进口某种产品的某些零部件或成品，又出口同种产品的零部件或成品，因为同种产品的成品与中间产品和零部件大都被归入国际收支平衡表中的同组产品加以记录，因而便会形成产业内贸易。即便不是跨国公司组织的跨国生产，只要形成国际生产的合作，上述情况也会产生。例如，中国在出口波音飞机尾翼的同时，又进口波音飞机的整机。而欧洲的空中客车飞机更是在不同的欧盟成员国内分工制造、组装的，零部件、整机的进出口更体现为产业内贸易的过程。

（三）异质产品的产业内贸易

（1）水平差异。所谓产品的水平差异是指产品由于相同属性的不同组合而产生的差异性，如烟草、香水、化妆品、服装等。这类产品的产业内贸易大多与生产者之间的竞争和消费者偏好的差异有关。从供给方面看，厂商为了扩大销路、赢得市场和不断吸引新老顾客而努力推陈出新，推出大量有特色的产品。但是，从水平差异方面看，产业内贸易产生的原因主要是消费偏好的区别、需求的多样化，同类产品在品牌、款式、规格、服务等特点上的不同可以适应和满足不同消费者的需求，因而需求特点不同引致了既进口又出口的现象。

（2）技术差异。技术差异是指采用新技术制造的新产品带来的差异。处于不同产品生命周期阶段的同类产品（如不同档次的家用电器、更新换代的药品）往往在不同类型的国家进行生产，继而在彼此间进行进出口贸易，便会产生产业内贸易。由于产品在高新科技时代更新速度加快，促进了国际分工的专业化，因而促进了这类贸易的发展。例如，美国是高清晰度电视机的生产者，其他国家大多要从美国获得该种产品，但同时美国又是一般电视机的最大进口者。中国既是世界上名列前茅的一般 IT 产品（如键盘、鼠标、电源等）的生产与出口国，同时又是高新科技 IT 产品（如芯片、高档液晶显示器等）的进口国。

（3）垂直差异。垂直差异是指产品质量方面的差异。从供给方面讲，厂商为了占领市场，就需要不断提高产品质量，以便能够在竞争中获得先机。从需求方面看，一个国家内的消费者，由于收入的差距，往往未必都能够永远追求昂贵的高质量产品，即便是在相同收入人群之间也存在着质量需求的差异。因此，发达国家在出口高质量产品的同时往往也会从其他发展中国家进口一些中、低质量的同类产品，以满足国内多层次的质量需求。这样便会由于质量追求的差异而产生产业内贸易，这种情况主要发生在汽车、计算机、乐器等产品上。例如，不同国家内的不同收入阶层对汽车的质量需求是有着很大差异的：为了代步，廉价耐用型车便是首选；为了显示身份，高档豪华型车则是首选。

三、新 H－O 模型

该理论由法尔维（Falvey，1981）创立，这一理论将要素禀赋的思想用于解释产业内贸易，主要是用于解释垂直差异产品的产业内贸易。

（一）新 H－O 模型的假设条件

第一，一个产业不再是只生产单一的同质产品，而是生产一定范围内质量上存在差异的产品集。

第二，生产中使用资本和劳动两种生产要素，并且劳动可以跨部门流动，而资本具有专用性，即不可跨部门流动。生产中没有规模经济，不存在运输成本。

第三，贸易两国的要素存量存在差异，即要素禀赋有差异性。

第四，市场处于完全竞争的结构中，即产品的价格等于其生产成本。

第五，对质量不同的产品的需求取决于产品价格和购买者的收入。

（二）新 H－O 模型的基本内容

为了分析垂直差异产品的产业内贸易，法尔维引入了质量指数 a 来反映产品质量的差异。a 值越大，表示产品的质量将越高。产品质量越高，则生产中使用的资本也就越多。令 C 为 A 国的生产成本，C' 为 B 国的生产成本，a 为产品质量指数，W 和 R 分别为 A 国的既定工资率和资本租金率，W' 和 R' 分别为 B 国的既定工资率和资本租金率。在产品质量 a 既定时，C 和 C' 可以被表示为：

$$\begin{cases} C(a)=W+aR \\ C'(a)=W'+aR' \end{cases}$$

将上面的方程组反映在图中，则有如下的坐标图 5－3。可以看出，由于 A 国资本相对丰富，B 国劳动力存量相对丰富，因此有 $W'<W$ 以及 $R'>R$。由于高质量产品为资本密集型产品，而低质量产品为劳动密集型产品，因此 A 国在高质量产品的生产上有相对优势，B 国在低质量产品的生产上有相对优势；即 A 国生产并出口质量指数大于 A_0 的产品，而 B 国则生产并出口质量指数小于 A_0 的产品。由此法尔维的理论解释了质量有差异的产品的产业内贸易。

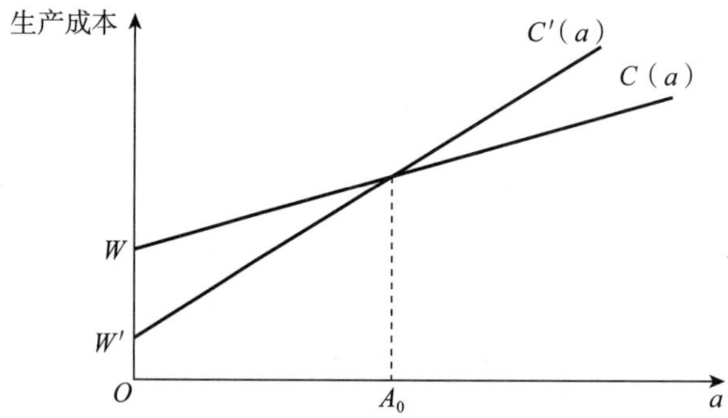

图 5－3　新 H－O 模型

（三）新 H－O 模型的实践含义

在实践中，新 H－O 模型解释的国际贸易类型一般属于垂直差异产品之间的交易，例如，在不同档次的汽车、高档西服与普通成衣、名牌鞋与一般鞋类之间的贸易等便是比较典型的案例。但是针对这一理论，也有人提出过质疑。他们认为，并非高资本密集度的生产就必然决定高质量产品的出口。例如，在贸易实践中存在着手工制作的高质量产品，而且手工制作的产品价格反而较高。但如果考虑到熟练与非熟练工人、体力与智力劳动、简单与复杂劳动之间的差异，即存在着人力资本这一要素的区别，则新 H－O 模型的结论在一定条件下仍然具有适用性。

四、需求偏好相似论

产业内贸易多数发生在水平差异产品之间，即交易的产品属于同一组别的不同类型，但在档次上可能是没有差异的。传统的国际贸易理论对于这样的现象缺乏有力的解释，因此需要从一个新的角度进行探讨。

（一）需求偏好在国际贸易中的作用

当代国际贸易理论认为，国际贸易不同参与者的需求偏好相似是这类产业内贸易发生的一种可能动因，它是由瑞典经济学家林德（R. Linder）提出来的。需求偏好相似论认为：

（1）国际贸易可以被看成是一国国内贸易跨越国界的延伸，因为一国的厂商进行生产首先总是为了满足国内市场的需求，即总是首先为自己所熟悉的国内市场而创新、生产。只有国内正在生产着的（为了满足国内市场需求而生产的）产品才有可能出口，即国内的需求决定了一国的潜在出口产品。那些纯粹为了满足国际市场需求而生产的产品，大多是由外资生产的。

（2）一个国家的需求结构在很大程度上取决于这个国家的人均收入水平：人均收入高者具有高收入的需求结构，而低收入者则具有与之相应的另外的需求结构。如果两国之间人均收入差距较大，则只要不同国家市场之间的隔阂较小，信息传递通畅，商品就可以流动。即便是在发达国家与发展中国家之间，照样会有贸易发生。这是因为通常越是贫穷的国家，收入分配的差距就越是悬殊，穷国中的少数富人在攀比效应的作用下，形成了与发达国家富裕阶层同样的消费结构，而富裕国家中的贫困阶层也只能在一个很低的水平上进行消费。这样，在不同的国家间便会形成相似的消费群体与消费结构。在没有贸易限制的时候，两国间便会发生贸易。

（3）林德认为，可以运用 H－O 模型来解释不同禀赋国家之间发生的贸易，因此，传统的国际贸易理论在一定的条件下可以对某些国际贸易现象作出解释，但发生在禀赋相似国家之间的贸易则需要更多地从需求的角度来进行说明。

（二）需求偏好相似论的图形说明

在图 5－4 中，X 代表不同的人均收入水平；Y 代表产品加工深度。

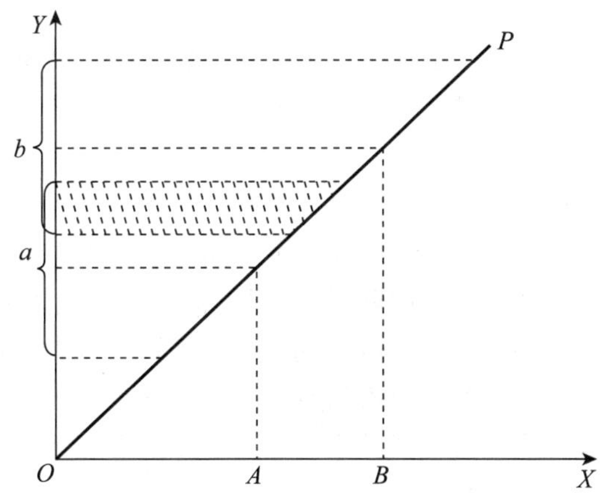

图 5－4　需求偏好相似论

在既定的国际价格水平下，收入相似的国家之间由于需求发生重叠，使贸易易于发生。图中 A、B 点代表两国不同的人均收入水平，OP 是国际价格线，a、b 是在 A 国和 B 国的人均收入水平下消费的典型的产品加工深度。消费的多样性决定了产品加工深度是一个区域，导致了交叉消费的产生。它们之间的交叉区域便是双方都偏好消费的产品加工深度相同的产品区域，即需求发生了重叠，这种重叠的需求便构成了产业内贸易的基础。

（三）对需求偏好相似论的评价

需求偏好相似作为经济发展水平相近国家之间发生贸易的解释原因，在一定程度上是具有说服力的。由于收入水平相近、消费结构相似、生产结构层次趋同，不同国家的消费者购买任何国家生产的同类产品以满足需求，便是可行的。这极大地提高了消费者的选择范围，经济福利也会得到提高。

从理论上分析，传统的国际贸易理论大多产生于“差异”——劳动生产率的绝对或相对差异、不同国家的要素存量比率的差异、技术创新与传递的差异、人力资本的差异、研究与开发的差异等。但需求偏好相似论却从趋同的角度来分析国际贸易产生的原因，认为收入趋同是贸易产生的原因，这在一定程度上丰富了国际贸易理论，使得人们对国际贸易发生原因的理论思考更加全面了。

五、规模经济贸易理论

（一）规模经济

在经济学中，规模收益递增描述的是产出增加幅度大于要素投入增加幅度的现象，它是各国厂商所普遍追求的。在西方经济学中，厂商的运行分为规模经济（规模收益递增）、规模不经济（规模收益递减）和规模收益不变的情况，在图形中反映为生产可能性曲线凸向原点、凹向原点和直线。人们一般认为，规模经济产生于固定资本的分摊和大规模生产所具有的专业化分工的细致化。随着规模的扩大，单位产品分摊的固定资本变少，于是单位产品的成本下降便体现为经济利益，而分工的细化则可以大规模提高劳动生产率，从而降低产品的单位成本。

（二）规模经济与产业内贸易

具有相似禀赋的不同国家，其中若有一国因规模经济而引致某种产品成本降低，便会因此产生新的比较优势，进而在贸易中受益。国际经济学的产业内贸易理论认为，规模经济是产业内贸易发生的基本原因。

假设有 A、B 两个国家，它们具有相同的要素存量比率、相同的生产函数、相同的需求函数，即具有完全相同的生产可能性曲线以及相同的社会无差异曲线。两国的生产点与消费点也完全一样。因此，如果发生国际贸易，国际贸易发生的原因与传统的解释无关，需要有新的说明。在图 5-5 中，A、B 两个国家的生产可能性曲线向原点凸出，这说明这两个国家具有规模经济，这是产生分工的利益基础。在进行分工之前，两国的生产点、消费点均在 C 点，即两国各自生产着 OB' 的 X 产品、OA' 的 Y 产品，生产可能性曲线 AB 与社会无差异曲线 Ⅰ 相切于 C 点（见图 5-5）。

在图 5-5 中，A、B 两国的分工是完全随意的。假设 A 国随意地完全分工生产 Y 产品，B 国则完全分工生产 X 产品。两国在分工之后，生产点分别在 A、B 点，与过去的 C 点相比，X 产品增加了 $B'B$，Y 产品增加了 $A'A$，专业化的生产规模明显高于分工前。这时 A 国由于只生产 Y 产品，为了获得自身愿意消费的 X 产品，就必须出口 Y 产品、进口 X 产品；而 B 国的情况正好相反，它要出口 X 产品、进口 Y 产品。消费点从分工前的 C

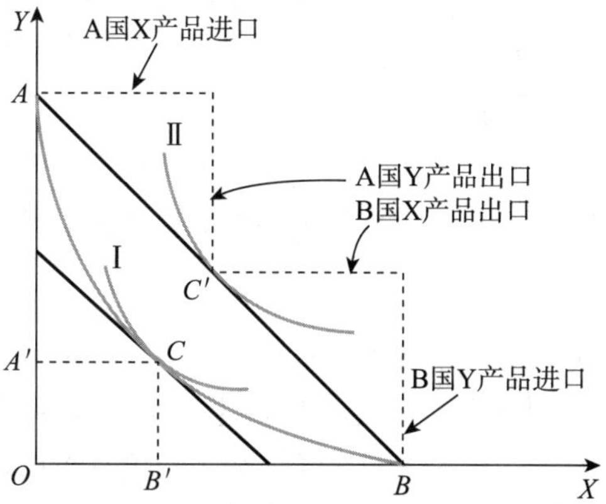

图 5-5　规模经济贸易理论

点移向了离原点更远的社会无差异曲线与国际价格线的切点 C'，福利得到了提高。福利提高的原因在于扩大规模使得生产成本降低、分工细化，以及由此形成新的交换利益。

（三）对规模经济贸易理论的评价

规模经济贸易理论在很大程度上反映了当今世界经济中的现实，具有一定的说服力。在当今的世界经济中，那些具有大规模生产某种产品能力的国家都可能因为生产规模扩大而形成其他国家所不具备的特殊的比较优势。例如在美国，汽车制造业如果生产规模年产量在 100 万辆以下，便不具备生产优势，而年产量超过 200 万辆，便会有很好的利润收获。这一学说对比较利益学说、要素禀赋论的局限给予了完善和补充。

从理论与实践相统一的角度来分析，如果某一行业存在规模经济产生的超额利润，而其他厂商不能很快地进入该行业谋利，则说明该行业显然存在市场不完全的情况。如果其他厂商能够轻易地进入这一行业，则产生产业内贸易利益的规模经济将不复存在，因此在完全市场条件下很难有规模经济的利益。

六、对产业内贸易理论的评价

从传统国际贸易理论向当代国际贸易理论的发展，反映了人们对国际贸易过程与规律的认识程度的不断深化。产业间贸易理论强调的是比较优势差异决定贸易；产业内贸易理论强调的则是由于规模经济、垄断竞争而形成贸易。

（一）产业内贸易的分析更符合实际

产业内贸易理论是对传统贸易理论的扬弃，尤其是其假设前提更符合实际。如果产业内贸易的利益能够长期存在，则这实际上说明了自由竞争的市场是不存在的。因为其他厂商自由进入这一具有利益的行业受到了限制，因而市场是不完全竞争市场。此外，产业内贸易理论不仅从供给方面进行了论述，更从需求角度进行了考察。这一理论指出，规模经济是当代经济的重要内容，将规模经济的利益作为产业内贸易的利益来源，这样的分析也更为贴近实际。

（二）产业内贸易理论的局限

产业内贸易理论强调的是，贸易的基础是规模经济，而在现实中，具有规模经济的产业部门大多为制成品生产部门，它们又大多分布在收入相对较高的发达国家。因此，发达国家在国际贸易中具有优势，而发展中国家由于产业较少具有规模经济的特点，因此在产业内贸易中处于被动的劣势地位。

第三节　战略性贸易政策理论

传统的国际贸易理论认为，在完全竞争市场条件下，自由竞争和自由贸易可以实现资源的最优配置，提高整体福利水平。因此，保护主义的国家干预应该是一种经济扭曲行为。但新的国际贸易理论证实，在存在规模经济和不完全竞争的前提下，政府运用相应的贸易政策可以或有助于提高人们的总体福利。战略性贸易政策理论涉及的主要是在不完全竞争条件下，如何通过国家干预，改变或缓和经济环境的扭曲，保证一国在国际经济中的利益，获得次优的贸易结果。

一、战略性贸易政策理论的提出

战略性贸易政策理论是1985年由斯宾塞（B. Spencer）、布兰德（J. Brander）、格罗斯曼（G. Grossman）、迪克西特（A. Dixit）等以不完全竞争和古诺双寡头为条件，运用产业组织理论、市场结构的分析为工具提出的，旨在证明在一定条件下，自由贸易的最优性未必存在，而补贴、征收反补贴税、运用关税等手段，以国家干预为出发点，可以提高一国的经济福利。

尽管规模经济自20世纪30年代开始便被运用于生产函数的研究中，但传统国际贸易理论的假设前提始终是规模收益不变和市场完全竞争，这造成了与国际贸易实践的脱节。在新技术革命的条件下，新兴产业如计算机、半导体，甚至原有制造业中的汽车行业，完全是在规模收益递增的环境中从事生产的。规模经济的存在又会在微观层面形成价格、利润行为的差异，从而使得市场的完全性被破坏。为了解释国际贸易中的新情况，改变贸易理论的假设前提是十分有必要的。

规模经济的存在是战略性贸易政策理论的前提之一。规模经济是指经济产出增长幅度大于经济投入增长幅度的情况。它可以是扩大生产规模后固定投入分摊变化的结果，也可以是规模生产形成新分工的结果。在厂商的层面上，规模生产可以克服不可分割性，形成新的分工，使单位产出的固定管理费用降低。这一情况的持续存在会使得平均成本大于边际成本。传统的以边际成本决定价格的思想会造成厂商的亏损。此外，如果厂商层面的规模经济不存在，社会性的收益递增也会以外部经济的形式使得厂商获益，从而呈现出规模经济的特征。

市场的不完全性是战略性贸易政策理论的另一个重要前提。规模经济的存在决定了在厂商层面价格与利润行为的差异。在这一理论中，存在着古诺寡头市场和垄断竞争市场。

二、战略性贸易政策理论的基本内容

技术因素是厂商在生产中具有动态规模经济的重要原因之一，这样便将技术变化因素

归纳为推进国际贸易发展的内生变量，而技术变化的经常形式则是技术创新（innovation）以及所谓的干中学（learning by doing）。我们在前面的R&D学说中讨论过，技术进步可以改变厂商的生产函数，表现为要素生产率的提高、质量的变化、新产品的开发、产品款式规格的变化等。这种技术创新产生的直接影响是厂商的边际成本下降，在国际市场中的竞争能力提高，市场份额扩大。所谓干中学是指，随着生产的扩大，生产经验、市场经验、管理经验不断积累，这样边际成本就会降低，从而改变生产函数。其情况如图5-6所示。

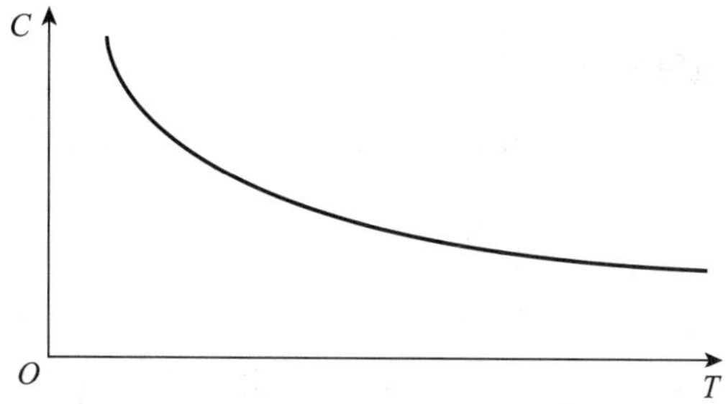

图5-6 技术进步与成本降低

在图5-6中，T代表时间；C代表成本。随着生产的扩大，成本会降低。一般的经验规律是，在生产的初期，成本会迅速下降；在产量达到一定程度之后，成本下降速度放缓，曲线呈现出较为平缓的形态。

此外，技术本身存在“外溢”的可能性。在投资、贸易的过程中，技术会在同行业内、行业之间乃至国与国之间通过各种途径传播，形成新的生产函数。技术进步因素与贸易之间存在密切的关系，市场竞争形成新技术的竞争，技术外溢给予技术的授受双方以经济利益，从而产生规模经济，贸易便产生了动力。

这一理论认为，规模经济和不完全竞争使得厂商在国际贸易中获得相应的垄断利润，国家运用干预的力量，确定战略性产业并支持战略性产业迅速扩大规模，同时给予其适当的补贴以降低企业的成本，便可以将属于国外企业的利润转移给国内企业，从而获得贸易利益，即政府干预是产生新的比较优势、促进国际贸易发展的内生变量。人力资本提升、技术进步、信息获取、制度创造等新资源已成为厂商产生新比较优势的关键变量，而在这些资源尤其是新制度的创造中政府起着无法替代的作用，这样就为国家干预国际贸易提供了理论基础和政策依据。

克鲁格曼（1985）曾经研究过东亚一些产业迅速崛起并占据国际市场份额的过程，提出了所谓“以保护进口促进出口”的理论模型。在国内厂商尚未成熟到具有规模经济的条件下，政府进行干预，保护国内市场，使国内消费者倾向于购买国内生产的产品，以国内的需求来促进本国厂商规模的扩大，降低生产的边际成本。而国外厂商则可能因为该国对市场的保护而失去这一市场，生产规模缩小，边际成本上升。这样国内厂商便有可能走向世界，获得新的扩大规模的机会，提升产品竞争力。最终在政府的干预下，本国市场得到保护，国际市场份额得到提高，福利得到增长。同时，政府通过征收关税保护国内市场，迫使外国公司为了消化关税而改变目标价格，避免国内价格扭曲。国家将税收用于支持新兴产业，可以为国内的幼稚产业创造机会，使其获得超常发展。此外，在国内大型厂商与国外同类厂商的竞争中，国家可通过补贴帮助国内厂商扩大国内的市场份额，提升国内的福利。甚至出口补贴也可以减轻在不完全竞争条件下存在的厂商垄断扭曲，使得本国、对手国获得的利益大于未补贴国遭受的损失，提升总体福利。这一理论认为，在实践中，不仅大国具有影响价格的力量，小国事实上也有可能通过国家的整体力量来影响价格的制定。

三、对战略性贸易政策理论的评价

战略性贸易政策理论尽管出现的时间不长，但在理论和实践两个方面都显示出了它的重要性。

（1）战略性贸易政策理论进一步放松了传统贸易理论模型中不符合当今现实的完全竞争市场和规模收益不变的假设，从而使贸易理论最大限度地贴近现实而不再仅局限于纯粹的逻辑演绎，具有更好的解释力，也给理论研究和实践政策的制定开拓了更为广阔的空间。

（2）从理论模型的分析角度看，战略性贸易政策理论更多地运用了经济学中的新成果和新工具，如信息经济学、博弈论、产业组织理论等现代理论，使得人们对国际贸易理论的探讨不仅密切联系实际，而且具有新的可操作性。

（3）战略性贸易政策理论具有相应的实践性和针对性。它根据不同国家的特点和不同产业的差异、技术水平的区别、国家禀赋资源的特点提出鼓励出口的不同措施，而不再只是刻意追求理论一般性的完美。

（4）战略性贸易政策理论继承和借鉴了传统国际贸易理论中的有益部分，将完全竞争和规模收益不变视为一种特例，坚持比较优势原则在一般条件下仍然是完全成立的，只是将比较优势存在的基础拓宽了，阐明劳动生产率的差异源于生产规模，而生产规模的扩大源于国家的有效干预，强调了国家在经济生活中的作用。该理论对“看不见的手”在经济生活中的万能作用提出了质疑。事实上，战略性贸易政策理论诞生在号称市场经济体系最为完善和健全的美国，这一事实本身就意味深长。

从根本上讲，战略性贸易政策理论与传统的国际贸易理论之间的关系是贸易干预主义与贸易自由主义之间的争论在当今的反映。理论上后者强调干预产生扭曲，干预的结果是经济福利的降低，解决的办法是依靠市场机制，坚持市场是最为有效的。前者则认为扭曲源自市场失灵，必须通过政府干预予以克服，继而提高经济福利。国际经济学中著名的“波音-空中客车”飞机的博弈分析便是经典的案例，它显示了战略性贸易政策理论在实践应用中的成功。在关税及贸易总协定（GATT，简称关贸总协定）基础上于1995年成立的世界贸易组织则是政府在国际经济贸易领域进行全面宏观干预的成功案例。由于理论基础比较薄弱，战略性贸易政策理论目前在国际经济学中还没有取得主流地位。

第四节　贸易扭曲理论

贸易扭曲理论在20世纪80年代得到了充分的发展，它主要研究阻碍市场机制发挥作用，致使无法达到帕累托最优状态的扭曲形式及贸易扭曲的影响，探讨如何消除扭曲，使自由贸易得到恢复。

一、用于判断贸易扭曲的帕累托标准

在完全竞争市场中，帕累托最优状态的简单含义为：社会处于这样一种状态，即任何改变都无法再使任何人的福利增加同时不降低其他人的福利。

（一）达到帕累托最优状态的条件

要达到这种状态，至少需具有以下两个必要条件：其一，任何一对生产要素投入的边际技术替代率都应该相等，即边际成本相等。其二，生产的产品与消费者的偏好一致，在完全竞争市场中产品的市场价格等于生产成本，即经济利润为零。在经济学中上述情况被表述为私人成本等于社会成本，私人收益等于社会收益。

（二）开放条件下的帕累托最优状态

如果我们导入开放，加入国际贸易的条件，帕累托最优状态的达到便发生了变化。只有当产品对消费者而言，在国内、国际市场上的边际替代率一致时，社会福利才有可能达到最大化。以上条件如果没有达到，则市场上存在着扭曲行为。我们讨论的便是在以上条件没有达到、帕累托最优状态被破坏时，如何恢复帕累托最优状态，或如何通过政策调整达到次优状态。

二、国际贸易条件下扭曲的形式

产品的边际成本不等于价格即为扭曲（即对帕累托最优状态的背离）。包含国际贸易的市场扭曲有四种形式：

（1）扭曲反映在国外市场上，即产品的边际进出口替代率不等于产品的边际转换率，但后者与产品消费的边际替代率相等，这时国外市场发生了扭曲。

（2）扭曲反映在国内市场上，即产品的边际转换率不等于产品的边际进出口替代率，但后者却等于产品消费的边际替代率，这时国内生产发生了扭曲。

（3）扭曲反映在国内消费上，即产品消费的边际替代率不等于产品的边际转换率，但后者却等于产品的边际进出口替代率，这时国内消费发生了扭曲。

（4）扭曲反映在要素市场上，即某一国家的边际技术替代率与另一国家的边际技术替代率不相等，生产点不在有效的生产可能性曲线上，这时要素市场发生了扭曲。

以上四种扭曲形式在经济学中均为背离帕累托最优状态，即社会福利与私人福利背离、社会成本与私人成本背离的情形。

三、扭曲产生的原因及影响

在国际贸易中引起扭曲的原因有两大类：政府政策干预造成扭曲；市场不完全、要素无法充分流动造成扭曲。这些都是对自由贸易的背离。如果进行细分，我们又可以将导致扭曲发生的原因分为：经济内部因素造成扭曲，历史形成的所谓自生性政策造成扭曲，以及为了实现既定的政策目标而采取的某些工具性经济政策造成扭曲。

以上这些原因之间又会产生交叉、搭配。譬如，执行某些工具性经济政策与经济内部因素共同起作用造成扭曲等。扭曲的最大负面结果是边际成本与价格相背离。为了纠正这些扭曲，政府往往要采取相应的政策，甚至人为地干预国际贸易的自由开展，因此有人认为它是贸易保护主义的根源之一。

四、消除贸易扭曲的措施

针对上述四种扭曲形式，人们采取了不同的政策措施来进行纠正，政策措施的实施主要针对贸易、生产、消费和要素的税收与补贴展开。在实施过程中，人们除了要保证政策措施只针对扭曲产生的根源展开，即要遵守“专一规则”外，还需要注意避免因干预不当而产生附加扭曲。此外，在干预的“度”的把握上，人们要注意防止矫枉过正，否则会造成在消除扭曲的利益和产生的意外损失之间的交换（trade-off）。

（一）自由贸易的定义

消除扭曲的目的是恢复自由贸易。为了更好地理解对扭曲进行的政策干预，我们必须对自由贸易予以明确的定义。自由贸易的定义可以表述为：人们对贸易本身不进行税收、补贴、法规方面的限制，但是允许对非贸易领域如国内要素市场、生产、消费进行税收等方面的干预。自由贸易与自由放任有本质的区别，前者允许间接的干预，而后者不允许任何干预。因此，使用间接方法对贸易进行调节，并不破坏自由贸易。

（二）对扭曲的纠正

采用适宜的政策对扭曲进行纠正，需要具有相应的针对性，即对表现形式不同的扭曲采用不同的政策措施。

（1）如果扭曲反映在国外市场上，即产品的边际进出口替代率不等于产品的边际转换率，但后者与产品消费的边际替代率相等，则这时需要对国外市场扭曲进行纠正，最优的政策为关税措施，使得国内价格与边际贸易条件趋于一致，次优的措施则为采用生产、消费、要素等方面的补贴与税收调整。

（2）如果扭曲反映在国内市场上，即产品的边际转换率不等于产品的边际进出口替代率，但后者却等于产品消费的边际替代率，则这时需要对国内生产扭曲进行纠正，最优的政策为采用生产税或补贴，次优的措施为关税调整或要素税收、补贴，注意采用消费税或补贴不会产生任何效果。

（3）如果扭曲反映在国内消费上，即产品消费的边际转换率不等于产品的边际转换率，但后者却等于产品的边际进出口替代率，则这时需要对国内消费扭曲进行纠正，最优的政策为采取消费税或补贴措施，次优的措施为采用关税及补贴，但对生产和要素采用税收或补贴措施则无效。

（4）如果扭曲反映在要素市场上，即某一国家的边际技术替代率与另一国家的边际技术替代率不相等，生产点不在有效的生产可能性曲线上，则这时需要对要素市场扭曲进行纠正，最优的措施为要素税收与补贴，次优的措施为生产税与补贴，再次优的措施为关税及补贴，但采用消费税或补贴的方法无效。

五、对贸易扭曲理论的评价

贸易扭曲理论反映了人们追求贸易自由化但又需要有一定程度的政府协调、干预的思想。这一理论告诉我们，在对国际贸易扭曲进行干预时，需要有很强的针对性。干预要适度，在最优、次优措施中寻找政策的有效搭配。在当今的国际贸易实践中，有针对性的适度干预在许多国家得到了普遍的实施。例如，出口退税政策的实施、汇率的适度调整等。

然而，贸易扭曲理论的前提和归宿都是为了达到帕累托最优状态。这一状态本身就是在排除了一切不利条件后理论上所要达到的理想状态。在实践中，这一状态是很难达到的，或者说根本就不存在。就理论本身而言，它也忽视了诸如收入分配、经济结构等因素对贸易扭曲产生的作用、影响，并且未能对扭曲给经济带来的宏观影响作出具有实质意义的分析。因此，这一理论很难具有广泛的适用性。此外，贸易扭曲理论强调生产的封闭状态不利于要素流动，认定任何封闭都在阻碍要素的流动，这使得政策的宏观搭配在实际中难以实施。

小　结

1. 国际贸易的当代理论是在第二次世界大战后新科学技术革命迅猛发展和国际贸易实践日益繁荣的历史背景下，针对传统与现代贸易理论的局限所进行的一系列理论探索和理论创新，使以李嘉图比较利益学说为核心内容的西方贸易理论模型得到了重大的发展、完善和补充。

2. 国际贸易新要素理论承袭了H－O模型的分析方法，在两种要素投入的基础上进一步拓展了要素投入的范围。譬如，其将智力投资、员工培训、科技进步、信息都作为新的要素投入。随着新要素的增加，比较优势的基础也在不断扩大，这为更多的国家和民族参与国际贸易提供了机遇。

3. 所谓人力资本是资本与劳动力相结合而形成的一种新的生产要素，人们通过对劳动力进行投资（例如通过教育、职业培训、健康保健等），可以提高原有劳动力的素质和技能，提升劳动生产率，从而对一个国家参与国际分工的比较优势产生作用与影响。

4. R&D学说认为，研究与开发也是一种影响国际贸易格局的生产要素。这里的研究是指与新产品紧密相连的思路、技术、工艺方面的基础研究与应用研究；开发是指新产品的设计与试制，即新产品的开发与创造。

5. 信息贸易理论认为，信息是可以创造价值并能进行交换的无形资源，是现代生产要素的组成部分。国家或企业通过信息的搜集、分析、发布可以形成独特的比较优势，并凭借这种比较优势参与国际贸易、分享贸易利益。

6. 由于在世界范围内科学技术发展不平衡是一个绝对规律，因此，技术创新国与模仿国之间的技术差距导致了国际贸易的繁荣：首先是创新国凭借着创新技术与创新产品向模仿国出口产品；其次是由于产品的生命周期，模仿国凭借着劳动力廉价优势将产品从模仿国出口到其他国家，并最终返销创新国。

7. 国际贸易的产品生命周期理论考察了在产品生命周期的不同阶段，由于集约使用的要素在不断地发生变化，从而构成比较优势的基础也在不断地发生变化，导致产品在不同的国家处于其生命周期的不同阶段。这一理论从一个动态的角度说明了由于技术差距的存在，比较利益是怎样从一个国家转移到另一个国家的。

8. 产业内贸易理论是在不完全竞争市场条件下的贸易理论，主要解释在要素禀赋相似的国家之间所发生的贸易行为，讨论发生在同一个产业内部同质产品间和异质产品间的贸易，解释产业内贸易发生的动因。

9. 规模经济贸易理论放松了传统国际贸易理论关于规模收益不变的经典假设，论证了对于具有相似要素禀赋的不同国家而言，其中若有一个国家因扩大生产规模而使某种产品的成本降低，便会因此形成新的比较优势，进而在贸易中获益。

10. 战略性贸易政策理论主要讨论在不完全竞争条件下，政府如何运用各种政策工具在对本国至关重要的生产领域中创造出比较优势，为深度参与国际贸易创造条件。政策干预虽然扭曲了完全竞争的市场环境，却可以提高一个国家的经济福利水平。

11. 贸易扭曲理论主要考察阻碍市场机制发挥作用，致使无法实现帕累托最优状态的扭曲形式及其所造成的影响，探讨如何消除扭曲并使自由贸易得到恢复。

复习与思考

核心概念

人力资本	研究与开发（R&D）	信息贸易理论	技术差距贸易论
产品生命周期学说	产业内贸易理论	同质产品	异质产品
水平差异	技术差异	垂直差异	需求偏好相似论
规模收益	战略性贸易政策理论	帕累托最优状态	

思考题

1. 试述人力资本说的基本内容。
2. 试述研究与开发（R&D）学说的原理。
3. 试画出技术差距贸易论的图形并进行分析。
4. 试述国际贸易产品生命周期理论的主要内容并予以评价。
5. 试述产业内贸易理论。
6. 试述新 H－O 模型。

7. 利用图形表述需求偏好相似论并予以评价。
8. 利用图形表述规模经济贸易理论并予以评价。
9. 试述战略性贸易政策理论并进行评价。
10. 试述贸易扭曲理论并进行评价。

第六章

国际贸易政策

本章的学习目的在于使学生了解和掌握国际贸易中贸易保护主义理论的基本内容和贸易保护政策的主要措施。本章讨论关税、配额以及对于所要保护的幼稚产业的选择标准，研究自由贸易和贸易保护主义对贸易参与国以及整个世界福利水平的影响，分析当前国际贸易中倾销与反倾销的基本态势并进行经济学分析。

重点掌握

小国进口关税的局部均衡分析
进口配额与等效进口关税的比较分析
李斯特的贸易保护理论
幼稚产业保护的选择标准
倾销与反倾销

国际贸易政策的类型可以大致分为贸易保护主义和贸易自由主义两类。这里讨论的主要内容是关税、配额、对幼稚产业的保护。除了部分发展中国家之外，一国征收进口关税大多已经不是出于增加政府财政收入的目的，而是为了有效地保护本国的市场，鼓励本国相对幼稚的产业在保护下发展。

随着世界贸易组织机制的逐步健全、各成员之间多边贸易谈判的进行，关税壁垒作为一种保护手段已经被商品贸易的多边谈判机制所否定，各国对进口产品征收的关税税率也在不断调低，但这并不意味着贸易保护主义退出了历史舞台。各国为了保护国内行业和市场，正在更多地运用诸如动植物卫生检疫、技术壁垒等措施。

第一节 关 税

本节讨论的是一个经济体在进口商品时，征收进口关税对其经济福利的影响。为此，我们首先要定义关税的概念。

一、关税的基本概念

关税是进出口商品在经过一个国家的关境时，由海关代表国家向进出口商征收的一种税赋。征收关税一般是为了保护本国的国内市场，但也有出于取得财政收入的目的而征收关税的，因此关税被分为财政关税和保护关税。政府对进出口商品都可以征收关税，但进口关税最为重要，其是主要的贸易保护措施。

（一）关税的类型

海关关税通常可以分为三类：

（1）从价税。按进口商品的价值征收一定百分比的税赋。

（2）从量税。对进口商品每个单位量征收定量的税赋，如对每千克小麦征收 3 美元关税。

（3）复合税。从价税和从量税两种方法的混合使用，如对小麦征收 5%的从价税后再征收每千克 3 美元的从量税。

此外，还有对单个国家征收的具有针对性的惩罚性关税，如反倾销税等。

关税壁垒是指高额进口关税。一国通过征收各种高额进口关税，形成对外国商品进入本国市场的阻碍，可以提高进口商品的成本从而削弱对手国的竞争能力，起到保护国内生产和国内市场的作用。当进口关税税率足够高时，便形成了所谓的“禁止性关税”，即进口为关税所制止。

在关贸总协定/世界贸易组织体系中，关税是被允许使用的保护手段（但还是要削减）。第二次世界大战以后，关税、数量限制、补贴、国家垄断经营和海关手续被视为阻碍贸易自由化的主要手段。这些措施的使用并不是没有经济学依据的，而且，在短时期内取消所有这些贸易手段也不为各国政府所接受。于是，关税与海关手续继续被允许使用，但在逐步削减。

（二）关税的特征

按照世界贸易组织的规定，关税具有如下一般特征：

（1）透明性。关税一经公布，国内外的各个利益集团都会知道。一国在征收关税时也必须按照已经公布的税率征收，不能有改动。

（2）非歧视性。和配额相比，关税更具有非歧视性，即任何国家的出口商只要交纳了关税就可以出口商品，而配额的分配则含有太多的人为因素，容易导致歧视的发生。

（3）稳定性。关税制度一般是稳定的，若要变动，通常需要经过立法等形式。

（4）市场功能性。关税能够使国内外价格保持自动联系，反映市场需求的变化，从而对企业进出口具有指导功能，而配额的使用则会切断这种联系。

（5）防止寻租。配额的使用会直接导致寻租行为的产生，即企业会为了得到配额而竭尽全力地进行游说、贿赂等，而关税的透明度则能够有效地防止寻租行为的产生。

（6）保证国家利益。得到配额的企业会得到配额带来的利益，管辖配额的政府部门或官员也会得到寻租带来的好处，其结果是利益流失了，而关税的收入则可以直接进入国库，防止利益流失。

二、小国进口关税的局部均衡与一般均衡分析

我们首先讨论在自由贸易条件下，一个国家在进口不受限制时的福利变化情况（见图 6-1）。

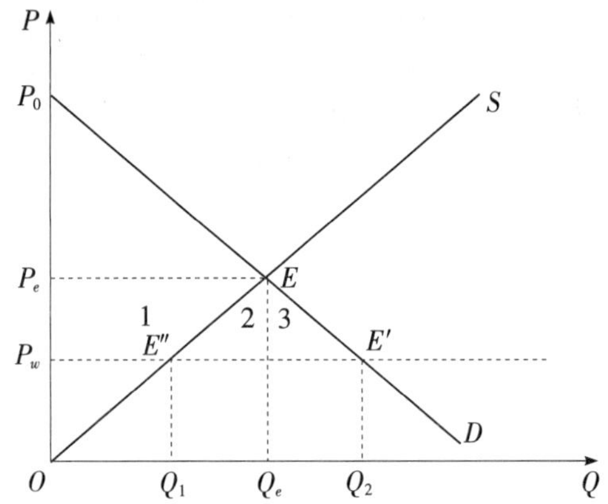

图 6-1　自由贸易条件下的福利变化分析

在图 6-1 中，当国际价格 P_w 低于国内均衡价格 P_e 时，该国可以从国际市场进口产品，其数量为 Q_1Q_2。在未产生贸易时，该国的消费者剩余为 P_0P_eE，生产者剩余为 OP_eE，而在自由贸易条件下消费者剩余则为 P_0P_wE'，生产者剩余为 OP_wE''。与未发生贸易时相比，该国消费者的福利增长了 P_wP_eEE'，其中 $P_eP_wE''E$ 是从生产者剩余转移过来的（面积 1），而三角形 $EE'E''$则是自由贸易的净福利，它是因消费者从过去的国内高价消费转向进口低价消费（面积 2），以及在进口低价条件下新消费者进入消费而产生的新福利（面积 3）。面积 2+3 是自由贸易鼓吹者认为的进口主要利益之所在。

（一）小国进口关税局部均衡的图形分析

国际贸易中的小国是指该国在市场中由于产品占有的份额小，只能是产品既定价格的被动接受者，而非产品价格的决定者。同时，这里所进行的关税分析主要是指对从价税的分析，而局部均衡分析主要针对的是个别产品价格的变动与供求均衡的过程。

在以下分析中，该小国某种产品的国内均衡价格高于国际价格，如果按照国际价格参与贸易，该国的产品供给价格超过国际价格的供给将为舶来品所占据。为了保护本国市场，假设该小国决定对这种产品的进口征收一定数额的进口关税（但一般并不征收所谓禁止性关税，即关税征收到该种产品无法进口的程度），以使国内市场能够有一定的份额留给本国企业，使本国企业的生产得以发展。在此分析的重点是征收关税对该国进出口和福利水平的影响（见图 6-2）。

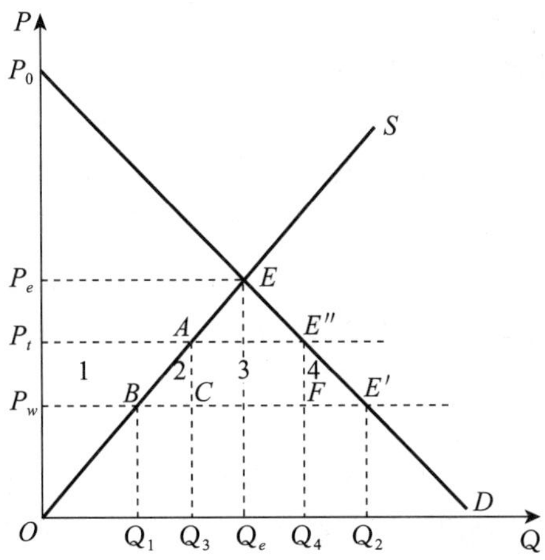

图 6-2　小国进口关税的局部均衡分析

在供给水平与需求偏好不变的情况下，图 6-2 中的 P_e与Q_e是封闭条件下的均衡价格与生产、消费量。P_w、P_t分别是自由贸易条件下和征收关税后的价格。$P_w < P_e$，国际价格低于国内价格，出现了 Q_1Q_2 的供给缺口，这一数量在自由贸易条件下则为进口，以满足国内需求。该国为了保护本国市场以维持国内生产，决定征收进口关税，表现为图中的价格从 P_w上升到P_t。此时进口因为价格上升而下降，本国生产则因为征收关税得到保护而上升，图中 Q_3Q_4 为征收进口关税后的进口量。

（二）小国进口关税的若干经济效应与福利分析

征收进口关税后，该国对外贸易量发生变化，进口下降，国内生产上升，关税的各种经济效应为：

(1) 保护效应。其数量为图 6-2 中的 Q_1Q_3，是在关税保护下国内生产的增长，也叫进口替代效应或生产效应，即以国内生产替代的那部分进口产品。因为征收进口关税后，国内价格上升，原来在国际价格下因成本太高而退出生产的厂商，这时在较高价格的刺激下又会重新进入生产过程，使国内供给增加。生产效应的大小取决于生产产品的供给弹性的大小。供给弹性大则效应大，反之则小。读者可以自行在图形中将供给曲线画得更为平缓或陡峭后再考察 Q_1Q_3 的变化情况。

(2) 消费效应。在图 6-2 中其数量为 Q_2Q_4，是消费的减少。它是价格上升导致需求下降，消费水平收缩，从而这部分消费消失的结果。这一效应的大小一般取决于需求弹性的情况，需求弹性大则效应大，反之则小。读者可以在图中试着将需求曲线画得更为平缓或陡峭后再考察 Q_2Q_4 的变化情况。

(3) 贸易效应。它是保护效应与消费效应之和，即替代进口的部分加上消费的减少导致进口下降而使贸易量发生的变化，也即 Q_1Q_3 与 Q_2Q_4 之和。

(4) 税收效应。在图 6-2 中这部分税收为 $P_wP_t \times Q_3Q_4$，它是政府对进口征收关税而获得的财政收入。

(5) 国际收支效应。它是进口下降所引起的对外支付降低，即外汇的节约，其数量等于 $(Q_1Q_3 + Q_2Q_4) \times OP_w$。

对进口产品征收关税后福利的变化为：与自由贸易时相比，生产者剩余增加 P_wP_tAB，总量为 OP_tA。消费者剩余下降 $P_wP_tE''E'$，总量为 P_0P_tE''。损失的消费者剩余中，P_wP_tAB 为生产者所获得，$Q_3Q_4\times P_wP_t$ 为政府税收，尚有 ABC 和 $FE'E''$ 为净损失，即区域 1 由消费者转移给了生产者，区域 3 为关税收入，归政府所有，而两个小三角形（2＋4）则是征收进口关税后的净损失，是保护国内生产与市场、限制进口的生产和消费代价。其经济含义为，三角形 2 是原有消费 Q_1Q_3 从进口低价产品转为本国生产的高价产品所造成的福利损失，三角形 4 是征收进口关税后原有消费 Q_2Q_4 消失所造成的福利损失，这在经济学中被称为无谓损失（deadweight loss）。

（三）小国进口关税一般均衡的图形分析

一般均衡分析考虑的是多种产品和多个市场的均衡过程。小国关税的一般均衡分析考虑的是关税的福利效应。我们画出自己熟悉的坐标与生产可能性曲线，并按照比较利益学说画出图形。假设该国对 X 产品征税，这样原来的优势在生产 Y 产品上，现因 X 产品价格上升，生产 X 产品有利可图，因此资源转而用于生产 X 产品，生产点从 A 点移至 A' 点。国家按国际价格交换（作为小国，其无法影响国际价格），消费者按税后的国内价格交换。该国福利的变化由社会无差异曲线表示，福利水平与征收关税之前相比有所下降。其图形解释如图 6－3 所示。

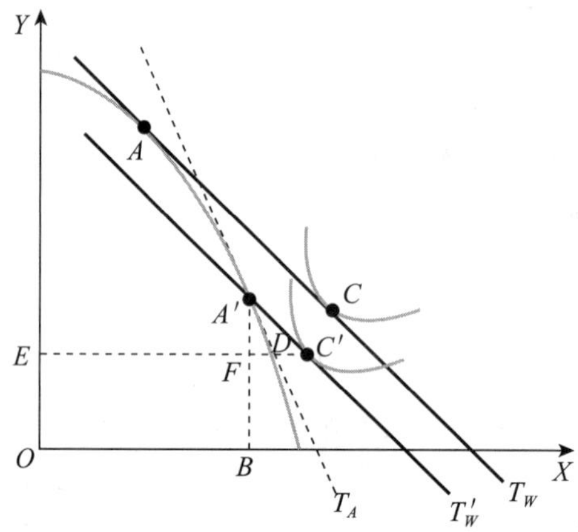

图 6－3　小国进口关税的一般均衡分析

在图 6－3 中，$A'F$ 的 Y 产品按国际价格（与原国际价格线平行的现国际价格线）交换FC'的 X 产品，由于征收关税，$A'F$ 的 Y 产品只能交换 FD 的 X 产品，此时交换按照国内价格即过 A' 点的更为陡峭的价格线进行，DC'为关税。

此时该国的均衡条件为，生产 OB 的 X 产品、$A'B$ 的 Y 产品，消费 ED 的 X 产品、BF 的 Y 产品，分别按照国际价格与国内价格交换，该国作为整体与该国消费者用 Y 产品交换的 X 产品数量不同（见图 6－3）。这种情况由关税造成的扭曲所致，但之所以国家福利遭受了损失（见社会无差异曲线的位置），主要是因为国内、国际价格差异。

小国课征进口关税在我们的分析中能够得到的政策含义是，任何阻碍自由贸易的做法，尽管会使课征进口关税国家的国内生产增加、财政收入增加，但从总体来看，总会导致该国福利水平下降，产生经济福利的净损失。

第二节　进口配额与关税

非关税壁垒实际上包含了除关税手段之外的一切限制贸易自由开展的做法。在国际贸易实践中，非关税壁垒限制贸易的办法又可以分成直接措施与间接措施两大类。直接措施是指，商品进口国自己或强制出口方对商品的进出口实行直接的数量或金额限制；间接措施则是指，进口国对进口订立非常严格的各种产品标准，使得出口国无法顺利完成交易。由于非关税壁垒的做法对国际贸易的限制作用一般大于进口关税，所以进口国尤其是发展中国家的生产厂商大都愿意国家采用这种做法保护国内市场，而世界贸易组织则尤其反对采用这种做法。

一、进口配额

进口配额是指一国政府在一定时期内对某些商品的进口数量或金额加以直接限制的措施，它对进口的阻碍作用是十分明显的。在实践中，超过配额不得进口（绝对配额）与对超额进口部分实行惩罚性关税（关税配额），以及针对国别与全球发放进口配额的做法也广为存在。

（一）进口配额局部均衡的图形分析

图 6-4 中的进口国家为经济意义上的小国。在图形中我们侧重对进口配额与等效进口关税进行比较分析。

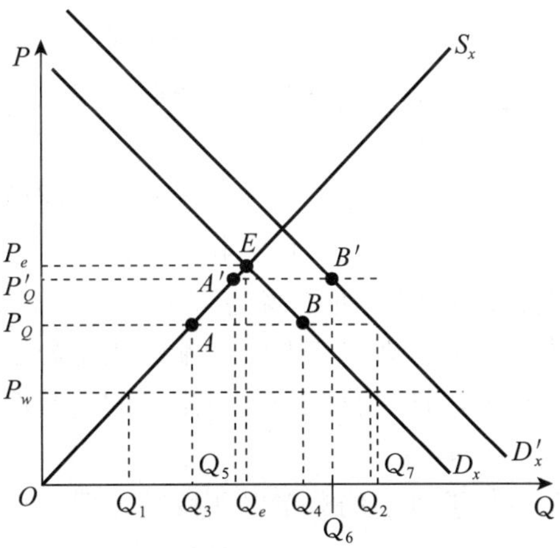

图 6-4　进口配额局部均衡分析

在图 6-4 中，S_x 和 D_x 曲线分别是该国的国内供给曲线和需求曲线，由于 $P_w<P_e$，国际价格低于国内价格，该国存在进口。Q_1Q_2 是价格为 P_w 时自由贸易条件下的进口。为限制进口，该国设置了 Q_3Q_4 的进口配额，而 P_Q 是设置 Q_3Q_4 的进口数量限制而形成的消费

者的新价格。在某种意义上，这种做法等同于设置 P_Q 的进口关税，国内需求为 OQ_4。需求偏好发生变化后，形成了新的需求曲线 D'_x，国内供给曲线不变，在此基础上我们可以分析出进口配额与等效进口关税之间的差异。

（二）进口配额的经济效应

当国内需求偏好发生变化，消费者希望更多地消费该种商品，但原定的进口配额并未发生变化，只是从 AB 上升到 $A'B'$ 的位置时，该国该种商品的价格上升，对于市场的保护作用加强，国内生产增加为 P'_QA'，消费也提高为 P'_QB'。但由于进口配额的限制，进口数量并未发生变化。

二、进口配额与等效进口关税的比较分析

对进口配额与等效进口关税进行比较，我们会发现进口配额对于进口限制的特殊作用，从而可以进一步理解为什么世界贸易组织对非关税壁垒限制国际贸易的机制如此深恶痛绝。

（一）进口配额与等效进口关税的进口数量分析

在国内需求发生变化，消费量增加时，若该进口国采取等效进口关税而非配额的措施，则进口关税税率不变。在这样的情况下，需求曲线升为 D'_x，但价格仍为 P_Q，国内生产并未因需求上升而改变，但国内消费增为 OQ_7，增长了 Q_4Q_7，等效进口关税并未同步增加起保护作用（如图 6－4 所示）。

（二）进口配额与等效进口关税的政策含义比较

（1）在实行进口配额的条件下，国内需求上升，导致国内该种商品的价格升高，国内生产增加。但实行与进口配额等效的进口关税时，上述情况出现的结果则是，该种商品的国内价格不变，国内生产不变，但消费与进口量发生了变化。所以，实行进口配额的结果是价格的调整，而实行等效进口关税的结果是进口量的调整。进口配额排除了市场机制，是对市场力量的取代。而等效进口关税则是对市场机制的贯彻，因为国际市场与国内市场价格之差一般不会超过进口关税税率。

（2）在实行进口关税时，政府会得到相当于关税数量的财政收入。在实行进口配额的条件下，如果进口许可证采用拍卖的方法，拍卖收入归政府财政，这与等效进口关税是一样的。如果对配额进行无偿分配，则这等于将这部分收入转让给了得到进口配额的进口商。当经营进口的利润发生变化时，如果垄断性的配额额度分配不变，则这实际上是对等效进口关税归政府的部分进行垄断性再分配。进口配额的垄断性分配易于导致进口商的寻租行为。

（3）实行进口配额限制，能够进口的数量是明确的，但实行进口关税的效果则因供求曲线的状况不同而结果不同，即实行进口关税的结果因为供求曲线的弹性不明而无法掌握。

（三）对进口配额的评价

实行进口关税事实上无法从根本上限制竞争，国内生产厂商无法形成完全的垄断，价格无法抬得过高。实行进口配额，因允许的进口数量明确而对国际贸易自由程度限制明确，限制性更强，国内厂商更希望采用这种做法。当国内生产受到来自外部的商品竞争、

国内厂商的垄断地位受到挑战时，国内厂商甚至迫使政府采取这种做法，因此进口配额对自由贸易的限制性更大，世界贸易组织更反对这种做法。但一般而言，目前发展中国家大都愿意实行这种明确、简单的做法。

第三节　幼稚产业的保护

一、贸易保护主义的理论基础

德国经济学家弗里德里希·李斯特于1841年出版了《政治经济学的国民体系》一书。李斯特的贸易保护理论是建立在生产力理论的基础上的，他认为财富的生产力或生产财富的能力要比财富本身更为重要。李斯特指出，要理解经济现象，除了价值理论以外，还必须考虑一个独立的生产力理论。“财富的原因与财富本身完全不同。……生产财富的能力比财富本身更为重要。”① 李斯特研究财富产生的原因、研究财富的生产力，也就是研究未来的财富。从动态的角度研究财富、研究生产，是李斯特思想的精华之处。他提出，对国际贸易利得和关税政策效果的分析不能仅仅集中在静态贸易利益的分析上，还应从动态的角度分析贸易对经济发展的影响。

李斯特率先提出了“两个家长、两种投资”的模型来反对李嘉图的“两个国家、两种产品”的模型。李斯特的模型从两个收入完全一样、子女数目相同的家庭的假设出发，其中一位家长将收入存入银行收取利息，即符合李嘉图追求金钱的思想，另一位家长则将收入用于子女上学接受教育，作为投资增加生产财富的能力。在两位家长去世后，第一位家长的子女在用尽上辈的积蓄后便会陷入困境，而第二位家长的子女因接受过高等教育而掌握了谋生的新手段，不仅生活富裕，精神上也丰富而充实。因此李斯特认为，一个国家最大部分的国民收入应该用于教育，以提高生产能力。

李斯特关于保护关税制度的核心思想包括：

(1) 关税保护的对象：工业中的重要部门、经过发展能与外国产品竞争的部门、技术部门应重点保护。对于不太重要的经济部门，如奢侈品部门，只应采取低层次的保护；对于虽然是新生工业但国外并无强有力竞争的部门，则不需要保护。

(2) 关税保护措施：可以根据国家的特有环境和工业情况来决定采取对工业品禁止输入或规定适当税率的办法。

(3) 课征关税应当有一定的限度：“不要使进口和消费因此而受到限制，否则，不但国内的生产能力将受到削弱，而且增加税收的目的也将受挫。”② “假如任何技术型的工业不能通过最初的40%～60%的保护税率得以建立，不能在20%～30%之间的税率的不断保护下持久存在，那就说明该工业制造能力相当弱。”③

(4) 关税保护措施的实施应是有步骤地进行的：“关税只应随着国内或从国外吸引来

---

① 弗里德里希·李斯特.政治经济学的国民体系.北京：商务印书馆，2009：99.

② 同①224.

③ 同①227.

的资本、技术才能和企业家精神的增长比例而提高，只有当一个国家具备了条件可以自己利用先前用于出口的剩余原材料和天然产品时，关税才能按比例提高。”①

李斯特的观点是用民族主义代替古典学派的世界主义。他看到了不同国家在国际贸易中的利益冲突，并分析了关税政策对国内产业的影响。李斯特不是仅仅着眼于国际分工的静态利益，而是注意到了贸易对一国产业结构动态调整的影响。他的理论成为后来各种贸易保护主义的重要理论基础。

二、关于幼稚产业保护的选择标准、均衡分析及政策分析

在当今的国际经济学理论中，人们认为贸易保护的必要性在于：只有保护才能使所谓的幼稚产业得到应有的发展。人们对于什么样的产业可以被称为幼稚产业有着不同的看法，但是对于必须给予幼稚产业以保护却没有任何异议。道理非常简单：幼稚产业只有在一定程度的保护下才能得到相应的发展，否则将毁灭于外国强大进口的竞争之下。我们应该探讨的问题是：什么样的产业可以算作幼稚产业，即幼稚产业的标准是什么？一国应该如何保护幼稚产业？

（一）幼稚产业保护的选择标准（M－B－K 标准）

国际经济学中所谈及的幼稚产业，是指某个产业由于技术经验不足、劳动生产率低下、产品成本高于世界市场价格，因而无法与国外产业竞争，但在关税、补贴等保护措施下继续生产，经过一段时间后能够在自由贸易条件下获利，达到其他国家的水平，进入良性发展阶段。

一般认为，具有比较利益的产业处于幼稚状态，经过保护有所发展后，便会具有现实的比较利益，从而在自由市场的条件下得以发展。但是，成本递增型产业是不能算作幼稚产业的。在国际经济学中，幼稚产业的选择标准有穆勒标准、巴斯塔布尔标准和肯普标准等。

（1）穆勒标准。英国经济学家约翰·穆勒认为，某种产业由于技术不足、生产率低下、成本高于国际市场，无法与国外产业竞争，但在保护下，能够在自由贸易条件下获利，使得潜在的比较利益转化为现实的比较利益，可以自我投资发展，即为幼稚产业。但是在保护时应注意，一是保护的时间应限制在产业进行新技术学习的过程中，二是保护必须具有很强的针对性，即只对该产业予以保护。

（2）巴斯塔布尔标准。英国经济学家巴斯塔布尔（C. Bastable）在确定幼稚产业时，除了坚持穆勒的产业自立原则外，还将经济学中的成本-效益分析方法引进来予以应用。他认为，保护、扶植幼稚产业所需的社会成本不能超过该产业将来利润的现值，符合该条件的产业即为幼稚产业。这样实际上是将幼稚产业的确定，从使用静态的方法发展成使用动态的方法。但是，这一标准对于提到的利润是指产业的利润还是整个社会的利润，并未予以表明。

（3）肯普标准。除了穆勒标准、巴斯塔布尔标准外，美国经济学家肯普（M. Kemp）认为在确定幼稚产业时，还应该考虑产业在被保护时期内的外部效应问题。如果该产业具

---

① 弗里德里希·李斯特. 政治经济学的国民体系. 北京：商务印书馆，2009：227.

有外部性，该技术可为其他产业所获得，使其他产业利润提高，因而使得本产业利润无法增加，预期利润无法补偿投资成本，则国家应该予以保护。但是，如果该产业在学习技术、经验时，具有很强的内部性，即只能为该产业所利用、垄断，而学习后垄断利润的现值可以补偿保护的代价，则不应予以保护。

以上三个标准应该说大抵只是从私人产业的角度来考察幼稚产业问题，只是强调私人产业的利润能否弥补成本，即便考虑了现值，从静态转化为动态，也仍然没有从社会福利的角度对幼稚产业问题予以考察。因为在成本-效益分析中，既存在企业、产业的成本-效益问题，也存在整个经济的成本-效益问题，更存在全社会的成本-效益问题。尽管三者有时是一致的，但有时并不完全一致。例如，某幼稚产业从自身成本-效益的角度讲无法立足，似乎不应该予以保护，但从经济发展和社会进步的角度讲，可能该产业对于经济整体的发展具有极大的意义，应该予以保护。

（二）幼稚产业发展的局部均衡分析

图 6－5 运用局部均衡的分析方法，探讨幼稚产业在保护条件下的发展过程。图 6－5 中供给曲线与需求曲线的位置不同于过去的图形。供给曲线位置很高，表明国内供给方是幼稚产业，生产成本高昂。在自由贸易条件下，国际价格很低，国内价格过高，造成国内生产完全无法对市场形成供给，任何需求都无法从国内生产中得到满足，国内的需求完全由国际市场来满足。经过一段时期的有效保护，国内生产力得到提高，供给曲线向右移动。当供给曲线右移到一定程度时，国内的生产可以进入市场，国内需求由国内生产和进口共同满足。当供给曲线继续移动，到一定阶段时，进口便会停止，全部的国内需求均由国内生产满足。当然，如果供给曲线进一步向右移动，生产力继续提高，再经过一段时间后，该国的这一产业就有可能进入出口产业的行列了。

在图 6－5 中，该国最初的均衡价格太高，国际价格很低，由于价格差距，国内供给无法进入市场。该国决定实施保护政策，经过一个阶段的保护，供给曲线从 S 移动至 S'，这时进口停止，进而供给曲线右移至 S''，该国由于成本很低，产品便可加入国际竞争行列。

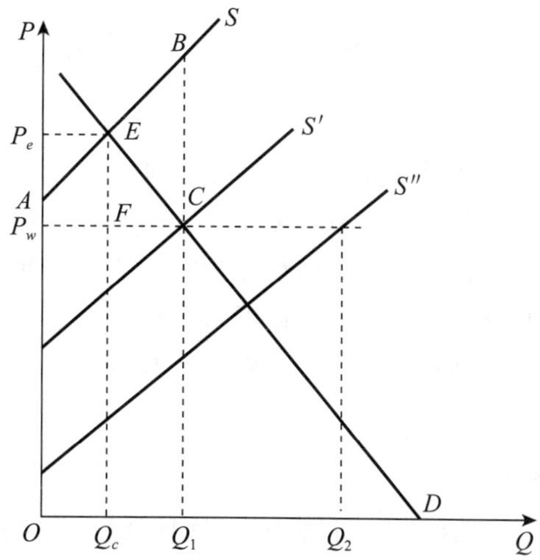

图 6－5　幼稚产业发展的局部均衡分析

在国际经济学中，对幼稚产业的保护大多主张采用国家采购的办法，即国家用高价买入产品，给该产业以补贴。在图 6-5 中，若要保证国内有在国际价格下的消费量，国家就必须补贴相当于梯形 P_wABC 的采购。若国家只愿意保证在均衡价格下的国内消费量，则该国应该给予相当于梯形 P_wAEF 的补贴，才能保证本国的厂商在国际价格水平上与国际上的其他低成本厂商进行竞争。

（三）幼稚产业发展的一般均衡分析

对幼稚产业予以保护是为了使该产业得到发展。作为一个经济总体，国家实行保护政策是希望现有产业得到发展，更希望本国的产业结构得到改善。相对落后的国家也总是希望通过产业结构的转换实现经济发展的目标。在发展经济学中，经济相对落后与经济发达的一个重要区别就在于经济结构的落后，呈现二元经济特征。因此，产业结构的转换被认为是等同于经济发展的重要任务。这种情况可以从图 6-6 中看到。

在图 6-6 中，在实行贸易保护之前，该国的比较利益在于生产（生产点为 A，消费点为 C)、出口 X 产品，之后随着生产力向 Y 产品方向发展，其比较利益在于生产（生产点为 B，消费点为 C)、出口 Y 产品，比较利益随着产业结构的变化实现了转换，说明保护的目的达到了。

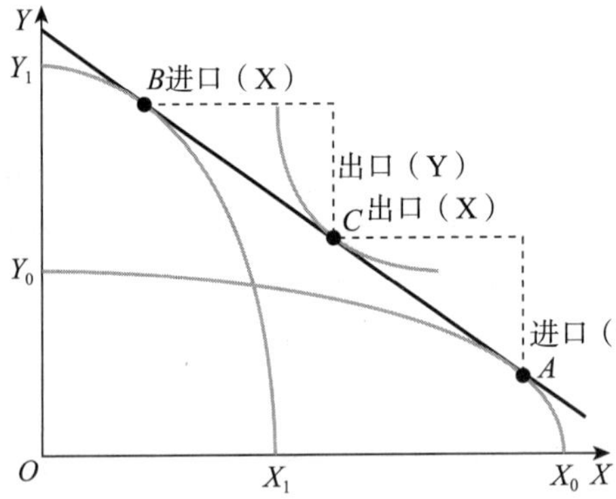

图 6-6　幼稚产业发展的一般均衡分析

（四）保护幼稚产业的政策含义与评价

上述分析已清楚地表明，对于经济相对落后的国家而言，给予幼稚产业以保护是必要的。在同样的游戏规则下，各国生产力条件不同，过分的自由贸易可能会损害相对落后国家的利益，这已经得到了事实的证明。但实行保护的目的在于使受保护者进步，最终不需要保护，因此保护并不是单纯的保护落后。在现实中有相当多的国家采用的是补贴式的国家采购政策，通过这种方法来保证本国相对落后的产业得到应有的保护。

三、关税的有效保护率

通过关税对国内产业予以保护，保证国内生产稳健成长，是一个国家实施关税保护政策的根本目的。但是，一国在实行进口关税时，所课征的进口名义关税不仅对最终产品具有保护作用，而且对生产最终产品的原料和中间产品也有相应的影响。例如，国家对制衣业予以保护，则对本国与制衣业有关的行业如棉纺、整染甚至化纤业均会起到保护作用。如果一国在征收制成品进口关税的同时，对进口原材料和中间产品也征收进口关税，则对最终产品征收的关税税率的实际保护作用就会下降。因此，探讨对最终产品征收的名义关税税率对于国内市场的有效保护程度就具有非常重要的意义。

（一）关税保护与关税的有效保护

进口关税税率存在着名义保护率与有效（实际）保护率两种。名义保护率为其名义税率，即对最终制成品进口征收的关税税率。其经济含义为，因征收进口关税，本国生产增加所替代的进口数量。关税税率的有效保护则是指对受保护产业单位产品附加价值增加率的保护。这里的附加价值的含义是指最终产品的价格减去进口原材料和中间产品的价格即进口投入后的价值。只有进口关税的有效保护率才能真正反映本国产品在关税保护下的实际竞争能力。

（二）关税有效保护率公式

进口关税有效保护率的计算公式如下：

$$ERP=\frac{V'-V}{V}$$

式中，ERP 为有效保护率；V'为附加价值，即最终产品的价格减去进口原料（或中间产品）的价格，也是带有税收的附加价值；V 为新加入的价值，即在不征收关税时单位产品的附加价值，在很大程度上它是活劳动的贡献。我们在通过以下例子计算出名义关税税率的同时，研究对进口原料（中间产品）征收进口关税对于有效保护的影响。

例 1 假设某产品的国内生产价格为 100 万元，其中进口原料的价格为 50 万元，在生产中新增加的价值为 50 万元。如果对最终产品征收 20%的名义从价税，对进口原料不征税，则名义关税的有效保护率是多少?

解：先求出 V'：由于对进口最终产品征收关税，则该产品国内的价格为 100(1＋20%)，即 120 万元，$V'=120-50=70$，即为 70 万元。V 在本例中为 50 万元。因此有

$$ERP=\frac{(120-50)-50}{50}=40\%$$

故有效保护率为 40%。

例 2 其他条件与上例一样，只是在征收最终产品进口关税的同时，对进口原料也征收进口关税，税率为 10%，试计算该情况下进口名义关税的有效保护率。

解：先求出 V'：由于对最终产品征收的进口关税税率没有变化，国内该产品的价格仍然为 120 万元，但进口原料的价格因征收进口关税而发生了变化，为 50(1＋10%)，即 55 万元，V'发生变化，$V'=120-50(1+10\%)=65$，即为 65 万元。V 在本例中未发生变化，仍然为 50 万元。因此有

$$ERP=\frac{(120-55)-50}{50}=30\%$$

故有效保护率为 30%。

（三）关税有效保护的政策含义与评价

名义关税的有效保护问题对于不同国家尤其是发展中国家在选择对外贸易政策时具有特殊的意义。关税结构选择得不恰当，就会使发展中国家对外经济的发展陷入两难境地。

（1）在对最终产品征收进口关税的名义税率不变时，对进口原料和中间产品征收的关税税率越低，该名义关税税率的保护作用（有效保护）就越大。在国际贸易的现实中，发达国家一般对最终产品征收关税，但对进口原料大多免税，即根据进口产品加工程度的差异而征收不同的关税。

（2）如果一国用进口原料进行加工后出口，对原料征税，则其结果将是降低产品的竞争力，这样在贸易政策上的取向应该是对这部分原料进口予以照顾。因此，大多数国家采取了出口退税的做法，一方面增强了出口的竞争力，另一方面可以避免偷逃进口关税。

（3）有效保护给发展中国家带来的两难问题是：本国若对原料进口不征收进口关税，但对最终产品征收进口关税，便会形成对国内市场的高度保护，国内会出现大量进口装配线，国内企业也会大量进口原料（中间产品），以组装的产品去占领市场，而不去发展中间产品或资本品的生产，从而丧失保护的意义；但是如果对原料和中间产品也征收进口关税，则本国的产品便会失去竞争力，根本无法与进口产品相竞争，相关产业更无法转换成出口型产业。这种现象说明，发展中国家在选择本国的关税结构时，空间要比发达国家小。

第四节　倾销与反倾销

一、倾销的界定

（一）倾销的经济学定义

经济学意义上的倾销最初是由经济学家雅各布·瓦伊纳于20世纪初提出的。他认为，倾销是一商品在不同市场之间的价格歧视。他将倾销划分为三种类型：偶发性倾销（sporadic dumping)、短期或间歇性倾销（short-run or intermittent dumping）[又称掠夺性倾销（predatory dumping)] 及长期或连续性倾销（long-run or continuous dumping)。

国际经济学家根据价格歧视这一概念对倾销进行经济学意义上的分析，认为追求利润最大化的厂商由于所面临的国内外市场的需求状况不一样（国内市场需求曲线通常比国外市场需求曲线缺乏弹性），按照边际收益等于边际成本的原理，就在国内实行高价，而在国外实行比国内低的价格。因此倾销的定义也可以这样表述：倾销是海外的货物（商品）以低于同样货物（商品）在同一时期国内市场类似条件下的销售价格出售。

（二）倾销的法律定义

倾销的法律定义通常以《1994年关税及贸易总协定》第六条规定为依据。根据这个定义，法律上所指的倾销有以下三个构成条件。

（1）产品以低于正常价值或公平价值的价格销售。正常价值或公平价值是指出口国或原产地国的国内市场销售价格，在特定情况下也可以是该国向第三国出口的市场销售价格或结构价格等。

（2）低价销售的行为对进口国产业造成了损害。这里的损害包括实质性损害、实质性威胁和实质性阻碍，是指对进口国相同产品的整个产业造成的损害，而不是指对进口国的某个或几个生产厂商的不利影响。

（3）损害与低价之间存在因果关系。

只有低价销售行为同时具备了上述三个条件，一国才能够依据反倾销法采取反倾销措施，征收反倾销税。因此，我们必须明确法律意义上的倾销是指给进口国产业造成了实质性损害的低价销售行为，而不是一般的低价销售或经济学上的倾销。如果一国进入另一国市场的产品符合上述三个条件，进口国便可以采取反倾销措施，对倾销产品征收不超过该产品倾销幅度的反倾销税。

二、倾销的危害性

（一）倾销对出口国的影响

（1）挤占出口国其他企业的海外市场份额。无论从事倾销的生产厂商出于何种目的对外低价倾销，客观上都可以在短期内扩大其在海外市场的份额。这样，倾销厂商就可能抢夺原本属于未进行倾销的本国（出口国）企业的海外市场份额。进口国生产厂商也可以通过对倾销产品进行简单加工后低价出口到第三国，使在第三国市场上进行正当竞争的出口国厂商受到打击，缩小或失去市场。所以，倾销对于出口国的其他非倾销厂商而言，是一种不公平竞争的行为。

（2）损害出口国消费者的利益。倾销厂商可以利用倾销手段，处理其库存或剩余产品，从而维持其在国内市场上的垄断价格，以弥补其在海外市场的损失。在此情况下，出口国的消费者被迫支付了比正常价格还要高的费用，而使原本可以用于享受其他消费品的购买力受到不同程度的削弱。实际上，倾销厂商在海外市场的扩张是以侵害出口国消费者的利益为代价的。

（3）扰乱出口国的市场秩序。由于倾销往往并不是出口产品生产效率高的反映，因而其低价销售行为会创造一种虚假的竞争优势，引发国内其他生产厂商的过度竞争。这种过度竞争会使生产厂商过分关注产品价格而忽略非价格因素对质量与销售的影响，造成出口国生产物质与人力资源的浪费，降低资源按照比较优势进行配置时的使用效率。倾销所引起的低价竞争更会助长假冒伪劣产品的泛滥，阻碍生产厂商的进步，从而扰乱出口国国内市场的价格形成机制和公平竞争秩序。

（二）倾销对进口国的影响

（1）阻碍进口国相应产业的发展。出口国倾销厂商对海外市场的扩张是通过挤占进口国相同产品生产厂商的市场份额实现的。进口国相应产业由于面临外国产品的低价倾销，而被迫与其进行价格竞争，其结果是进口国生产厂商利润下降乃至经营亏损。面对日益扩大的市场容量，进口国生产厂商却不能因此扩大生产规模，相反还要降低其产品的生产总量直至被迫退出市场竞争。

（2）扭曲进口国的市场秩序。对进口国消费倾销产品的产业来说，由于其是以倾销的进口产品作为原材料或零部件生产另一制成品的，会因为接受错误的低价信号而扩大生产。一旦出口国停止倾销，该进口国产业将无法保持扩大了的生产规模，从而造成在资源配置与使用上的浪费。特别是倾销产品将会吸引消费者对产品价格的过分注意，从而引起进口国市场上过度的价格竞争，扰乱进口国市场的正常竞争秩序。

(3) 威胁和抑制进口国产业结构的调整和新兴产业的建立。当前世界各国都在进行产业结构的调整和升级，以适应世界经济一体化和贸易、投资与服务自由化的发展趋势。特别是发达国家在此方面已率先完成或正在为此进行过渡。发达国家这些新兴产业对广大发展中国家的倾销，将直接威胁发展中国家相应新兴产业的发展，阻碍甚至摧毁这些国家对建立新兴产业和进行产业结构调整而进行的努力。

三、倾销的经济效应分析

(一) 长期性倾销的实施条件

我们已经了解到倾销一般分为偶发性倾销、掠夺性倾销和长期性倾销三种。偶发性倾销与掠夺性倾销的原因比较容易理解。前者是为了清理剩余货物，故可不计成本；后者是想在挤走国外竞争对手后再提高价格，获取垄断利润，以补回倾销时的损失。而长期性倾销的原因就比较复杂，很多长期性倾销获得了政府的直接或间接补贴，因此，生产者可以按低于国内价格甚至低于成本的价格出口商品，而所受损失可以从政府补贴中获得补偿。然而，在国际贸易的发展趋势中存在着不需要任何补贴的长期性倾销。要使这种没有政府补贴的长期性倾销成为可能，必须满足以下条件。

(1) 出口商品的企业具有一定的垄断能力，即企业面临的是一个不完全竞争的市场，企业的出口变化会对市场价格造成影响。

(2) 出口商品的企业在国内面临的需求弹性比在国外面临的需求弹性小，即出口企业在国内面临的需求曲线比在国外面临的需求曲线陡峭。这一条件往往是存在的，因为企业在国内市场面对的竞争对手一般比在国外市场少。

(3) 出口国对国外商品设置足够高的贸易壁垒。这一条件是明显的，否则，国外售价低于国内价格的出口商品又会回流到出口国。只有贸易壁垒的高度相当于国内与国外市场的差价，这种差价才可能得以保持。

(二) 长期性倾销的图形分析

若满足了上述三个条件，长期性倾销不仅不会使出口国生产者遭受损失，反而会成为生产者追求最大利润的手段。图 6-7 说明了这种倾销产生的机制。假设已知某企业所面临的国内需求曲线与边际收益曲线如图 6-7 (a) 中的 D_d 与 MR_d 曲线所示，需求曲线 D_d 向下倾斜说明该企业具有一定的垄断地位，满足以上第一个条件。又知该企业所面临的国外需求曲线与边际收益曲线如图 6-7 (b) 中的 D_f 与 MR_f 曲线所示，D_d 比 D_f 倾斜度大，表示国内需求弹性比国外需求弹性小，满足以上第二个条件。根据已知的国内与国外的需求情况，我们可求出该企业所面临的总的边际收益曲线，如图 6-7 (c) 中的 MR 曲线所示。再假设已知该企业的边际成本曲线如图 6-7 (c) 中的 MC 曲线所示。由于使垄断企业获得最大利润的生产均衡点由边际成本曲线与边际收益曲线的交点决定，故图 6-7 (c) 中 MR 与 MC 的交点 E 是使该企业获得最大利润的生产均衡点。在这一均衡点，该企业的产量为 Q^*，表示该企业在两个市场上的总销售量为 Q^* 时就能获得最大利润。而当企业产量为 Q^* 时，边际成本为 MC^*，用这条边际成本曲线分别与两个市场上的边际收益曲线相交，就可分别求出两个市场的生产均衡点。

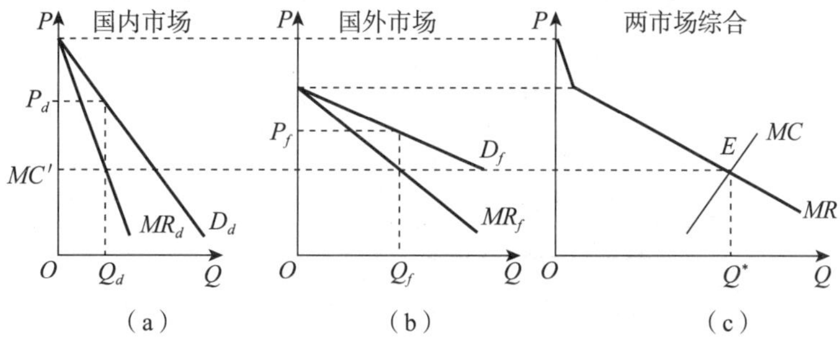

图 6-7 倾销使企业利润最大化

从图 6-7 所示的两个市场上的生产均衡点可知，使企业利润最大化的国内销售量为 Q_d，国外销售量为 Q_f，显然：$Q^*=Q_d+Q_f$。并且，国内与国外的市场价格分别为 P_d 与 P_f，显然，$P_d>P_f$。这种国外价格低于国内价格的情况，就是一种倾销行为，P_d-P_f 就是倾销幅度。

四、反倾销措施及经济效应分析

在一项反倾销调查中，如果进口商品被证明存在倾销价格、损害，及倾销价格与损害之间的因果关系，则这将导致一国对倾销商品采取反倾销措施。通常的反倾销措施包括征收反倾销税与出口商承诺。

（一）征收反倾销税

倾销使进口国的市场价格低于正常价格，进口国的消费者自然可以获利。但是，进口国的生产者必然会遭受某种程度的损失，而总的效果则要视倾销的不同类型而定。掠夺性倾销显然是对进口国生产者的极大威胁，而且，在出口国企业把进口国的生产者挤出市场后，进口国消费者就会处于“任人宰割”的地位。因此，对这种倾销行为，进口国政府是应该采取措施加以制止的，征收反倾销税是非常有必要的。

如果是偶发性倾销，则进口国生产者一般不会受到实质性的损害，消费者却可以享受到物美价廉的进口商品，政府应允许这种倾销行为存在。

如果长期性倾销获得了政府的补贴，则其影响与通常所说的补贴所带来的影响是类似的；政府征收反倾销税的经济效应与反补贴的经济效应也是类似的。在此，我们就政府对垄断企业为追求利润最大化而实行的长期性倾销征收反倾销税的经济效应进行分析。

如图 6-8 所示，假设垄断企业在进口国征收反倾销税前所面临的需求曲线与边际收益曲线分别为 D 与 MR，则获得最大利润的生产均衡点应为边际成本 MC 与边际收益 MR 两曲线的交点。（设垄断企业在该国的市场份额在其总市场份额中仅占较小的比重，故 MC 为一条水平线。）此时垄断企业在该国的销售量为 Q^*，价格为 P^*。假设进口国政府对倾销商品征收额度为 SP' 的反倾销税，这意味着国内价格要比进口价格高出 SP'，垄断企业在该国所面临的需求就会相应减少，即需求曲线会向下移动一个 SP' 的垂直距离，即由 D 变为 D'，边际收益曲线也相应由 MR 变为 MR'。这样，垄断企业就要针对减少的需求减少销售量。在边际成本曲线 MC 与新的边际收益曲线 MR' 的交点处，产量为 Q'，即表示垄断企业必须将在该国的销售量由 Q^* 减至 Q'，才能获得最大利润，这时对应的价格为 P'。

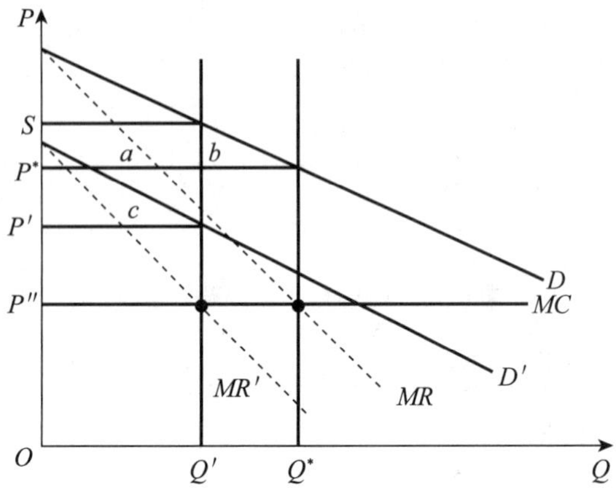

图 6-8　对垄断企业征收反倾销税

从图 6-8 可知，征收反倾销税后，进口国政府获得了 $OQ' \times SP'$ 的收入（矩形面积 a＋矩形面积 c），国内消费者则损失了矩形面积 a（转移为税收）和三角形面积 b 的利益。政府收益减去消费者损失为面积 $c-b$，若 $c>b$，则为净收益，若 $c<b$，则为净损失。事实上，只要政府根据需求弹性，适当调整反倾销税额 SP'，就可以像课征最优关税那样，使 $c-b$ 变得最大，即通过征收反倾销税使该国国民经济获得最大的净收益。

对垄断企业征收反倾销税，不论大国还是小国都有可能获得最大净收益。如果进一步考虑到进口国生产者由于国内价格上升而获得的收益，则征收反倾销税的净收益会更大。同时，征收反倾销税是一种抵制不公平竞争的正义之举，采取这一措施的政府更可以理直气壮、名利双收。因此，许多国家的政府都在反倾销问题上大做文章。事实上，无论倾销是否存在，只要存在垄断行为，征收关税就可以使本国获得净收益，故世界上许多国家的政府常常打着反倾销的旗号，对那些非倾销的进口商品征收反倾销税，致使当今的许多反倾销政策与其说是反不公平竞争的措施，不如说是一种最为有效、颇具杀伤力的贸易保护武器。

（二）出口商承诺

倾销价格与损害的初步确定将导致进口国采取征收临时反倾销税的措施。但如果出口商承诺采取某种行动以消除倾销所造成的损害影响，则进口国反倾销调查当局有可能中止正在进行的反倾销调查。

小　结

1. 关税是进出口商品在经过一个国家的关境时，由海关代表国家向进出口商征收的一种税赋。海关关税通常可以划分为从价税、从量税、复合税和具有针对性的惩罚性关税等。关税具有透明性、非歧视性、稳定性、市场功能性、防止寻租和保证国家利益等特征。

2. 小国进口关税局部均衡分析模型利用了一个国家可进口商品的需求与供给曲线，并假定关税导致国内进口商品的价格上涨，其价格上涨幅度与关税额相等。关税分析模型讨论了关税的局部均衡效应、关税的若干经济效应以及对消费者剩余和生产者剩余的影响。

3. 配额是对进口或出口商品直接的数量限制。一项进口配额与等效进口关税具有不同的消费和生产效应。如果政府在一个竞争性市场上将进口许可证拍卖给最高的出价者，其收入效应与等效进口关税的收入效应是相同的。需求和供给曲线的平移在存在进口配额的时候会引起国内价格的调节，在存在关税的情况下会引起进口数量的调节。如果进口许可证不是被拍卖，它们就会导致垄断利润和可能的腐败。一项进口配额一般比等效进口关税更具限制性。

4. 贸易保护理论的历史和贸易自由理论的历史同样久远。李斯特继承了汉密尔顿的贸易保护思想，发展了著名的幼稚产业保护论，强调对幼稚产业的保护应该是有选择的和有时限的，保护的目的在于提升一个国家创造财富的能力。

5. 穆勒、巴斯塔布尔和肯普提出了对幼稚产业进行保护的选择标准，即 M－B－K 标准。这一标准规定，只有那些具有潜在的竞争力、在保护下能够健康成长、将来撤销了保护依然能够生存的企业，那些未来收益大于当前的保护成本的企业，以及能够为其他企业提供外部经济效应的企业，才应该得到保护。

6. 进口关税税率存在着名义保护率与有效（实际）保护率两种。名义保护率为名义税率，即对最终制成品进口课征的进口关税税率。其经济含义为，因课征进口关税，本国生产增加所替代的进口数量。关税税率的有效保护则是指对受保护行业单位产品附加价值增加率的保护。这里的附加价值的含义是最终产品的价格减去进口原材料和中间产品的价格即进口投入后的价值。只有进口关税的有效保护率才真正反映了本国产品在关税保护下的实际竞争能力。

7. 倾销与反倾销是贸易自由与贸易保护这一基本矛盾在当前国际经贸领域的重要表现，也是当前中国出口贸易所遭遇的最严峻的挑战。深入了解倾销与反倾销的经济学含义，探讨其形成的原因、造成的影响和应对的措施，具有重要意义。

复习与思考

核心概念

贸易保护	关税	禁止性关税	生产者剩余	消费者剩余
配额	幼稚产业	M－B－K 标准	有效保护率	倾销

思考题

1. 试用图形进行小国进口关税的局部均衡分析。
2. 试进行进口配额与关税的比较分析。

3. 试述李斯特的贸易保护理论。
4. 试述幼稚产业的选择标准（M－B－K标准）。
5. 试述关税有效保护的政策含义并予以评价。
6. 试述倾销对出口国和进口国的影响。
7. 试进行反倾销的经济效应分析。

第七章

国际收支分析

本章的学习目的在于使学生了解和掌握国际经济中不同经济体之间的各种经济交易、国际收支平衡表的构成、国际收支状况的经济含义、国际收支失衡的含义以及调节的方法。通过对国际收支平衡表各构成项目的熟练掌握，通过对国际收支状况的深刻理解，了解和认知一个经济体经济发展的基本状况。

重点掌握

国际收支平衡表的构成
国际收支状况的经济分析
弹性法

从历史与逻辑的角度看，国际金融问题源自国际贸易。在历史上，正是因为有了国际商品交换关系，才产生了国际债权、债务关系；而有了国际债权、债务关系，就需要进行结算，债权方要收回债权，债务方要了结债务，金融的国际关系便由此产生；记录这种关系的需要也会产生，于是在 17 世纪诞生了国际收支的雏形。在当今的国际经济交流中，各个经济体之间的各项经济交易，会形成各个经济体之间的国际货币收支、债权债务关系以及无债权债务的国际货币的单方面转移关系，这就是国际收支关系。

第一节　国际收支与国际收支平衡表

一、国际收支与国际收支平衡表概述

在早期的国际收支平衡表中，国际收支反映的是以货币为媒介的国际经济交易以及国际经济体之间的债权债务关系。自 20 世纪 80 年代起，国际经济交易的方式发生了巨大变

化，国际服务贸易的发展、金融市场的自由化、金融创新的不断涌现、外债结构的调整均出现了全新的情况，国际收支统计需要与之相适应。联合国于 1993 年公布了新的国民账户体系（SNA），新国际收支平衡表的设计将国际收支统计与国民经济统计体系统一了起来。按照国际货币基金组织 1993 年出版的《国际收支和国际投资头寸手册》（简称《国际收支手册》）（第五版）的表述，国际收支是一张统计表，它系统地记载了在特定时期内一个经济体与世界其他地方的各项经济交易。

（一）广义国际收支与狭义国际收支

国际收支的概念有狭义与广义之分。狭义国际收支是指一国在一定时期（一般为一年）内，同其他国家由于进行货物、服务、资本等往来而引起的资产转移。其特点是仅记录现在或将来有外汇收支的交易。广义国际收支是指在特定时期（通常为一年）内，系统记载的一个经济体与世界其他地方的各项经济交易。大部分交易是在居民与非居民之间进行的。经济交易包括：货物、服务以及收入交易；金融资产和负债交易；无偿转让，即一方向另一方无偿提供的实物或金融资产。

目前各个经济体使用的基本上都是广义的国际收支概念。广义国际收支强调全部的经济交易，即包含不用外汇支付的、无偿的交易或交流，而且这里的国际收支实际上指的是流量的概念，国际借贷则强调的是存量的概念。

国际收支强调居民的概念，即国际经济交易应该是不同国家的居民之间的交易，而居民除了在本国生活的公民外，还包括在该国居住 1 年以上的外国的特定个人与机构，一般包括特定意义上的个人、外国企业、非营利机构、政府以及地区性中央银行的分支机构五类。

（二）国际收支平衡表的含义及编制原则

根据国际货币基金组织《国际收支手册》（第六版）制定的标准，国际收支平衡表是反映某个时期内一个国家或地区与世界其他国家或地区间的经济交易的统计报表。国际收支统计以权责发生制为统计原则，并采用复式记账法。

中国国际收支平衡表是反映特定时期内我国与世界其他国家或地区的经济交易的统计报表。

（三）国际收支平衡表的构成

根据《国际收支手册》（第六版），国际收支平衡表包括经常账户、资本和金融账户。中国国际收支平衡表根据《国际收支手册》（第六版）编制，各账户的具体项目的含义如下：

（1）经常账户。经常账户包括货物和服务、初次收入以及二次收入。

1）货物和服务包括货物和服务两部分。货物指经济所有权在我国居民与非居民之间发生转移的货物交易。国际收支中的货物只记录所有权发生了转移的货物（如一般贸易、进料加工贸易等贸易方式的货物），所有权未发生转移的货物（如来料加工或出料加工贸易）不纳入货物统计，而纳入服务贸易统计。服务包括加工服务，维护和维修服务，运输，旅行，建设，保险和养老金服务，金融服务，知识产权使用费，电信、计算机和信息服务，其他商业服务，个人、文化和娱乐服务，以及别处未提及的政府服务。

2）初次收入指由于提供劳务、金融资产和出租自然资源而获得的回报，包括雇员报酬、投资收益和其他初次收入三部分。雇员报酬指根据企业与雇员的雇佣关系，因雇员在生产过程中的劳务投入而获得的酬金回报。投资收益指因金融资产投资而获得的利润、股息（红利）、再投资收益和利息，但金融资产投资的资本利得或损失不是投资收益，而是金融账户统计范畴。其他初次收入指将自然资源让渡给另一主体使用而获得的租金收入，以及跨境产品和生产的征税和补贴。

3）二次收入指居民与非居民之间的经常转移，包括现金和实物。

（2）资本和金融账户。资本和金融账户包括资本账户和金融账户。

1）资本账户指居民与非居民之间的资本转移，以及居民与非居民之间非生产非金融资产的取得和处置。

2）金融账户指发生在居民与非居民之间、涉及金融资产与负债的各类交易。金融账户细分为非储备性质的金融账户和储备资产两部分。

非储备性质的金融账户包括直接投资、证券投资、金融衍生工具和其他投资。直接投资指以投资者寻求在本国以外运行的企业获取有效发言权为目的的投资，包括直接投资资产和直接投资负债两部分。证券投资包括证券投资资产和证券投资负债，相关投资工具可划分为股权和债券。金融衍生工具又称金融衍生工具和雇员认股权，用于记录我国居民与非居民金融工具和雇员认股权交易情况。其他投资指除直接投资、证券投资、金融衍生工具和储备资产外，居民与非居民之间的其他金融交易。

储备资产指我国中央银行拥有的对外资产，包括货币黄金、特别提款权、在国际货币基金组织的储备头寸、外汇储备和其他储备资产。货币黄金指我国中央银行作为国际储备持有的黄金。特别提款权（SDR）是国际货币基金组织根据成员认缴的份额分配的，可用于偿还国际货币基金组织债务、弥补成员政府之间国际收支赤字的一种账面资产。在国际货币基金组织的储备头寸指在国际货币基金组织普通账户中成员可自由提取使用的资产。外汇储备指我国中央银行持有的可用作国际清偿的流动性资产和债权。其他储备资产指不包括在以上储备资产中的、我国中央银行持有的可用作国际清偿的流动性资产和债权。

（3）净误差与遗漏。国际收支平衡表采用复式记账法，由于统计资料来源和时点不同等原因，会形成经常账户与资本和金融账户不平衡，形成统计残差项，被称为净误差与遗漏。

（四）国际投资头寸表

根据《国际收支手册》（第六版）制定的标准，国际投资头寸表是反映特定时点上一个国家或地区对世界其他国家或地区金融资产和负债存量的统计报表。国际投资头寸的变动是由特定时期内交易、价格变化、汇率变化和其他调整引起的。国际投资头寸表在计价、记账单位和折算等核算原则上均与国际收支平衡表保持一致，并与国际收支平衡表共同构成一个国家或地区完整的国际账户体系。

根据国际货币基金组织的标准，国际投资头寸表的项目按对外金融资产和对外负债设置。资产细分为直接投资、证券投资、金融衍生产品（储备除外）和雇员认股权、其他投资、储备资产五部分；负债细分为直接投资、证券投资、金融衍生产品（储备除外）和雇员认股权、其他投资四部分。

二、国际收支的盈余与赤字

国际收支表现为经济体向外与世界其他地方之间的经济关系，以及经济体从外部引进的经济活动，还包括经济体融入世界经济的各项经济活动。

国际收支从会计账户设立的角度看，账面的余额由于同一笔交易必须在借方、贷方登记同样金额而为零，但实际上是有盈余和赤字的，即进出口的余额、金融账户流动的余额等。例如，如果一个经济体的政府部门的赤字不能被私人部门的储蓄加以抵消，经常账户就会出现赤字，而经济体内增加税收大抵会使经常账户的状况得到改善。经常账户的顺差反映了对非居民债权净额的增加，赤字则表明该经济体从世界其他地方得到的资源净值是靠出卖在国外的资产或增加对非居民的负债进行偿还的。当投资大于储蓄时，金融资产的流入发生，会导致该经济体在国外的资产净头寸减少。

三、国际收支状况的经济分析

国际收支与一个经济体的总体经济发展状况密不可分，国际收支平衡表的状况因此也反映一个经济体的基本经济状况。

（一）国际收支状况反映了一个经济体的经济实力和其在世界经济中的地位

国际收支可以从经济总体规模和顺差逆差的角度反映一个经济体的实力和地位。在国际经济中，从国际经济交易的规模角度进行分析，如果一个经济体经济规模巨大，与外界经济交易、交流的数量巨大，它在国际经济中的地位自然就会较高。一个规模有限的经济体的国际收支流量较小，说明其在世界经济中的地位有限，这样的经济体一旦对外经济出现困难，调整的余地就较小，容易陷入困境。能够说明这一情况的较好的案例是美国与其近邻墨西哥，尽管贸易同为赤字，两国的经济状况却极为不同，后者屡屡陷入困境。另外，如果一个经济体的国际收支处于较大的顺差状态，一般认为该经济体的经济状况较好，在世界经济中的竞争力较强，未来的经济发展也会被世界其他地方看好；而如果一个经济体的国际收支总是处于逆差状态，那么该经济体就会被人们认为经济状况存在问题，在世界经济中的竞争力不强，未来的发展势头也不被看好。

（二）国际收支状况决定着一个经济体货币与汇率的变化方向

国际收支状况除了不存在外汇支付的交易外，大体会因为经济体之间交易往来的“倾斜”程度而表现为一个经济体外汇的基本供求状况。在绝大多数情况下，当一个经济体的国际收支状况表现为逆差时，经济交易进大于出，对外汇的需求大于供给（表现为供不应求），但对本币的供求情况则正好相反（表现为供大于求），于是在国际金融市场上本币的对外汇价会出现下浮趋势。反之，当一个经济体的国际收支状况表现为顺差时，经济交易出大于进，对本币的需求大于供给（表现为供不应求），但对外币的供求情况则正好相反（表现为供大于求），于是在国际金融市场上本币的对外汇价会因此而出现上扬的趋势。

我们还要格外重视造成国际收支顺差的原因。如果一个经济体的国际收支顺差基本来源于大量吸收外部资金，结果可能会有所不同：若外资使用的效益好，未来该经济体货币的对外汇价乃至在世界经济中的地位都会得到较大改善；但若外资使用的效益较差，则这有可能表明该经济体正在背上某种负担，当前的国际收支顺差基础是不稳固的，只是未来逆差（由对外资的还本付息或付出利润造成）的前兆而已，因此该经济体未来的汇价走势乃至未来在世界经济中的地位和前景是不容乐观的。

（三）国际收支状况决定着一个经济体的融资能力和资信地位

在国际资金与资本市场上，一个经济体的借贷能力往往是与它的偿还能力成正比的。

经济体的偿还能力越强，则它的借款能力就越强，能够借款的渠道也就越多，该经济体在国际资金与资本市场上的资信地位也就越高。从国际收支的角度看，一个经济体的偿还能力往往取决于该经济体的经常账户收支及资本和金融账户收支。如果一个经济体在这两个账户上有较大的盈余，该经济体在国际资本与资金市场上就能够比较容易地借入更多的资金；如果该经济体的这两个账户的情况正好相反，则该经济体的偿还能力较弱，因而其在国际金融市场上就比较难借入更多的资金和款项，在极端的情况下，该经济体甚至会陷入告贷无门的境地。在 20 世纪 70 年代，相当多的发展中国家尤其是撒哈拉以南非洲地区的国家面临的就是这种状况，而 20 世纪 90 年代的美国则是国际资金愿意流入的场所。

（四）国际收支状况反映了一个经济体经济结构的情况和变化

随着一个经济体经济的发展和对外经济往来关系的深化，经济结构中初级产品的地位在不断下降，制成品和无形产出所占的比重会有较大程度的提高，该经济体对外经济交易的内容也就会出现从以初级产品为主，过渡到以制成品为主，最终过渡到有形、无形两种产出双向交流并重的局面，这表明了经济的发展与成熟。例如，当前美国计算机软件的出口收入，日本对外投资的收入，英国在金融、保险等服务业方面的收入，意大利、西班牙的旅游收益，都在各自的国际收支中占有重要地位，平衡着其他项目的赤字，而中国出口结构的变化也反映了这样的进程。因此，一个经济体的国际收支状况确实可以很好地反映该经济体经济结构的变化。

（五）国际收支状况影响着一个经济体内经济的增长和发展

在世界经济中，一个经济体产出的输出往往会造成该经济体资源的流出，经济体内部市场的供给也会因此而相应下降，因为经济产出输出收回来的外汇往往又会增加经济体内部的货币供给，有可能加大该经济体内部物价上涨的压力。经济体内部货币供给增加、物价上升一般会刺激经济的进一步发展。相反，一个经济体大量从外部输入经济产出，大抵会造成该经济体内部市场供给的增加，其经济结果与大量输出经济产出的结果是相反的。因此，人们总是强调，增加出口是在输出失业，刺激本国经济发展；大量进口则是在输入失业，加大经济紧缩的压力。当然，上述结果在很大程度上取决于一个经济体的边际进口倾向，该倾向大，则出口形成的所谓外贸乘数效应就小，反之则外贸乘数效应就大。此外，在国际资本流动日益活跃、流动规模日益加大的情况下，国际收支反映出的一个经济体长短期资金流进流出的情况是绝对不容忽视的。1997—1998 年东南亚金融危机的教训，已经使人们对国际收支中资本流动给一个经济体造成的冲击有了深刻的认识。

第二节　国际收支的调节

在国际收支平衡表的各个具体项目上，借方、贷方往往是不平衡的，收支相抵会出现差额。项目的收大于支，便会出现顺差，反之，项目的支大于收，便会出现逆差，而各个项目差额的总和便形成国际收支的差额。在现代经济中，一个经济体的宏观经济目标包括经济增长、充分就业、物价稳定和国际收支平衡等方面，由于国际收支与一个经济体宏观经济运行的密切关系，当国际收支出现重大失衡（顺差或逆差）时，政府就需要对国际收支进行调节，以使之恢复平衡。

一、国际收支的失衡

（一）国际收支失衡的含义

国际收支失衡是指经常账户、资本和金融账户的余额出现问题，经常账户出现的余额靠资本和金融账户的余额无法平衡掉，不得不进行调整的现象，即对外经济出现了必须进行调整的情况。

（二）国际收支失衡的类型

（1）临时性国际收支失衡。这主要是指由偶然因素引起的国际收支失衡，具有可逆性，往往源于贸易的一时失衡，它可以用国际储备来缓解。

（2）周期性国际收支失衡。这主要是指由一国经济周期变化引起的国际收支失衡。在经济萧条时，国际收支往往呈现为顺差；在经济高涨时，国际收支往往呈现为逆差。

（3）收入性国际收支失衡。这主要是指一国国民收入发生了较大的提高或下降，人们的需求产生了根本的变化，进出口受到影响，从而产生的国际收支失衡。

（4）货币性国际收支失衡。一国的通货膨胀程度加重，或一国的货币对外汇率发生变化，导致一国的进出口和国际资本流动发生变化，从而形成的国际收支失衡。

（5）结构性国际收支失衡。这主要是指一国产业结构的特点与国际经济的要求存在较大差距，难以适应国际经济的变化而导致的国际收支失衡。

（6）投资环境性国际收支失衡。这主要指由一国投资环境的优劣造成资金的流入、流出，所导致的国际收支失衡。

（三）国际收支失衡的经济影响

一个经济体的国际收支失衡会造成许多不同的影响。对外，国际收支失衡造成汇率、资源配置、福利提高方面的困难。如果国际收支出现大量逆差，那么本币汇率会走软，形成本币贬值的压力。但如果国际收支出现大量顺差，那么本币汇率会走强，造成通货膨胀压力，对出口也会形成不利的影响。对内，国际收支失衡会造成经济增长与经济发展的困难，影响到经济的均衡。因此需要对国际收支失衡进行调整。

二、调节国际收支失衡的若干理论

在国际经济学中对国际收支失衡进行调整的理论有许多种，但最为基本的有三种，即弹性法、吸收法和货币法。

（一）弹性法

弹性法研究本币贬值对进出口商品相对价格的影响，主张通过本币贬值刺激出口、限制进口，从而调节中、短期国际收支失衡。弹性法是一种局部均衡分析，往往在对外贸易发生较大赤字时使用。

（1）分析的假设前提。弹性法是在局部均衡条件下进行分析的，假设前提如下：1）该经济体国民收入不变，各种资源充分就业。2）出口与进口的供给弹性无限。3）分析的变量仅仅是汇率，其余是常量。4）弹性法分析不考虑资本流动，本币对外贬值的货币效应忽略不计。5）汇率变化是有限的。

（2）弹性法调节国际汇率的机制。弹性法是利用本币对外汇率的贬值和升值，造成商品相对价格的变化，使出口商品的外币价格下降或上升，从而增加或减少出口；同时造成进口商品的本币价格上升或下降，从而减少或增加进口，最终对国际收支产生影响。例如，当本币对外汇率贬值时，政府可以调整出口商品的外币价格和进口商品的本币价格，达到促进出口、限制进口的目的。当一个经济体对外贸易出现逆差，即进口＞出口时，政府通过本币对外贬值，使得本国出口商品的外币价格下降，促使出口量增长。同时，本币对外贬值也使得进口商品的本币价格上升，进口高价限制了消费，从而降低了进口。通过汇率变化，政府便可以对对外贸易逆差进行调整。其机制流程如图 7－1 所示。

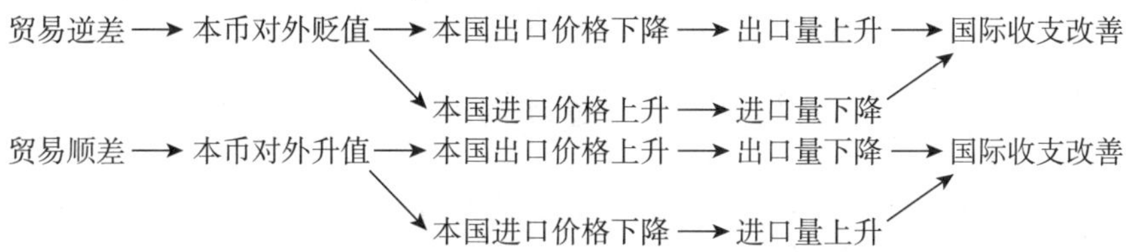

图 7－1　弹性法调节国际汇率的机制

（3）弹性法机制发挥作用的条件。弹性法得以发挥作用，必须具备以下先决条件：首先，贸易对手国对于上述流程的结果表示接受，不进行报复，即不通过同样的贬值来进行对抗，如果对方对抗，双方都会遭受损失，贸易量不会扩大。其次，本币的对外贬值速度必须快于对内贬值速度，即通货膨胀的速度不能快于本币对外贬值的速度，否则国内物价上涨将会抵消本币对外贬值的效果。最后，这一过程必须符合马歇尔-勒纳条件，即本国出口的需求价格弹性与本国进口的需求价格弹性之和必须大于 1，也即商品进出口的变化对于价格调整的反应程度要大，否则本币贬值，出口价格下降，他国的进口却不会增加，结果使采用本币对外贬值的国家遭受损失。此外，在实践中，即便一个经济体完全符合上述条件，从本币开始贬值到对外贸易逆差得到调整，由于种种原因，也会出现一段时间的滞后。在这段时间内，一个经济体的对外贸易逆差可能会更加严重，而且本币贬值总会造成贸易条件的恶化，引起其他经济问题。

在上面的论述中，需要对马歇尔-勒纳条件作出解释。在一个经济体的本币对外汇率下调（贬值）后，如果出口数量因价格下降而增加带来的收益能够抵消出口价格下降带来的损失且有余，则出口增加，国际收支得到改善，逆差减轻。从实践来看，这一增加的程度取决于国外对本国商品的需求弹性。国外的需求弹性大，则因本币对外贬值而引起的出口增加就大。同样，因本币对外贬值，进口商品的国内价格上涨，进口数量从而用汇将会下降，国际收支得到改善，逆差减轻。因此，当一国的进口需求弹性与出口需求弹性之和大于 1［进口需求弹性 $D_m=(-\Delta Q_m/Q_m)/(\Delta P_m/P_m)$，出口需求弹性 $D_x=(-\Delta Q_x/Q_x)/(\Delta P_x/P_x)$］时，一国变更本币对外汇率才能起到调节国际收支的作用。这就是马歇尔-勒纳条件，即利用调整汇率来调节国际收支的主要条件是：$D_m+D_x>1$。

在一国采用弹性法来调节国际收支时：若 $D_x+D_m>1$，则国际收支趋于好转；若 $D_x+D_m<1$，则国际收支趋于恶化；若 $D_x+D_m=1$，则调整汇率对国际收支的状况不产生

影响。

弹性在分析中的作用可以从图 7－2 中得到展示。

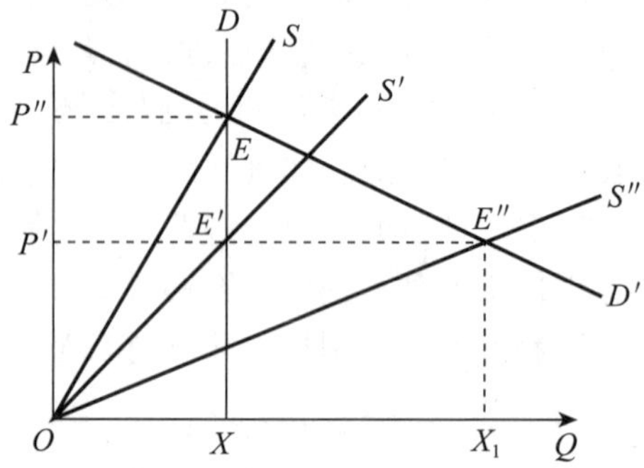

图 7－2　马歇尔-勒纳条件

在图 7－2 中，如果需求无弹性，需求曲线 D 垂直于横轴，这时本币贬值反而会造成出口收入的下降，即$OP'E'X$ 小于 $OP''EX$。但对于需求弹性大的需求曲线D'，价格的下降则会促使出口量增长，从而促进出口收入的提高（数量扩大的收入弥补了价格下降的损失且有余），即$OP'E''X_1$大于$OP''EX$。

在经济实践中，即便一个国家的商品符合马歇尔-勒纳条件，在调整汇率后，国际收支状况也要经过先恶化后好转的过程，这就是所谓的 J 曲线效应（见图 7－3)。这就要求贬值国要有一定的外汇储备来应对。

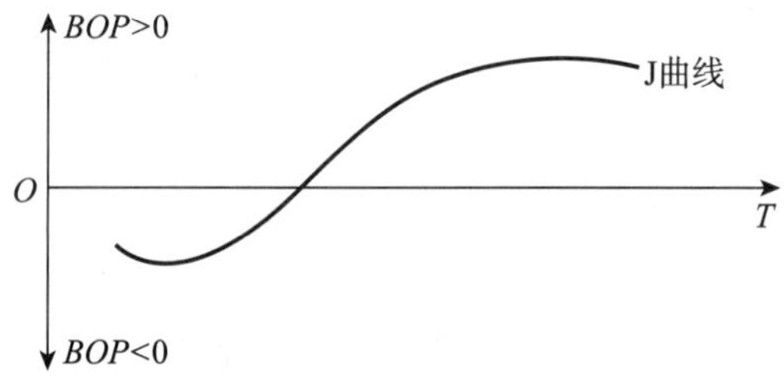

图 7－3　J 曲线效应

本币贬值后国际收支先恶化后改善，原因在于，要扩大出口就需要扩大投资来增加生产，因而存在时滞，而进口本身有惯性，认识、做出决策、找到进口商品的替代品甚至生产出这些替代品都需要时间，因此贬值的作用难以即刻到位。一般认为，从本币对外贬值，到贬值发挥作用，需要 6～12 个月的时间。

（4）本币贬值对贸易条件产生的影响。贸易条件取决于供求弹性，具有如下特点：如果出口与进口的需求弹性D_x、D_m分别大于出口与进口的供给弹性S_x、S_m，则本币对外贬值会促进出口、抑制进口，贸易条件会得到改善；如果出口与进口的需求弹性分别小于出口与进口的供给弹性，则贸易条件会恶化；如果出口与进口的需求弹性分别等于出口与进口的供给弹性，则贸易条件不变。也就是说，在贬值时，若$D_x > S_x$，$D_m > S_m$，则贸易条件改善；若$D_x = S_x$，$D_m = S_m$，则贸易条件不变；若$D_x < S_x$，$D_m < S_m$，则贸易条件恶化。

在我们的假设前提中，因为已经假设了进口与出口的供给弹性无限，所以在这里的分析只能有一种结果，即本币对外贬值后，该经济体的贸易条件必然恶化。

(5) 弹性法分析的缺陷。弹性法也存在许多重大的缺陷，主要表现为：

第一，弹性法分析是局部分析，在分析中与国民经济总体的联系不够，看不出出口、进口变化对整个国民经济有什么作用与影响。在现实中，一个经济体重视国际收支的调整，原因就在于它对整个国民经济（如经济增长、就业等）具有重要作用。因此，只看到国际收支的变化而不考察国际收支变化与国民收入的关系是这一方法的缺陷。

第二，在实践中采用弹性法需要对商品弹性进行实际估计，而这并不容易，因为商品种类有很多，很难测算，且供求因素受到各方的影响。同时，弹性、供求因素都在不断地变化，而且在弹性法的实践中还存在着J曲线效应，一国的国际收支在本币对外贬值后会出现先恶化再改善的过程。因此，经济体实行弹性法必须具有相应的外汇储备，否则对外贸易和国际收支会因为实行本币贬值而出现新的困难。

第三，从现实来看，弹性法在假设前提中排除了货币的影响是不切实际的，因为在经济中货币的作用是非常显著的。此外，弹性法没有考虑到通货膨胀的影响也是有缺陷的。同时，如果一个经济体的边际进口倾向不变，随着出口收入的增加，经济得到增长，进口也会按照原有的边际进口倾向增加，这将极大地影响一国调节国际收支的力度。

（二）吸收法

20世纪50年代米德（J. Meade）和亚历山大（S. Alexander）提出了吸收法，采用凯恩斯的宏观分析方法，将国际收支与国民收入联系起来，从宏观经济关系的角度考察国际收支问题。他们的分析根据宏观经济学的基本原理，偏重于建立商品市场均衡，在政策建议上则倾向于需求管理。

(1) 理论模型。

根据西方宏观经济学，从需求角度分析，在封闭条件下，一国国民收入的基本关系式为：

国民收入＝消费＋投资＋政府开支

如果该经济是开放经济，则该经济的国民收入的基本关系式为：

国民收入＝消费＋投资＋政府开支＋(出口－进口)

即：

$$Y=C+I+G+(X-M)$$
$$X-M=Y-(C+I+G)$$

式中，Y为国民收入；C为消费；I为投资；G为政府开支；X为出口；M为进口。

我们可以粗略地认为$X-M$为国际收支状况，记为B，则：

$$B=X-M$$

另外，令$C+I+G$为一国经济的总支出即总吸收，记为A，则有：

国际收支＝国民收入－总支出

即：

$$B=Y-A$$

从这一公式可知：当 $Y>A$ 时，B 为正值；当 $Y<A$ 时，B 为负值；当 $Y=A$ 时，B 为零，国际收支平衡。

（2）吸收法的经济含义。

该模型以国民收入和支出的差额来讨论国际收支的变化，当国民收入大于总支出时，国际收支处于顺差状态；当国际收入小于总支出时，国际收支处于逆差状态；而当国民收入等于总支出时，国际收支处于平衡状态。当国际收支处于逆差状态时，采用财政措施调节包括两个方面：或者是增加国民收入 Y（即采用支出转换政策），或者是减少总支出（总吸收）A（即采用吸收政策）。总之，该模型通过改变收入和吸收来调整失衡的国际收支，同时使总供给等于总需求，以达到内部与外部的共同平衡。

吸收法在讨论本币对外贬值的实际效果时，认为本币贬值会造成生产的改变，进而改变吸收的情况。这是因为本币贬值引致的进出口变化会使得资源在一定范围内重新配置。如果收入不变，本币贬值造成的贸易条件变化反而会使国民收入下降。此外，本币贬值有可能造成通货膨胀，形成一定程度的"货币幻觉"，有助于经济调整。

（3）对吸收法的基本评价。

第一，吸收法的基础是凯恩斯的宏观经济学分析，它将国际收支状况与国民经济的各种因素结合起来，克服了局部均衡分析固有的局限性。在政策方面，吸收法强调各个方面的配合，根据资源是否闲置，采用扩张性或紧缩性的财政政策。

第二，调整国民收入 Y，是改善国际收支较好的办法，但其中隐含着资源的重新配置或进一步提高总体生产能力。当存在闲置资源时，经济资源将进一步实现充分就业，或者生产结构在重新配置中将得到改进，有的资源转而用于出口或进口替代。当资源已经实现充分就业时，减少吸收 A 的方法主要是紧缩开支，实行紧缩性财政政策。在总吸收中有进口成分，故削减吸收 A，可以削减其中的进口。另外，削减吸收 A 之后出现的闲置的资源，必须被投入出口或进口替代部门，才能最终改善国际收支。

第三，国民收入本身受资源总量和资源重新配置难度的限制，若资源已经接近充分就业，则短期内收入很难得到提高。从实践来看，收入提高有赖于生产力的提升，现实中极可能出现生产力提升与资源需求、机器进口之间的矛盾，此时调整国际收支较困难。

第四，减少吸收 A 或提高收入 Y，在经济实践中都有时滞效应的问题，因为资源的重新配置，即资源流向出口部门和进口替代部门，并非一蹴而就，很难立即见效。

第五，吸收法侧重商品市场的均衡，完全忽视了货币在调节国际收支中的作用，如果货币的需求远大于供给，在逆差时调整国际收支较为困难。另外，吸收法对资本账户的内容并未予以考虑。

（三）货币法

货币法是伴随着货币主义在 20 世纪 70 年代的兴起而出现的，主要是由美国经济学家蒙代尔和约翰逊（H. Johnson）提出的。该方法从长期的角度来考虑问题，不仅照顾到经常账户，而且考虑了资本和金融账户。其核心思想是：通过调整国内货币供给来调控国内需求，进而调整国际收支的变动，即国内货币供给是国际储备（可以视为出口与进口的差额）与国内信贷额之和，于是国际储备的变动（国际收支的变动）是国内货币供给减去国内信贷额的结果。如果信贷额的发行大于货币供给的需要，国际收支便会恶化，反之则得到改善。所以，控制信贷发行、调节储备资产是调整国际收支的重要途径。但是该方法的使用存在副作用，如压低国内信贷会导致经济增长速度下降，出现就业问题等。

（1）货币法的假设前提。

1）该经济体长期处于资源充分就业的状态，货币需求是实际收入的函数。2）国际市场中存在一价定律，即经济体的价格与利率接近于世界市场的价格与利率。3）货币供给的变化不影响实物生产。

（2）货币法的简单模型。

货币法的简单模型是从货币供给与货币需求以及货币市场均衡的角度来讨论国际收支失衡与恢复平衡的条件的。其简单公式如下：

货币供给公式：

$$M_s=m(D+F)$$

货币需求公式：

$$M_d=kPY$$

货币市场均衡：

$$M_d=M_s$$

式中，M_s为货币供给；M_d为货币需求；P 为国内物价水平；Y 为实际国民收入；D 为基础货币中的本国部分（可视为国内的信贷规模）；F 为基础货币中的国外部分（即国际储备量）；m 为货币乘数；k 为常数。

在长期中，一个经济体的货币供给会恒等于货币需求，而在一定时期内，当经济体中的名义货币供给与名义货币需求不相等时，便会出现国际收支失衡。如果经济体中的名义货币供给超过名义货币需求，会出现国际收支逆差。反之，如果经济体中的名义货币供给小于名义货币需求，就会出现国际收支顺差。其情况如下：

由

$$M_s=m(D+F)$$

有：

$$M_s=mD+mF$$

如果令 $m=1$，则有：

$$M_s=D+F$$

如果将国际储备 F 视为出口与进口的差额及净长期资本流动之和，则变换后有：

$$M_s-D=F$$

F 取决于M_s与 D 之间的关系。

从上述公式可以看出，如果国内信贷规模大于名义货币供给（$D>M_s$），则国际收支会出现逆差，即 $F<0$；反之，若国内信贷规模小于名义货币供给（$D<M_s$），则国际收支会出现顺差，即 $F>0$。因此，国际收支失衡的根本原因在于名义货币供给与名义货币需求之间的失衡。

（3）货币法的政策意义与评价。

货币法的核心思想是将国际收支现象视为货币现象，而且认为国际收支的失衡与恢复最终取决于国内信贷规模与国内名义货币供给之间的关系。从理论基础分析，货币法是建立在货币数量论的基础上的。

第一，货币法相信国际收支的自动恢复机制。假定一个经济体出现国际收支逆差，该经济体的国际储备会下降，从而基础货币下降，导致货币供给数倍的下降，当货币供给下降至名义货币供给等于名义货币需求时，国际储备停止流出，国际收支恢复平衡。当然，经济中会有阻碍国际收支自动恢复机制发挥作用的力量，如宏观货币政策的失误、宏观经济调节失当等。

第二，货币法提醒人们注重一个经济体内部通货膨胀的影响。货币法认为，本币对外贬值发挥作用的一个重要前提是，本币对外贬值的速度要快于对内贬值的速度，即只有当名义货币供给不变时，本币对外贬值才可能使国际收支得到调节。因此在实践中，保持名义货币供给的均衡增长是非常重要的。

第三，货币法主张采用灵活的汇率措施。货币法认为浮动汇率有自动调节国际收支的作用，当一个经济体出现国际收支逆差时，本币汇率自动下浮，自动调节机制就有可能将国际收支调节平衡。

第四，从理论的角度看，货币法将国际收支调整从过去的注重经常项目转移到注重整个国际收支，具有很好的意义。但是，货币法的理论基础——货币数量论自身存在着不足，在实质经济与货币现象之间的关系上与其他经济学派的看法相左。而且，货币法的假设前提中有一些提法较为苛刻，与经济现实有一定的差距。

三、现实中国际收支失衡的其他调节措施

除了我们在上面谈到的三种调节国际收支的方法外，在国际经济的实际运行中还有一些用于调节国际收支的方法。

（一）外汇管制

外汇管制是一国政府通过法令对本国对外的国际结算和外汇买卖实行管制，用以实现国际收支平衡与本国货币汇率稳定的一种制度。外汇管制体现为：出口所得需按照官方汇率出售给指定银行，进口用汇需得到有关当局的批准，本币出入境受到严格管理，个人用汇受到限制。实行外汇管制的目的在于集中使用外汇，控制进口数量，保持国际收支的平衡。

（二）进出口的严格审批制度

这种方法是指国家对进口实行逐笔审批，对审批不同意进口的项目一律禁止进口。这对恢复国际收支平衡具有特殊的效果，而且见效较快。但由于审批基本属于随意性较大的做法，因此主张自由贸易的人们坚决反对这一制度的实施。

（三）实行贸易超保护主义

这是指采用诸如倾销、补贴的办法，向海外倾销性地扩大出口，以占领对方市场为目的，而恢复国际收支平衡则往往是一种借口。

（四）采用优惠政策吸引外资

这是从资本账户的角度来平衡国际收支。在当今的国际经济中，许多国家如美国和广大的发展中国家都在大力吸引外资，这不仅可以增强一个国家的生产能力，而且对国际收支的调节具有很好的效果。

（五）调整国际收支失衡的其他政策措施

调整国际收支失衡的其他政策措施包括自动出口限制、进口押汇、进口许可、进口审批、卫生检疫制度、进口垄断、国内歧视性采购、征收歧视性国内税收等。其目的在于鼓励出口，限制进口，从贸易角度调整国际收支。另外，也可以从鼓励外资流入等方面调整国际收支。

小　结

1. 国际收支是一张统计表，它系统地记载了在特定时期内一个经济体与世界其他地方的各项经济交易。国际收支的概念有狭义与广义之分。狭义国际收支是指：一国在一定时期（一般为一年）内，同其他国家由于进行货物、服务、资本等往来而引起的资产转移。其特点是记录现在或将来有外汇收支的交易。广义国际收支是指：在特定时期（通常为一年）内，系统记载的一个经济体与世界其他地方的各项经济交易。

2. 国际收支平衡表的标准结构有经常账户、资本和金融账户两个基本组成部分。同时，国际账户体系除了包括国际收支平衡表外，还包括国际投资头寸表。

3. 一个经济体的国际收支状况反映了该经济体的经济实力和其在世界经济中的地位；决定着该经济体货币与汇率的变化方向；决定着该经济体的融资能力和资信地位；反映了该经济体经济结构的情况和变化；影响着该经济体内经济的增长和发展。

4. 国际收支失衡是指经常账户、资本和金融账户的余额出现问题，经常账户出现的余额靠资本和金融账户的余额无法平衡掉，不得不进行调整的现象。

5. 对国际收支进行调整的基本方法有弹性法、吸收法和货币法。弹性法研究本币贬值对进出口商品相对价格的影响，通过本币贬值刺激出口、限制进口，从而来调节中、短期国际收支失衡。吸收法采用凯恩斯的宏观分析方法，将国际收支与国民收入联系起来，从宏观经济关系的角度考察国际收支问题。该方法通过改变收入和吸收来调整失衡的国际收支，同时使总供给等于总需求，以达到内部与外部的共同平衡。货币法从长期的角度来考虑问题，不仅照顾到经常账户，而且考虑了资本和金融账户。其核心思想是通过调整国内货币供给调控国内需求，进而调整国际收支的变动。

6. 调节国际收支失衡的其他措施包括：外汇管制；进出口的严格审批制度；实行贸易超保护主义；采用优惠政策吸引外资；调整国际收支失衡的其他政策措施，如自动出口限制、进口押汇、进口许可、进口审批、卫生检疫制度、进口垄断、国内歧视性采购、课征歧视性国内税收等。

复习与思考

核心概念

国际收支平衡表　经济交易　经常账户　资本和金融账户　国际投资头寸表
国际收支逆差　国际收支顺差　国际收支失衡　马歇尔-勒纳条件　J曲线效应

思考题

1. 试述国际收支和国际收支平衡表的基本概念。
2. 试述国际收支平衡表的基本构成。
3. 试述一个经济体的国际收支如何反映和决定该经济体的经济状况。
4. 试述国际收支失衡的概念及其类型。
5. 试述国际收支失衡的原因及其调整。
6. 试画图说明马歇尔-勒纳条件。
7. 试述J曲线效应的原理。
8. 试述弹性法的基本内容并进行评价。
9. 试推导吸收法的公式并说明其政策含义。
10. 试述货币法的基本内容并进行评价。

第八章

汇率决定理论

本章的学习目的在于使学生了解和掌握汇率决定的一般理论，掌握国际结算方式、外汇的作用及其对世界经济稳定运行的重要意义。学生应通过对汇率理论历史发展沿革过程的学习，了解国际货币体系的历史以及人民币汇率改革的进程。

重点掌握

汇率的定义和标价法

购买力平价理论

一价定律

在国际经济交往中，产生了大量的国际债权债务关系，以及经济产出的单方面转移。对国际债权债务的清算，以及国际上财产的单方面转移，形成了不同的结算方式。在历史上，国际结算往往采用现金结算的方式，即现金的运送。这种做法成本高、风险大，后来大多只在战争等极其特殊的环境下才采用。国际结算的另一种方式是非现金的方式，即双方采用共同接受的金融支付工具，通过委托支付或者债权转让等方式，实现不同经济体之间债权债务的结清，以及资产的单方面转移。于是，在国际经济活动中出现了外汇现象。

第一节　外汇与汇率

在国际金融领域，外汇具有动态与静态两种含义。从动态的含义讲，外汇是指通过汇兑方式进行不同经济体之间债权、债务的转让和支付的活动与过程；而静态意义上的外汇则是指，把以一个经济体的货币表示的财产权利转变为以另一个经济体的货币表示的财产权利的手段与工具。汇率则是两种货币间进行交换的比价。

一、外汇的定义、作用及国际储备

（一）外汇的定义

按照国际货币基金组织的定义，外汇是一个经济概念，是货币行政当局（中央银行、货币机构、外汇平准基金组织以及财政部）以银行存款、财政部库券、长短期政府证券等形式保有的在国际收支逆差时可以使用的债权，具体包括以下含义。

（1）上述定义反映的是外汇的静态意义，而不是外汇的动态意义，并未涉及债权、债务的转让与支付，而只是支付的手段。

（2）外汇必须具有国际性。外汇必须是以外币表示的资产。

（3）外汇必须具有可偿性。这种外币债权资产必须能够在国外得到偿付，因此国际货币基金组织关于外汇的定义是以外币表示的债权，相当宽泛。

（4）外汇必须具有可兑换性。该种货币资产必须能够自由兑换成其他外币资产或支付手段，并为其他经济体的人们所接受。

（5）被称为外汇的货币的发行国至少要具有相当规模的经济与实力，使其他国家的人们愿意接受该种货币，同时该种货币要能够自由地兑换成其他国家的货币，而可以自由兑换的货币也只有在发行国之外才能算作外汇。

（二）外汇的作用

（1）外汇可以作为价值尺度，用来衡量不同国家的商品、劳务、金融产品的价值（价格）。

（2）外汇可以作为国际购买手段进行国际商品、劳务及金融资产等产出的买卖。

（3）外汇可以作为国际支付手段进行国际商品、国际劳务、国际资金等方面债权债务的清偿。

（4）外汇可以作为国际储备手段，支付一个国家必须偿付的债务，维持本币汇率稳定，促进经济发展与增长，同时可以作为国际财富的象征，实际上是对国外债权的持有，并能转化为其他资产，具有极强的流动性（可兑换性）。

（三）国际储备与最佳外汇储备规模

根据国际惯例，储备资产的定义为：各国货币当局占有的那些在国际收支出现逆差时可以直接地或通过同其他资产有保障的可兑换性来支持该国汇率的所有资产。外汇储备的作用是为国际收支失衡提供融资，通过干预外汇市场来影响汇率以间接地调整收支失衡，增加国际清偿力以及实现其他各种目的。外汇储备资产的构成包括一国货币当局集中掌握的黄金储备、外汇储备、该国在国际货币基金组织的储备头寸以及特别提款权。

适度的资产储备规模是受若干因素控制的，美国的金融学家特里芬（R. Triffen）在20世纪60年代通过经验研究认为，一个国家一般要保持3个月的进口支付水平的外汇储备，这一方法被认为是简单易行的。但也有人认为，外汇储备只与进口挂钩有点过于简单了。另外有人提出，外汇储备应该占国内生产总值的10%，即国内生产总值中有10%的沉淀作应付外部失衡调整之用。还有人认为外汇储备应该为外债余额的30%，即可以应付支付外债的需要。储备资产少了，经济安全受到影响；储备资产多了，外汇资金的经济效益又受到影响，并且造成对本币的升值压力。但根据各个国家在国际市场上融资难易程度的差异，国际储备的数量具有一定的灵活性。不同国家经济结构的差异，如经济刚性的大小，也影响着一个国家国际储备应该具有的数量。表 8-1 是中国 1950—2017 年的外汇储备情况。

表 8-1　　中国历年外汇储备（1950—2017 年）　　单位：亿美元

年份	储备	年份	储备	年份	储备	年份	储备
1950	1.57	1967	2.15	1984	82.20	2001	2 121.65
1951	0.45	1968	2.46	1985	26.44	2002	2 864.07
1952	1.08	1969	4.83	1986	20.72	2003	4 032.51
1953	0.90	1970	0.88	1987	29.23	2004	6 099.32
1954	0.88	1971	0.37	1988	33.72	2005	8 188.72
1955	1.80	1972	2.36	1989	55.50	2006	10 663.44
1956	1.17	1973	−0.81	1990	110.93	2007	15 282.49
1957	1.23	1974	0	1991	217.12	2008	19 460.30
1958	0.70	1975	1.83	1992	194.43	2009	23 991.52
1959	1.05	1976	5.81	1993	211.99	2010	28 473.38
1960	0.46	1977	9.52	1994	516.20	2011	31 811.48
1961	0.89	1978	1.67	1995	735.97	2012	33 115.89
1962	0.81	1979	8.40	1996	1 050.29	2013	38 213.15
1963	1.19	1980	−12.96	1997	1 398.90	2014	38 430.18
1964	1.66	1981	27.08	1998	1 449.59	2015	33 303.62
1965	1.05	1982	69.86	1999	1 546.75	2016	30 105.17
1966	2.11	1983	89.01	2000	1 655.74	2017	31 399.49

资料来源：国家外汇管理局。

外汇储备的来源主要有：第一，国际收支的顺差是外汇储备的主要和直接来源；第二，一个国家在国内外市场上购入的货币黄金；第三，为了干预外汇市场而出售和购入的外汇所引发的外汇储备的变化；第四，通过国际借贷而获得的外汇储备；第五，一个国家已有储备资产的收益，如买入国外国库券、债券、国外存款的利息等；第六，一个国家在国际货币基金组织的储备头寸和特别提款权的分配。一个国家管理外汇储备资产往往要坚持三条原则：一是安全性原则，二是流动性原则，三是盈利性原则。

二、汇率的定义、标价法及表现形式

国际经济往来会形成外汇的供给与需求，这种外汇的供求导致货币的交换关系。外汇在市场中进行交易形成外汇买卖，就存在着外汇交换的比率（价格）问题。

（一）汇率的定义

汇率是本国货币与其他货币之间的等价关系。如果汇率是外汇在市场中形成的价格，那么汇率也可以被称为汇价。总之，它是不同货币在外汇买卖过程中形成的交换比率。

（二）汇率的标价法

在分析汇率的标价法时，我们首先要确定的是，究竟是以本币为标准还是以外币为标准。以此为出发点，汇率的标价法可以表示为以下几种形式。

（1）直接标价法，又称应付标价法，是以一定单位的外币为标准，用一定本币来表示其价格，简言之，外币不动本币动。它说明的是银行在购买一定单位的某种外币时应该付出的本币数量。例如在中国，汇价的标价为 USD 100＝RMB 683，即为直接标价法。

（2）间接标价法，又称应收标价法，是以一定单位的本币为标准，用外币来表示本币的价格，简言之，本币不动外币动。它说明的是银行在支出一定单位的本币时应该收回的某种外币的数量。例如在美国，汇价的标价为 USD 1＝HKD 7.77，即为间接标价法。

（3）各个国际金融中心采取的汇价标价法是美元标价法。外汇交易中以美元为基准来表示各国货币的价格。

（三）汇率的多种表现形式

（1）官方汇率与市场汇率。官方汇率又称法定汇率，是从外汇汇率管理角度出发进行的划分，为政府规定的本币对外币的比价。市场汇率则是由市场自发形成的本币对外币的比价。

（2）买入汇率与卖出汇率。按照银行外汇交易的性质划分，买入汇率是银行从客户手中买入外汇的价格，卖出汇率是指银行向客户出售外汇的价格。

（3）基础汇率与套算汇率。以第三种货币为中介得出来的汇率为套算汇率，或交叉汇率；而那些本国货币与中介货币形成的汇率则为基础汇率，或基准汇率。各国大都以本国货币对美元的汇率为基础汇率。

（4）电汇汇率、信汇汇率与票汇汇率。三者都是即期汇率的一种。电汇汇率是银行通过电信方式通知国外付款时使用的外汇汇率，也是外汇市场交易中的基础汇率，其他汇率均以此为基础进行换算。信汇汇率是银行通过信函方式通知国外付款时使用的外汇汇率。票汇汇率是银行买卖外币票据时使用的外汇汇率。

（5）即期汇率与远期汇率。即期汇率是成交后立即或最多在成交后 2 个交易日内进行交割的外汇交易所使用的汇率。远期汇率是成交后在约定日期内进行交割的交易所使用的外汇汇率。

第二节　汇率决定的一般理论

在国际经济交易中，市场的法则是等价交换，货币之间的交换同样要遵循等价交换的原则。汇率形成的基础是货币所含价值量之比，实际汇率的确定还要考虑市场中各方面因素对汇率的影响。

一、汇率决定的传统理论

汇率决定的传统理论从历史和逻辑的角度探讨了汇率是如何决定的，其早期的探讨应该是金本位制下的铸币平价学说。

（一）铸币平价学说

铸币平价学说是金本位制的产物。这一学说认为两个国家货币的价值量之比表现为货币的法定含金量之比，即铸币平价，它是汇率决定的基础。19 世纪至 20 世纪初，英镑一直是资本主义世界最重要的国际支付手段和储备货币。但经过第一次世界大战后，英镑的国际储备货币地位趋于衰落，并为美元所取代。1946 年，1 英镑含金量为 3.581 34 克。1949 年 9 月，英镑贬值 30.5%，对美元的比价由 1∶4.03 降为 1∶2.08。1967 年 11 月，英镑两次贬值 14.3%，对美元的比价降到 1∶2.40。1 英镑的含金量改为 2.132 81 克。

在金本位制下，实际汇率由于外汇供求的变化而围绕铸币平价浮动，只要黄金自由流进、流出，对黄金的买卖不加以限制，不出现银行券超过黄金储备的过量发行，银行券便不会贬值，汇率就将在黄金输送点之间波动。仍以英镑与美元为例，假定英、美两个国家之间运送黄金的各种成本总和的比率为 1 英镑的等值黄金需要 0.03 美元，这时美国对英国的黄金输出点为 4.866 6 美元加上 0.03 美元，即 4.896 6 美元，而美国对英国的黄金输入点则为 4.866 6 美元减去 0.03 美元，即 4.836 6 美元。如果供求发生变化，使得汇率波动加大，比如 1 英镑超过 4.896 6 美元，超出黄金输送点，则英镑与美元的货币兑换就不如直接运送黄金再换取他种货币成本低，因此黄金输送点是实际汇率波动的范围（见图 8－1）。

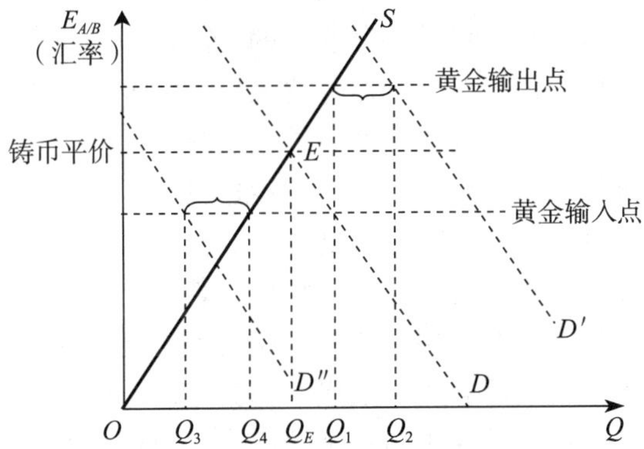

图 8－1　黄金输送点

在图 8－1 中，Q_1Q_2 的量即为需要在本国购买黄金到对方国家去出售换得外国货币的数量。Q_3Q_4 的量则是要在外国购买黄金到本国出售换得本币的数量。它们的存在使得实际汇率被限制在黄金输送点之内波动。

在金本位制下，汇率是比较稳定的，但如果银行券大量发行，其名义含金量与实际代表的含金量不符，并且银行券与黄金之间的自由兑换遭到破坏，以黄金输送点为基础的汇率便会因此而遭到破坏。

金本位制最初的典型形态是金币本位制，在这种制度下，每一货币单位都规定有法定的含金量，即用黄金来规定货币的价值量；金币具有无限无偿的地位，即金币具有无限支付的地位；各国的储备均为黄金。此外，金币本位制还具有金币的自由铸造、自由兑换、自由输出与输入等特征。正是金币本位制所具有的这些性质，使得金币的面值与其含金量一致，从而保证了币值的稳定。这一体系的特征可以大致归纳如下。

第一，黄金是典型的世界货币，是这种制度运转的根本保证。在这种制度下，国际债权债务的结算采用黄金，由于黄金的自由输出与输入，国内外的金融市场具有较好的统一性，国际结算、金融往来相对稳定。19 世纪末 20 世纪初，由于英国“世界工厂”的地位及其在世界贸易、海运、保险和金融中的核心作用，英镑作为关键货币，在国际经济交易中实际上代替黄金执行着世界货币的职能。

第二，各国货币的含金量是决定彼此间兑换比率的基础。货币的含金量之比又称铸币平价，这个平价就是汇率波动所围绕的中心。在金本位制下，各国货币通过黄金这一媒介建立起了彼此交换的关系。外汇供求的变化将引起实际汇率围绕着法定平价上下波动。

第三，在金本位制下，汇率波动幅度较小，只能以黄金输送点为限。黄金输送点是黄金输出、输入价格的上限和下限，它限制着一个国家货币对外汇率的波动幅度。以上述英镑、美元比价为例，假定在伦敦、纽约之间运送价值相当于 1 英镑的黄金需用的各种开支之和为 0.03 美元，这时美国对英国的黄金输出点为法定平价加上 0.03 美元，即 4.896 6 美元，如因供求变化，英镑兑美元汇价高于 4.896 6 美元，美国债务人便不会以美元购入英镑来偿还债务，而是直接向英国运送黄金，这样做更为划算。反之，法定平价减去运费等开支便是黄金输入价（如这里为 4.866 6－0.03＝4.836 6 美元），这时若 1 英镑的汇率低于 4.836 6 美元，美国债权人也就不愿收取英镑，而宁愿从英国向美国运送黄金了。

第四，国际金本位制有着自动调节国际收支的功能，即具有英国经济学家休谟所说的“物价-铸币流动机制”特征。这一机制的运行情况可大致表述如下：当一个国家进口大于出口，国际收支呈逆差，收支差额为赤字时，外汇供求发生变化，本币下浮；当变动幅度超过黄金输送点时，本国债务人便会直接向外国运送黄金，黄金外流导致国内货币供给减少，物价下降，生产成本降低，这样就会收到限入奖出的效果，出口增加，进口减少，国际收支差额从赤字转为黑字，黄金流入该国。相反，若一个国家出口大于进口、国际收支呈顺差，由于该国握有债权，黄金从国外流入，这时国内货币供给量增加，物价上扬，这就会扩大进口而不利于出口，国际收支差额黑字消失，甚至可能造成黄金外流。

第五，在金本位制下，资本的输出与黄金的流入方向正好相反。当一个国家国际收支产生变化时，黄金便会输出或输入，作为黄金输出国，其银行准备金（发行银行券的黄金准备）减少，货币发行量必然下降，结果是：市场银根不足，利率上升，外国资金便会因追求高收入而流入。黄金输入国的情况正好相反。

国际金本位制尽管存在着很多优点，对世界经济的发展发挥了重大的推动作用，但这种完全依靠黄金的体系也存在着明显的局限性。

第一，这一货币体系的稳定、对国际收支的自动调节等，有赖于严格的条件，即货币以黄金表示其价值，纸币要有相应的黄金准备，黄金可自由买卖、流出流入一国国境。事实上这些条件是很难完全具备并发挥作用的。

第二，世界黄金产量、占有结构等因素无法保障这一制度的稳定运转。世界黄金产量的增长与世界经济增长在很长时间内并非同步进行，黄金只在南非、俄罗斯、澳大利亚、加拿大等少数国家生产，而产出则被少数国家瓜分。

第三，这一货币体系的稳定有赖于价格体系的稳定。当价格体系波动幅度较大时，这一体系就很难正常运转。在19世纪末20世纪初，世界资本主义有过一段平稳的发展时期，物价相对稳定，金本位制也得以顺利运转。但是在第一次世界大战爆发后，物价急剧变动，这一货币体系遇到了致命的打击。

第四，黄金的自由兑换也是这一货币体系存在与发展的重要条件。只有黄金能够自由兑换，黄金的自由熔铸、输出与输入才有可能，也才能保证币值的稳定。但在现实中，只要存在某种程度和范围的世界性政治、军事风波，政府就总会加强对外汇和黄金的管理，停止黄金的自由兑换，这就使得这一体系存在的条件遭到了破坏。

（二）国际借贷学说

国际借贷学说是由英国经济学家戈森（G. Goshen）于1861年提出的，是经济学中供求说的产物。戈森的国际借贷学说认为，外汇与其他商品一样，其价格（汇率）变动取决于市场供求，而后者又取决于国际商品、劳务和其他当期的债权债务关系，即所谓的国际借贷关系。

在他看来，国际借贷的内容范围广泛，既包括经常账户下的商品贸易，也包括资本账户下的资本交易，同时还包含捐赠等单方面转移的内容。国际借贷的差额是决定汇率变动的基础，该差额是由经常账户与资本账户的差额决定的。当一个国家对外收入大于支出，体现为债权大于债务时，国际市场对该国货币供不应求，汇率上升；反之则汇率下降，而外国货币汇率上升。根据国际借贷的流动性，戈森将国际借贷分为固定与流动两种，前者形成了借贷关系但未进入实际支付，后者则进入了实际支付。在他看来，只有后者，即已经到期需要即刻清偿的借贷关系，才是决定汇率变动的因素。固定部分有时甚至会出现相反的汇率表现。此外，戈森还认为，经济中物价、利率、信用等的水平对一个国家货币的对外汇率具有相应的影响，但与国际借贷，即国际收支相比，则是次要的因素。

一般认为，该学说以国际收支的变动来解释汇率的变动，这实际上是将关于汇率的学说从静态发展到了动态。在大多数情况下，尤其是在金本位制下，这是符合实际的，但这一学说只是解释了在金本位制下的汇率变动，并没有解释汇率的决定，更没有涉及对非金本位制的汇率决定的解释。国际借贷学说理论本身为后来的弹性法与吸收法的产生和发展提供了一定的基础。

（三）传统购买力平价学说

这一理论是由瑞典经济学家卡塞尔（G. Cassel）总结创立的。购买力平价（PPP）学说，又称购买力平价理论，是纸币本位制的产物，该理论的核心是解释纸币条件下汇率决定与汇率剧烈波动的原因。从历史上讲，购买力平价理论的萌芽可以追溯到16世纪，但它却是在第一次世界大战后逐渐成熟，并成为至今最具有影响力的汇率学说之一的。

卡塞尔从人们持有外币的原因入手，认为持有外币是因为这些外币在国外市场上具有购买商品、劳务的能力。同理，外国人持有本国货币，是因为本国货币在本国市场上可以购买商品和劳务。这样，货币所具有的购买商品、劳务的能力便决定了货币的价格，两个国家货币之间的比率则应该取决于它们之间的购买力之比。在卡塞尔的理论中，购买力平价被分为两类：绝对购买力平价和相对购买力平价。前者为在每一时点上汇率取决于两个国家一般物价水平之商；后者为当两个国家都存在通货膨胀时名义汇率等于过去的汇率乘以两个国家通货膨胀率之商。

其基本公式为：

$$E=\frac{P_a}{P_b} \qquad E_t=E_0\cdot\frac{\dfrac{P_{at}}{P_{ao}}}{\dfrac{P_{bt}}{P_{bo}}}$$

式中，E 为绝对购买力平价下的汇率；P_a 为 A 国的一般物价水平；P_b 为 B 国的一般物价水平；E_0 为基期的汇率；E_t 为 t 时的汇率；P_{ao} 为 A 国基期的物价指数；P_{at} 为 A 国在 t 时的物价指数；P_{bo} 为 B 国基期的物价指数；P_{bt} 为 B 国在 t 时的物价指数。

例如，在 t 时，甲国发生通货膨胀，其货币购买力下降，这时若乙国物价不变，则甲国货币在乙国的价值下降。从上面的例子可以看出，公式中基期的选择是十分重要的，基期应该是一个较为平和、正常的时期，即基期的汇率理论上应该是符合绝对购买力平价时的汇率。

人们在评价该理论时认为，该理论认定汇率取决于两个国家货币的购买力之比，购买力取决于通货膨胀，而后者又取决于货币数量，故其购买力平价理论的基础为货币数量论。从长期来看，汇率的实际走势与物价的走势大都一致，是符合国际经济实际的。但是，卡塞尔提出的货币的购买力决定货币价值，而不是货币价值决定货币购买力，在逻辑上存在着表象与本质倒置的问题。此外，这一理论所设定的假设前提，如一价定律等，即使在今天存在着很好的套利过程的情况下，也是过于严格的。为了克服传统购买力平价理论存在的缺陷，后人在卡塞尔购买力平价理论的基础上发展了现代汇率理论。

（四）汇兑心理学说

该学说是由法国经济学家阿夫塔里昂（A. Aftalion）提出来的。这一理论实际上是国际借贷学说与购买力平价学说的结合。

汇兑心理学说认为，人们必须从质和量两个方面来考察汇率。而国际借贷学说只是从国际收支的变化，即从量上说明了汇率的变化，并未涉及汇率的质在于它具有购买商品与劳务、满足人们欲望的能力。购买力平价理论则只说明了外汇质的一面，即具有购买商品和劳务从而满足人们欲望的能力。购买力平价理论认为，人们需要外汇是因为要购买商品和劳务以满足自己的欲望（具有效用），效用是外汇的价值基础，外汇真正的价值在于其边际效用，而边际效用又是由人们的主观心理决定的，人们主观上对外汇的价值评价不同，形成外汇的购入与售出，这又会造成外汇供求的变化，导致汇率变动。汇兑心理学说认为，人们的心理评价会受到外汇质和量两方面的影响：前者为货币的特定购买力、支付债务的能力、制度性因素等；后者为国际收支、货币数量、财政状况等；二者相结合才能构成对外汇完全的主观评价。

汇兑心理学说的基础是奥地利学派的主观效用论，以主观判断代替客观过程是唯心的，但是，在世界经济中，尤其是在国际资本大量冲击金融市场的情况下，人们的心理因素对汇率走势的影响越来越大，对此我们应该给予重视，以便趋利避害。（1997—1998 年的东南亚金融危机就是典型的例子。）

二、第二次世界大战后汇率决定的理论

第二次世界大战后，随着经济全球化进程的迅猛发展，为了能够阐明国际经济的实际

运转，国际金融领域中关于汇率的理论有了长足的发展。

（一）流动资产选择学说

流动资产选择学说，又称资产组合理论，是由美国经济学家布兰逊（W. Branson）、多恩布什（R. Dornbusch）于 20 世纪 70 年代提出的。这一学说被认为是国际借贷学说的发展。该理论认为汇率在某种程度上是资产的价格，而不仅仅是商品的价格，它的情况更多地取决于资产市场的均衡与变动。在今天国际金融市场日趋一体化而又非完全一体化的前提下，各国资产之间具有高度的替代可能，人们持有的本币和外汇资产的形式可以是多样化的，不同资产形式之间可以实现多种转换。人们持有的资产种类与该资产的收益存在着密切的关系，与货币市场、国内外债券市场的均衡即资产市场的均衡也存在着密切的关系，因而实际中又可能出现人们为了获利而形成的多种资产组合。该理论认为，人们对资产形式的选择（即资产替换）和对资本流动性的选择（如果量大且过于频繁），有可能引起资本的大规模流动，其在短期甚至中期内对国际收支的影响要远大于经常账户对国际收支的影响。资本大量流出，国际收支逆差加大，汇率便会下浮；反之，资本大量流入，汇率便会上浮。这一理论涉及了资本形式转换造成的影响，比较符合自 20 世纪 70 年代以来的实际情况。但从理论角度分析，资本流动只是国际收支各种交易中的一种，所以它只是国际借贷学说的发展。

（二）目标汇率学说

国际收支平衡是一个国家的宏观经济目标之一。为了达到平衡，人们总是将汇率变动作为一种政策手段，人为地对汇率进行干预，因此结合经济状况确定某一汇率，配合其他政策手段来实现经济的最终目标是有必要的。但由于达成宏观经济的四大目标的政策工具之间具有矛盾性，这种说法的适用性受到了限制，或者在实际使用中只能有所侧重，必须放弃一定的经济目标才能保证既定经济目标的实现。

（三）货币主义的汇率理论

货币主义的汇率理论以货币主义理论为基础，产生于固定汇率制瓦解、浮动汇率制居主导地位的 20 世纪 70 年代中期，由美国经济学家约翰逊（H. Johnson）等提出。货币主义的汇率理论将侧重于汇率的流量分析，进一步发展成为重视流量与存量结构的分析，同时将汇率分析从过于重视经常账户扭转到对资本账户的重视，强调了货币因素在汇率决定与变动中的作用。这一理论从购买力平价的绝对平价发展而来，认为汇率与货币供给之间存在着非常密切的关系，通货膨胀因素在汇率决定中具有重要的作用。货币主义认为汇率应该是浮动的而非固定的，因为固定汇率使控制货币总量成为不可能，浮动汇率则可以自动调节国际收支。汇率的稳定有赖于世界通货膨胀的解决，而这又必须通过各经济体共同努力才可能做到，因此货币主义的汇率理论特别强调国际经济中各个经济体之间在汇率方面的协调作用。然而，只有金融大国在国际金融中才有影响力，即世界货币的发行国才应该对世界通货膨胀与汇率不稳定负责任，小国在国际经济中实际上则难以发挥作用。

货币主义的汇率理论过于强调一价定律的基础作用，同时认为不同经济体之间的资产具有完全的替代性，并且资产之间的套利可以使两个国家之间的利率之差等于两个国家之间的预期通货膨胀率之差，这些理论前提与金融实践中的情况有着较大的差距。

第三节 汇率的决定

一、一价定律与远期汇率的决定

购买力平价理论的基础是货币主义理论，货币主义的汇率理论特别强调“一价定律”在分析中的前提作用。

（一）一价定律

一价定律是购买力平价分析的理论前提和基础。经济中的一价定律是指，在有无数交易者的完全竞争市场上，相同的交易产品或金融资产，经过汇率调整后，在世界范围内的交易成本一定是相等的。因为在国际经济交易中，如果经济产出是自由流动的，当出现违背一价定律的情况时，市场中便存在套利的机会，国际套利者将会通过在相同或不同市场的“逢低吸纳、逢高减磅”即低买高卖的做法，消除与一价定律背离的现象。这个定律在经济中是通过诸如购买力平价、利率平价、远期汇率等经济关系表现出来的。

（二）汇率与通货膨胀之间的关系

在购买力平价学说中，一价定律是绝对购买力平价分析的出发点，简单地讲，这意味着在排除了其他条件如关税、运费、产品差别后，理论上本国货币在世界上不同的地方应该具有相同的购买力（绝对购买力平价），但如果考虑到现实中存在着的通货膨胀，当本国与外国之间的价格比率发生变化时，两个国家货币之间的汇率也必然会发生调整（相对购买力平价）。回顾上一节中的相对购买力平价公式：

$$E_t = E_0 \cdot \frac{\dfrac{P_{at}}{P_{ao}}}{\dfrac{P_{bt}}{P_{bo}}}$$

我们可以通过变换，用相对通货膨胀率来表示上面的关系式。如果用 I_{at} 和 I_{bt} 表示基期到报告期之间预期价格水平的上升幅度，即：

$$\frac{P_{at}}{P_{ao}} = 1 + I_{at} \qquad \frac{P_{bt}}{P_{bo}} = 1 + I_{bt}$$

则从这两个公式可得：

$$\frac{E_t}{E_0} = \frac{1 + I_{at}}{1 + I_{bt}}$$

上式还可以简化为（等号两边同时减 1，并整理）：

$$\frac{E_t - E_0}{E_0} = \frac{I_{at} - I_{bt}}{1 + I_{bt}}$$

例如，与基期价格水平 100 相比，A 国现在的物价水平为 120，而 B 国现在的物价水平为 110，则 A 国与 B 国货币之间的汇率的变化应该为：(20－10)/110＝0.091，即 B 国货币在 A 国的价值会上升 9.1%。结论是：从基期到报告期，通货膨胀的差异应该等于汇率的差异。

因此，一个国家的货币具有相应的内在价值，即在货币的购买力、通货膨胀、利率和汇率之间存在着相关关系，较高的通货膨胀必然为较高的利率所抵消，有利的利差会被不利的汇差所抵消（见图 8－2）。

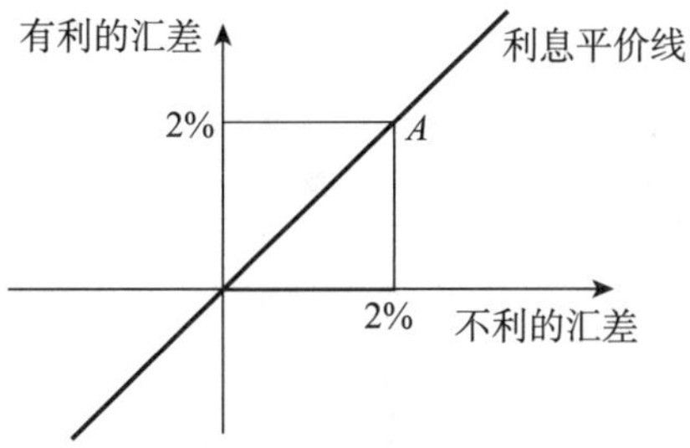

图 8－2　一价定律与远期汇率的决定

在图 8－2 中，A 点反映的便是上面所叙述的情况。若经济活动不在 A 点上，则套利活动会使之恢复均衡。

（三）远期汇率的计算

我们来看不同国家中利率与通货膨胀之间的关系。在名义利率 R 下，实际利率 A 与通货膨胀率 I 之间的关系为：

$$R=A+I+AI$$

由于 A 与 I 在实际中数值很小，故 AI 可以忽略不计，所以该公式可以简化为 $R=A+I$，即通货膨胀、现在货币与未来货币交换的代价——利息都会被计入名义利率。而通货膨胀与汇率之间存在着密切的联系，我们可以利用这个公式来计算远期汇率。

我们考察利率平价与远期汇率的决定，必须了解货币的内在价值。所谓内在价值要基于对货币的购买力、面临的通货膨胀、利率、汇率以及其他情况的总体考虑。我们在不同国家之间比较货币的价值时更应该这样。这在货币关系中体现为费雪效应与国际费雪效应。由于一价定律，交易后实际收益在各国应该趋同，如果令 n、f 分别代表本国、外国，A、I、R 的经济含义与上面相同，考虑各国间利率、通货膨胀之间的关系，则有：

$$\frac{1+R_{nt}}{1+R_{ft}}=\frac{1+I_{nt}}{1+I_{ft}}$$

变换后（两边同时减 1，且 R_{ft}、I_{ft} 忽略不计），则可得：

$$R_{nt}-R_{ft}=I_{nt}-I_{ft}$$

即我们在上面谈到的名义利率之差应等于预期通货膨胀率之差的变换过程，也即所谓的费雪效应。通过考察利率、通货膨胀率、货币相对价值即汇率的关系，我们可以了解名义利率的相对变化对一国货币对外价值的影响。一国的通货膨胀率相对于其他国家的通货膨胀率上升，将会伴随该国货币价值的下降，同时伴随该国名义利率相对于外国利率的提高。把两个过程放在一起，即把利率关系、通货膨胀与货币价值关系结合在一起考虑，即为国际费雪效应。基于一价定律的两个根本的效应在我们推导利率平价的远期汇率时是非常重要的。

为了推导远期汇率公式，我们假设 Y 为存入银行的一笔钱，R_n 代表国内利率，E_0 代表即期汇率，R_f 代表外币利率，E_f 代表远期汇率，在不考虑通货膨胀的条件下，根据一价定律，则有：

$$\frac{YE_0(1+R_f)}{E_f}=Y(1+R_n)$$

$$E_f=\frac{YE_0(1+R_f)}{Y(1+R_n)}$$

可推出：

$$E_f=\frac{E_0(1+R_f)}{1+R_n}$$

该公式反映的是汇率变化与利率之间的基本关系。

我们从上面的公式还可以推出外汇的升贴水公式。远期汇率与即期汇率的差额用升水、贴水和平价来表示，升水意味着远期汇率比即期汇率要高，贴水则反之。在一般情况下，利率较高的货币远期汇率大多表现为贴水，利率较低的货币远期汇率大多表现为升水。由上述远期汇率公式，有：

$$\frac{E_f}{E_0}=\frac{1+R_f}{1+R_n}$$

令两边同时减 1，可得到：

$$\frac{E_f}{E_0}-\frac{E_0}{E_0}=\frac{1+R_f}{1+R_n}-\frac{1+R_n}{1+R_n}$$

则有：

$$\frac{E_f-E_0}{E_0}=\frac{R_f-R_n}{1+R_n}$$

如果将 R_n 忽略不计，则得出远期升水（贴水）公式为：

$$E_f-E_0=E_0(R_f-R_n)$$

用下面的例子加以说明：假设即期汇率 1 英镑＝2 美元，在欧洲市场，美元 1 年期的利率为 15%，英镑 1 年期的利率为 10%，1 年期远期汇率为 1 英镑等于多少美元？

根据上面的公式，远期汇率＝即期汇率×(1＋外币利率)/(1＋国内利率)，得出：

$$E_f=\frac{2(1+15\%)}{1+10\%}=2.091$$

故 1 年期远期汇率为 1 英镑等于 2.091 美元。

二、购买力平价法的实际应用

购买力平价法主要是在国民收入的国际比较，以及其他经济状况的国际比较中有广泛的应用。尤其是世界银行、国际货币基金组织等国际经济组织编写的出版物中经常采用购买力平价法进行国际比较。

购买力平价的计算步骤为：首先，选定所谓的核心商品，按照联合国的分类，国内生产总值（GDP）共分为 448 项共 2 000 多种核心商品。其次，收集核心商品在不同国家中的价格。最后，列出各国 GDP 的分类，以 GDP 在各种商品上的支出为权数，进行国际比较。

（一）对购买力平价法应用的分析

1992 年，世界银行所做的国际比较显示，中国的人民币与美元的汇率为 USD 1＝RMB 1.07，于是 1993 年中国的 GDP 按 PPP 法计算，为 29 330 亿美元，位列世界第 3 名。而在 2000 年时，人们普遍认为人民币的价值被低估，被低估了 10%～15%，但也有人认为人民币被高估，需要贬值才能够符合购买力平价。

（二）对购买力平价法应用的评价

（1）购买力平价法为国民经济的国际比较提供了一种比过去更为科学的方法，使国际比较较贴近实际。但购买力平价法没有反映出不同国家间同种商品的质量差异，这一方法的使用强调“土豆就是土豆”，不同国家的相同商品在计算时具有相同的质量。

（2）不同经济体的社会经济结构的差异、消费结构的差异、价格政策的区别，以及这些差异对价格、汇率的影响，在购买力平价法中均没有得到反映。

（3）人们使用这种方法，估算发展中国家的经济值和其他经济数量时，大多会高估其实际数量，而在估算发达国家时大多会低估其实际数量，这就影响了它的普遍适用性。

小　结

1. 按照国际货币基金组织对外汇所下的定义，外汇是一个经济概念，是货币行政当局（中央银行、货币机构、外汇平准基金组织以及财政部）以银行存款、财政部库券、长短期政府证券等形式保有的在国际收支逆差时可以使用的债权。

2. 汇率是本国货币与其他货币之间的等价关系，如果汇率是外汇在市场中形成的价格，那么汇率也可以被称为汇价。总之，它是不同货币在外汇买卖过程中形成的交换比率。汇率的标价法有直接标价法、间接标价法和美元标价法三种。

3. 汇率决定的一般理论表明，汇率是两种货币的比价，各种货币所具有或代表的价值是长期汇率决定的基础。但在不同的国际货币体系下，其决定方式却表现为由某种平价来决定，如铸币平价、黄金平价和购买力平价。在传统的汇率决定理论中，根据汇兑心理学说的观点，国际借贷学说只是从国际收支的变化，即量的角度说明了汇率的变化，而购买力平价理论只是说明了汇率质的一面，只有汇兑心理学说是从质和量统一的角度讨论了人们是如何通过自身的主观判断来决定市场上实际汇率的形成的。

4. 第二次世界大战后，随着国际经济交往的日益频繁，以及经济全球化进程的日益发展，国际金融领域中关于汇率的理论有了很大的发展，提出了一系列理论观点，主要包括流动资产选择学说、目标汇率学说以及货币主义的汇率理论等。

5. 一价定律是购买力平价分析的理论前提和基础。经济中的一价定律是指，在有无数交易者的完全竞争市场上，相同的交易产品或金融资产，经过汇率调整后，在世界范围内交易成本一定是相等的。

6. 即期交易即在交易达成后，在成交后两个交易日内完成货币的收付。在即期交易中所采用的汇率就是即期汇率。除了即期交易之外，还有远期交易。远期交易是在当前签订一份合约，规定在未来的某一天以当前这一天商定的汇价购入或卖出一定数量的某种外汇。在合约中商定的汇率便是远期汇率。远期汇率的均衡水平是由未来市场的供给与需求曲线的交点决定的。如果远期汇率低于即期汇率，则表明外币对于本币有一个远期贴水；如果远期汇率高于即期汇率，则表明外币对于本币有一个远期升水。远期升水（贴水）的计算公式为：

$$E_f - E_0 = E_0(R_f - R_n)$$

复习与思考

核心概念

外汇	储备资产	外汇汇率	浮动汇率
官方储备	直接标价法	间接标价法	金本位制
黄金输入点	黄金输出点	绝对购买力平价	相对购买力平价
一价定律	升水与贴水		

思考题

1. 试述铸币平价学说。
2. 试述国际借贷学说。
3. 试述购买力平价学说的基本内容并予以评价。
4. 试述汇兑心理学说的主要内容并予以分析。
5. 试述流动资产选择学说。
6. 试述货币主义的汇率理论。

第九章

国际货币体系

本章的学习目的在于使学生了解和掌握什么是健全和理想的国际货币体系，当前国际货币体系存在的问题以及今后改革的方向。二战后国际货币体系经历了布雷顿森林体系和牙买加体系两个发展阶段，国际货币体系内在矛盾的发展变化，决定了国际货币体系改革的内容和发展趋势。

重点掌握

布雷顿森林体系
《牙买加协定》

20世纪80年代以来，随着经济全球化的不断深化，国际经贸关系更加紧密，矛盾摩擦日渐频繁，传统国际货币体系的局限与弊端愈发凸显，关于国际货币体系的讨论也日益引起理论界的高度重视。本章将讨论国际货币体系的历史、现状及发展。

第一节　布雷顿森林体系

国际货币体系可以根据不同的标准进行不同类型的划分：从是否有意识地进行组织安排，可以划分为自发存在的（准）国际货币体系和人为安排组织的国际货币体系；从储备资产的一般性质出发，即从货币本位或储备货币来划分，有金本位制、不兑换纸币本位（信用本位）制和介于二者之间的金汇兑本位制；从汇率制度角度划分，可分为固定汇率制、有管理的浮动汇率制和自由浮动汇率制。

从宏观角度看，历史上健全的国际货币体系应该具有以下特征：应能够促使国际贸易在数量、结构、地理几个方面协调发展；应能够促进国际资本较为自由地流动，以使资源在全球范围内实现更为有效的配置，以保证世界经济稳健地向前发展。从金融角度看，这一体系应该能为世界经济提供与其发展速度相匹配、行之有效的国际清偿力，既要避免因清偿力不足而使世界经济陷入衰退，又应具有较好的国际收支调节机制，即对国际收支失衡进行调节所付出的成本最低，而且各国（收支顺差国及逆差国）要认为自己所承担的调节责任是合理的，不发生关于应由谁承担更多责任的争吵。此外，健全的国际货币体系应能使人们对国际金融局势保持乐观态度，不致出现因抛售某种资产、抢购另一种资产而造成的货币危机，或能将这种抢购控制在一定的范围和程度内。近些年来，越来越多的学者认为，一个理想的国际货币体系应能对相对落后国家的经济发展承担更多的义务，使它的运行与发展中国家经济的发展更为紧密地结合起来。

一、布雷顿森林体系的建立

第二次世界大战尚在进行时，英、美便开始协商战后的世界经济体制的重建了。1944年7月1日至22日，包括美、英、法、中、苏等在内的44个国家在美国新罕布什尔州的布雷顿森林召开专家会议，商讨战后国际货币体系的重建问题。由于会议是在布雷顿森林召开的，故会议所决定建立的国际货币体系便被称为布雷顿森林体系。

二、布雷顿森林体系的内容

（一）机构设置及其规则

1945年12月成立的国际货币基金组织（IMF）是促进国际货币协商合作的永久性机构，是第二次世界大战后国际货币体系的核心。国际货币基金组织的宗旨是稳定汇率，促进国际贸易的发展，提高就业水平与促进国民收入的增长。为完成上述任务，国际货币基金组织以向成员提供短期信用为手段，调整国际收支失衡，同时要求各成员取消外汇管制，避免竞争性的货币贬值。1945年12月成立的国际复兴开发银行即世界银行作为国际货币体系的辅助性机构在促进发展中国家发展经济、摆脱长期贸易收支逆差方面起到了重要作用。

（二）国际收支调节机制

布雷顿森林体系的一个重要功能便是当国际收支出现失衡的时候提供解决的方法。其调节机制主要是逆差成员从国际货币基金组织取得短期资金融通来解决国际收支失衡问题。国际货币基金组织规定，当成员因国际收支失衡而产生需要时，可用本币向国际货币基金组织按照规定的方法购买一定数量的外汇，但所借入的外汇要在一定期限内偿还，其方式为用外汇或黄金购回最初用于购买外汇的本币。在调整国际收支时，成员认缴的份额越多，可从国际货币基金组织借款的能力也就越强。

（三）汇率制度

布雷顿森林体系创立了以美元为中心的固定汇率制。这一制度的特征简言之便是“美元与黄金挂钩，其他货币与美元挂钩”。

（1）美元与黄金挂钩。国际货币基金组织各成员的政府均承认美国政府所规定的1盎司黄金为35美元，即1美元等于0.888 671克黄金。各成员的政府有义务协助美国维持这一黄金的官价，而美国政府要承担其他成员的政府或货币当局可以用美元兑换黄金的义务。

（2）其他成员的货币与美元挂钩。这里所讲的挂钩，是指其他成员的货币与美元之间建立起一种固定比价关系。各成员的政府规定本币与黄金的平价，然后比照1美元等于0.888 671克黄金的比价，换算出本币同美元的比价，这一比价便是各成员的货币与美元的中心汇率。

（3）可调整的固定汇率。布雷顿森林体系的固定汇率制，使成员的货币与美元建立起平价（汇率），再通过美元与黄金的固定平价关系而间接地与黄金建立关系，各成员的货币之间的平价关系也是在这一基础上确定的。《国际货币基金组织协定》进一步明确了各成员的货币与美元间的比价关系，只能在±1%（多数成员定为±0.75%）的范围内浮动，各成员的政府有义务通过对外汇市场的干预（买卖外汇以调节供求）使其在规定的范围内波动。当然，国际货币基金组织也允许成员在国际收支出现根本性失衡时进行本币对外汇率的贬值或升值，但要经过国际货币基金组织的批准。

（四）废止外汇管制

《国际货币基金组织协定》第八条款要求成员不得实行针对国际收支经常账户的外汇管制，但可以实行针对资本流动的外汇管制，要求成员实现货币的经常账户的可兑换，承担这一义务的国家被称为“第八条款国”。对于条件不具备的国家，也可暂缓实现货币的可兑换，这些国家被称为“第十四条款国”。主要工业化国家先后于20世纪60年代前期完成了货币的可兑换，而多数发展中国家则依然实行外汇管制。

三、布雷顿森林体系的崩溃

既然布雷顿森林体系是以美元为关键货币的，美国对于这一体系的平稳运转就负有重要的责任，但是美国在这方面处于两难局面，其他成员也因维持美元的地位而面临选择的困难。

（一）布雷顿森林体系的内在矛盾

布雷顿森林体系自产生之日起，便存在着令其崩溃的种种因素。

（1）“特里芬两难”。以美元为中心的布雷顿森林体系，如果要稳定运行，就必须提供足够的国际清偿力（美元），同时又必须保证美元与黄金的可兑换性（按官价1盎司黄金等于35美元兑换）。但这二者是相矛盾的：美元供给太少则国际清偿力不足，美元供给太多则它与黄金按官价的兑换性就得不到保证。随着国际贸易与世界经济的发展，国际储备必须相应增长，这就要求储备货币的发行国（美国）必须处于国际收支逆差状态，只有这样，其他成员才可能从美国获得美元。但当各成员因美国出现国际收支逆差而持有美元时，美元会因美国的国际收支逆差而失去稳定性，从而美元与黄金的可兑换性就会受到威胁，人们对此的信心将越发不足，便会出现挤兑现象。这就是由美国耶鲁大学教授特里芬1960年在其《黄金与美元的危机》一书中提出的布雷顿森林体系固有的内在矛盾，被人们称为“特里芬两难”。

（2）其他成员维持固定汇率的两难。按照《国际货币基金组织协定》，当一成员的货币对美元的汇价浮动超过1%的幅度时，该成员就需进行干预。若美元汇率下降，该成员就需在外汇市场上购入美元，以调节市场供求，扳回美元供大于求的局面，促使美元汇率上升。这样做的结果是：该成员投放大量本币，从而激发通货膨胀，该成员在保持对内均衡（无通货膨胀、无失业）与对外均衡（汇率平稳）上陷入了选择的困境——鱼和熊掌不可兼得，这时绝大多数成员将会放弃对美元的义务而追求国内的经济平稳。另外，该成员收进的大量美元也遇到了两难问题：向美国大量兑换黄金势必加大人们对美元的不信任，给美元的可兑换性带来压力；不兑换而持有美元，则该成员会面临美元贬值而产生的损失。

(3) 该体系中各国协调合作难以顺利开展。由于美元等同黄金，具有世界货币的职能，因而美国能够利用美元对外投资，购买他国的资产，同时用美元弥补自己的国际收支逆差。这就造成美元持有越多，真实资产、资源向美国转移的就越多，利益为美国所占有，其他国家则处于吃亏地位。在这种情况下，布雷顿森林体系的协调、合作就因利益的天平过分向美国倾斜而很难进行下去。

（二）美元危机

第二次世界大战结束时，美国经济实力雄厚，黄金储备充足。美国国际收支呈现顺差而其他各国大多呈现逆差，国际清偿力不足，出现了“美元荒”。国际货币基金组织的贷款也是杯水车薪，于是便有了1947年“马歇尔计划”的出台——美国为西欧的经济复苏提供无偿援助，这也促使了美元的回流。

随着西欧、日本经济于20世纪50年代的迅速恢复，美国的黄金储备开始外流。到1960年，美国的黄金储备数量已低于它所欠的短期对外债务，人们对于美元兑换黄金的信心发生动摇。1960年10月，西方主要金融市场爆发了第一次抛售美元、抢购黄金的风潮，致使美国的黄金储备不足以抵偿债务，美元的国际地位遭遇严峻的挑战。欧美各国及国际货币基金组织采取的一系列措施仅仅使国际金融局势得到了一定程度的缓解。受“美元灾”或“美元荒”两难问题不断困扰的美国感到难以靠自己的力量支撑起整个国际货币体系。

（三）布雷顿森林体系的瓦解

进入20世纪70年代以后，美国的经济实力进一步削弱，国际收支逆差进一步扩大。1971年，美国贸易出现严重逆差，黄金储备仅及短期对外债务的1/5。时任美国总统尼克松迫于形势，宣布实行“新经济政策”，停止以35美元/盎司的价格兑换黄金；对外国商品输美征收10%的附加税；对内冻结工资、物价90天。1971年12月，10国集团在华盛顿举行会议，达成《史密森协议》：美元对黄金贬值7.8%，从35美元/盎司升为38美元/盎司；各国货币对美元汇率的波动幅度从不超过平价的±1%上调为不超过平价的±2.25%。这一协议本身并未能够恢复黄金的可兑换性，却力图保住固定汇率制，各国货币对美元纷纷升值，日元升值达17%，联邦德国马克升值达14%。

1973年1月，美国政府宣布部分解除价格管制，致使通货膨胀率上扬，市场出现抛售美元而购入日元、联邦德国马克等强势货币的风潮。同年2月12日，美国政府宣布美元对黄金再次贬值10%。此后几乎所有国家均无法维持固定汇率。固定汇率最终被多数国家放弃，浮动汇率制成为主要汇价制度。美元与黄金自由兑换、各国实行固定汇率制两大内容均已不存在，至此，布雷顿森林体系彻底崩溃。

四、布雷顿森林体系评说

（一）作为历史产物的布雷顿森林体系

布雷顿森林体系是历史的产物，在促进世界经济稳定和发展中功不可没。第二次世界大战后世界经济平稳发展了近 20 年，这与国际货币领域中布雷顿森林体系的存在与运行机制产生的作用是分不开的。

（1）该体系所实行的固定汇率制，使汇率相对稳定，这样在进出口、对外投资中易于匡算成本，为国际贸易和国际资金流动的增长创造了有利条件。

（2）布雷顿森林体系所具有的国际收支调节机制，对各国经济增长、稳定作出了贡献，国际货币基金组织设立了各种期限的贷款机制，向国际收支处于逆差的成员提供贷款，帮助其渡过难关。这有利于成员在一定范围内通过向国际货币基金组织借款、还款来调节其国际收支，并通过国际收支调节促进国内经济成长。

（3）储备资产以黄金为主，美元与黄金挂钩，有益于国际货币关系基础的稳定，不易出现大的波动，使人们对世界经济发展抱有信心。

（4）布雷顿森林体系是对第二次世界大战前无序国际货币关系的调整，是国际金本位制的替代体系，国际经济关系有序总比无序要好得多。

（二）作为过渡体系的布雷顿森林体系

布雷顿森林体系以一国货币（美元）为中心，必然也只能是一种过渡体系。布雷顿森林体系是在第二次世界大战战后初期其他国家的国民经济遭受巨大的破坏和损失，唯独美国经济一枝独秀的情况下建立起来的。美国当时拥有占世界工业生产近 1/2、占世界贸易额近 1/3、占黄金储备近 3/5 的巨大实力，因而具有维持国际货币体系运转的能力，其他国家这时也不得不买美国的账，另外它们也希望有一个稳定的货币体系来促进经济早日恢复，这些条件共同促进了以美元等同黄金的货币体系的诞生。

在世界经济格局发生变化，美国一家独霸天下的情况转变为经济的多极化，其他国家的经济已具有向美国挑战的实力后，以美元为中心的体系必然会让位于以多种货币为中心或以多种货币定值的观念货币为中心的体制，一国独霸天下的情况并不是世界经济的常态，多国共同在世界经济中起作用才是常态。因此，布雷顿森林体系从世界经济本身固有的规律看也只能是个过渡，随着经济发展的不平衡必然要从一国主宰过渡到“集体”负责的体系上来。

以美元与黄金的挂钩关系为基础，以一国货币为中心，以固定汇率和短期融资为机制的体系，确实存在着内在的不稳定性（“特里芬两难”）。另外，美国以纸币获取其他国家的真实资产，因在国际货币基金组织中占有最大的份额和表决权而时时表现出的颐指气使，不仅引起了发展中国家的不满，也使其他发达国家颇有微词，以致当美元处于危难中时，常常发生盟国“落井下石”挤兑黄金的情况。上述问题在美国经济实力居于绝对优势地位、美元币值基本稳定时，还暂未爆发，但当美国经济地位相对下降、其他国家经济地位相对上升又要顽强展示自己的力量时，国际货币体系必然要从以一国为中心过渡到多国共同协调。布雷顿森林体系已成为历史，但对后来国际货币体系改革的大方向起着借鉴作用。该体系硕果仅存的协调、信贷、执行机构——国际货币基金组织、世界银行等，并未随布雷顿森林体系一同消亡，反而在国际贸易、国际货币领域乃至整个世界经济中发挥着更为重要的作用。

第二节　当前的国际货币体系

一、《牙买加协定》的形成过程

布雷顿森林体系崩溃后，国际货币领域中长期存在的三大问题并未得到解决，日益困扰着世界经济的正常发展。这些问题是：

第一，汇率制度。布雷顿森林体系下的固定汇率制瓦解后，各国实行浮动汇率，致使汇率运行不稳定，经常造成国际金融动荡。

第二，国际储备。这一问题的关键是在布雷顿森林体系瓦解后，应当实行什么样的货币本位，即美元本位、特别提款权本位抑或金本位。

第三，国际收支调节。国际收支不平衡应该由谁负责调节——赤字方、黑字方抑或双方，是一个颇有争议的问题。清偿力的创造也是需要认真讨论的问题。

此外，国际货币体系还存在着成员在国际货币基金组织中的份额的增长、特别提款权的分配等问题。

（一）牙买加体系形成的背景

早在 1971 年 10 月 1 日，国际货币基金组织理事会便开会决定委托各位执行董事研究国际货币体系改革的方案了。1972 年 7 月 20 日，国际货币基金组织成立了“国际货币体系改革及有关问题委员会”，又称“20 国委员会”。1974 年 6 月 14 日该委员会在美国华盛顿会议上发表了一份改革方案，对黄金、汇率、储备资产和国际收支调节等问题提出了一些原则性建议。

1974 年 9 月，国际货币基金组织决定成立“国际货币体系临时委员会”，考虑修订《国际货币基金组织协定》。临时委员会经多次协商，最后于 1976 年 1 月 8 日在牙买加首都金斯敦举行的第 5 次会议上达成了《牙买加协定》。

（二）牙买加体系的主要内容及其特征

1976 年 4 月 30 日经国际货币基金组织理事会通过，后又经 60%以上成员的 85%以上投票权通过，《国际货币基金组织协定第二次修正案》于 1978 年 4 月 1 日正式生效，标志着一种不同于布雷顿森林体系的新的国际货币体系诞生了。这一体系的基本特征是以美元为中心的国际储备多元化、浮动汇率制及黄金货币作用的削弱。

(1)《牙买加协定》的主要内容。成员可以自由选择实行浮动汇率制或固定汇率制，但应受到国际货币基金组织的监督，当世界经济条件允许时，经国际货币基金组织 85%的投票权通过，可以恢复稳定但可调整的汇率制度；废除有关黄金的条款，取消黄金官价，国际货币基金组织原持有的黄金（约 1.5 亿盎司）中 1/6 出售，溢价部分为援助发展中国家的资金，1/6 由缴纳方购回，2/3 由 85%的投票权决定其处理方式；提高特别提款权的效用，使之与黄金、外汇共同构成国际储备；增加成员在国际货币基金组织中所缴纳的份额，从 292 亿特别提款权提高到 390 亿特别提款权，且各成员所占比例亦有所调整；贷款融通资金的额度也有较大幅度的提高。

（2）牙买加体系在储备资产、汇率制度和国际收支调节等方面的基本情况。

1）国际储备资产多元化。美元的地位虽然有所下降，但仍是世界的主要货币，日元、联邦德国马克和特别提款权的地位得到加强，黄金的货币作用被进一步削弱，但仍未退出历史舞台。

2）实行以浮动汇率为中心的多种汇率制度。《牙买加协定》实施后，全部发达国家均实行了浮动汇率制，美国、日本、加拿大、澳大利亚、新西兰实行单独浮动，欧共体国家大多实行联合浮动制，其他国家和地区则实行多种汇率制度，主要有钉住单一货币（如美元、法郎、联邦德国马克等）、钉住特别提款权、钉住一篮子货币、按一组经济指标进行调整、有管理的浮动、单独浮动、联合浮动等 9 种。

3）国际收支的调节趋向多元化。20 世纪 70 年代中期以来，世界各国国际收支失衡状况日益严重，美国贸易赤字问题严重，发展中国家除产油国和部分新兴工业化国家外，国际收支也多处于逆差地位，整个世界国际收支严重失衡。牙买加体系对这一问题通过以下几种机制来进行调节。

第一，浮动汇率制提供了调节国际收支的机制。当一国经常账户逆差较大或持续时间较长时，该国货币对外汇率便会下浮，出口货物的外币价格下降，进口货物的本币价格上涨，收支状况因出口增加、进口减少而得到改善；反之，当一国经常账户出现较大或持续时间较长的顺差时，便会出现与上述相反的情况。

第二，利用各国间的利率差异来调节国际收支失衡。国家间的利率差（实际利率差，实际利率等于名义利率减去通货膨胀率）是导致资本国际流动的重要因素，资金为逐利必然从低利率国家流向高利率国家。

第三，国际货币基金组织进行干预的调节。在牙买加体系下，除了贷款之外，国际货币基金组织更多地承担了对国际收支失衡国家进行调节的职责，包括制定一系列调节政策并帮助其落实，尽量使顺差、逆差双方均承担相应的义务，以避免对世界经济的不利冲击。

（三）牙买加体系评说

人们对牙买加体系的看法很不一样，有人将这一体系说得尽善尽美，有人则将它批判得一无是处，但它自 20 世纪 70 年代中后期以来对维持和推动世界经济发展的作用，却得到了多数学者和金融界、世界经济界人士的赞同。

（1）牙买加体系的多种货币储备体系克服了“特里芬两难”。“特里芬两难”证明，任何一国货币单独充当国际储备资产都回避不了“顺差——无清偿力释放，逆差——货币信心动摇”的困境。而牙买加体系多种货币充当国际储备资产的做法却可以较好地避免这一难题：多种货币共同分担风险，当某种货币发生问题时，它的储备货币地位便会下降，别的货币储备地位则会上升，而当某国因持续顺差无法提供充足的清偿力时，其他货币便会补位。在这种体系下，当世界经济高涨时，多种货币可以弥补清偿力的不足；当衰退来临时，世界经济也不会因某几种货币出问题而出现混乱。

（2）多种汇率制度并存可以适应一国、国家集团或世界经济的变化。以浮动汇率为主的体制具有极大的灵活性，当市场信号出现时，汇率可根据市场供求变化及时作出反应，这不仅可以使一国的对外经济交易得到调节，而且由于这种汇率变动是适应市场信号的，因此在一定程度上反映了一国对内、对外均衡的基本情况。这样一国可以协调其宏观经济政策，保持其对内、对外均衡，不会为维持汇率稳定而牺牲国内经济增长、物价稳定、充分就业的目标。

(3) 多因素的国际收支调节在一定程度上适应了世界经济发展的不平衡状况。由于各个国家所处的经济发展阶段不同，产生国际收支失衡的原因不同，采取的发展战略各异，因而采用多种因素相结合的国际收支调节办法也就更为灵活和有效。同为国际收支失衡，撒哈拉以南非洲国家、拉美国家与发达国家的情况就极不相同，采取的调控方法也就各异。拉美国家的调控方法大多是信贷与战略、政策调整并行，发达国家的调控方法则是经济结构转换，这主要是因为拉美国家国际收支失衡源于债务缠身，而债务缠身又源于国内发展战略失误，发达国家则是因产品在市场上的竞争力存在差异而产生国际收支失衡。

从另一个角度分析，我们发现，牙买加体系是对布雷顿森林体系后出现的一系列国际货币关系的事后承认(如浮动汇率、黄金与货币脱钩)，是对现实情况的一种适应，而不是对国际货币体系的改革。从运行机制方面看，这一体系灵活有余，稳定不够，多元化储备缺乏统一的货币标准，汇率波动较难控制。同时，这一体系对国际收支的调节尽管增大了适应性，却明显缺乏制约力，造成有些发达国家和发展中国家的国际收支失衡问题日趋严重。

二、国际货币体系改革的方向和问题

布雷顿森林体系瓦解后，牙买加体系取而代之，国际货币体系尽管从无序走向有序，但面临的问题和要改革的内容是相当多的，国际货币体系的改革和完善将是一个长期的过程。

(一) 国际货币体系改革所涉及的方方面面

20 世纪 70 年代以来，国际货币体系改革涉及了以下几方面的问题。

(1) 汇率体制应该是怎样的，公认的目标是既灵活又稳定。这本身就是一对矛盾，有关的建议包括实行有管理的浮动汇率制、恢复固定汇率制、协调汇率制度和汇率目标区等。稳定汇率、缩小汇率波动的幅度是国际社会的普遍愿望。

(2) 国际货币的基础应该是怎样的，有人认为是美元本位制或恢复金本位制、金汇兑本位制，也有人主张特别提款权本位制或建立以多种货币为基础的国际货币制度。

(3) 国际货币基金组织份额尤其是特别提款权应如何分配，人们普遍认为目前份额过于集中，特别提款权按照份额进行分配对发展中国家极为不利。

(4) 国际收支失衡应该由赤字方单独来调节，还是应该由赤字和黑字双方协调调节。

(二) 国际货币体系改革中的南北矛盾

发达国家与发展中国家在国际货币体系改革的方向、措施方面，既有一致的地方，也存在着较大的分歧与矛盾。在发达国家中，美国与日本、欧盟之间也存在着一定的分歧。美国对于国际货币体系改革的意见为，汇率体制应自主浮动，国际收支调节应由黑字、赤字双方共同承担，在出现巨额逆差的情况下，反对强制性资产结算，反对将特别提款权的创设和分配与发展援助联系起来。日本和欧盟则希望汇率制度成为一种可调整的、稳定的体制，对美元的泛滥表示关注，在特别提款权与发展援助的联系上表现出较为灵活的态度。大多数发展中国家则赞同汇率应较稳定，发展中国家在国际货币体系中应有更大的发言权，新的国际货币体系应更为关心经济发展问题，主张将特别提款权与经济发展援助紧密联系起来。

20 世纪 80 年代以来，现行的牙买加体系虽然存在着种种缺陷，但毕竟仍然在有效地运行着。1982 年发展中国家的债务危机、20 世纪 80 年代初美国的高利率冲击、1987 年的股市风潮等都在这一体系下得以较平稳地渡过或缓解。但是，在 20 世纪末，随着短期金融资产形式转换速度的加快，它对不同国家产生的冲击和负面影响日益凸显，各国在处理对内、对外均衡时的时间、空间的回旋余地被压缩，在危机中国际货币基金组织的反应受到了各国的质疑，如何对国际货币体系进行更深刻的改革，被再一次提上议事日程。从发展的趋势看，现实可行的国际货币体系将在牙买加体系的基础上通过改革逐步生成，这将是一个渐进的发展过程。

小　结

1. 健全、理想的国际货币体系应具有以下特征：应能够促使国际贸易在数量、结构、地理方向等几个方面协调发展；应能够促进国际资本较为自由地流动，以使资源在全球范围内实现更为有效的配置，让世界经济稳定地向前发展。从金融角度看，它应该能为世界经济提供与其发展速度相匹配、行之有效的国际清偿力，既要避免因清偿力不足而使世界经济陷入衰退，又应具有较好的国际收支调节机制，还能对相对落后国家的经济发展承担更多的义务，使它的运行与发展中国家经济的发展更为紧密地结合起来。

2. 国际货币体系可以根据不同的标准进行不同类型的划分：根据是否有意识地进行组织安排，可以划分为自发存在的国际货币体系和人为安排组织的国际货币体系；从储备资产的一般性质出发来划分，即从货币本位或储备货币来划分，有金本位制、不兑换纸币本位（信用本位）制和介于二者之间的金汇兑本位制；从汇率制度角度划分，可分为固定汇率制、有管理的浮动汇率制和自由浮动汇率制。

3. 布雷顿森林体系是从第二次世界大战结束到 1971 年所实行的金汇兑本位制。这一以美元为中心的固定汇率制的特征简言之便是“美元与黄金挂钩，其他货币与美元挂钩”。在《布雷顿森林协定》下所建立起来的国际货币体系要求各国货币对美元保持固定汇率，并将美元与黄金的比价固定为每盎司黄金 35 美元。

4. 以美元为中心的布雷顿森林体系，如果要稳定运行，就必须提供足够的国际清偿力（美元），同时又必须保证美元与黄金的可兑换性。但这二者是一对矛盾：美元供给太少则国际清偿力不足，美元供给太多则它与黄金按官价的兑换性就得不到保证。这就是所谓的“特里芬两难”。

5. 《牙买加协定》于 1978 年 4 月 1 日正式生效，标志着一种不同于布雷顿森林体系的新国际货币体系的诞生。这一体系的基本特点是以美元为中心的国际储备多元化、浮动汇率制以及黄金货币作用的削弱。《牙买加协定》的主要内容大致为：成员可以自由选择实行浮动汇率制或固定汇率制；废除有关黄金的条款，取消黄金官价；提高特别提款权的作用，使之与黄金、外汇共同组成国际储备；增加成员在国际货币基金组织中所缴纳的份额等。

6. 布雷顿森林体系瓦解后，牙买加体系取而代之，国际货币体系尽管从无序走向有序，但面临的问题和需要改革的内容是相当多的，国际货币体系的改革与完善将是一个长期的过程。20 世纪 70 年代以来，国际货币体系改革涉及了以下几方面的问题：第一，汇率体制应该是怎样的。第二，国际货币的基础应该是怎样的。第三，基金份额尤其是特别提款权应如何分配。第四，国际收支失衡应该由赤字方单独来调节，还是应该由赤字和黑字双方协调调节。

复习与思考

核心概念

布雷顿森林体系　　　“特里芬两难”　　　《牙买加协定》

思考题

1. 试述什么是健全、理想的国际货币体系。
2. 试述布雷顿森林体系的主要内容。
3. 试分析布雷顿森林体系崩溃的原因。
4. 试对布雷顿森林体系进行评价。
5. 试述《牙买加协定》的主要内容。
6. 试对牙买加体系进行评价。

第十章

要素的国际流动

本章的学习目的在于使学生了解和掌握要素在国际范围内流动的原因，要素国际流动的经济含义，以及要素流动对资本流入国和流出国的不同影响。随着经济全球化进程的不断深化，要素国际流动的规模、范围、频率都发生了重大变化，世界经济格局正处于重塑之中。

重点掌握

资本国际流动模型
国际生产折中理论
两缺口模型

随着经济全球化过程的不断深化，国际要素流动已成为影响世界经济发展的根本因素，加之自第二次世界大战后跨国公司的兴起和不断壮大，以及 20 世纪 80 年代后要素流动给各国所带来的巨大影响，要素的国际流动便成为人们不得不关注的问题，成为国际经济学的重要组成部分。国际要素流动是指资本、劳动力、技术等要素的国际流动。本章将探讨资本、劳动力、技术等要素的国际流动及其经济效应。本章还将对外债进行基本分析。

第一节　资本国际流动及其经济效应

本节将分析资本国际流动的情况，包括原因、形式以及福利变化等。

一、资本国际流动

（一）资本国际流动的原因

资本国际流动是指资本从一个经济体转移到另一个经济体的过程。资本国际流动的根本原因在于追逐收益，尤其是经济收益。第二次世界大战以后，生产和资本的国际化过程促使资本国际流动的规模加大、速度加快。尽管在国际收支平衡表中，资本的国际流动反映在资本和金融账户中，而一般意义上的资本国际流动则反映在国际收支平衡表的经常账户中，但从广义的角度讲，资本国际流动中实际上包含着资本的国际单向流动，包含着国际收支平衡过程中的经济交易过程，如黄金的流动。在具体的逐笔国际资本的跨国流动中，人们会发现，它们流动的原因是有所区别的。

（1）不同国家间收益率的差异促使资本跨国流动，从收益率低的地方向收益率高的地方流动。如果国际上不存在阻碍资本自由流动的障碍，则要素总会在能够发挥最高效率的地方相互结合进行生产，这意味着要素能够得到最高的回报。在国际经济实践中，资本总是从资本相对丰裕（但收益相对较低）的场所流向资本相对稀缺（但收益相对较高）的场所。

（2）由于汇率变动而产生的资本国际流动以及由国际收支造成的资本国际流动。在国际金融市场中，人们总是抛售汇率趋势走软的货币而追捧汇率趋势走强的货币以避免汇率风险，或在汇率变动的过程中逐利。

（3）由各种风险因素如汇率风险、市场风险等造成的资本国际流动。一般而言，资本在运动中遵循的是安全性、流动性和盈利性原则，但排在第一位的是将风险降到最低程度，即安全性。在今天的国际经济中，发达国家具有较好的投资环境，收益较好且安全性较高，因此国际资本在20世纪末期大都流向了发达国家。

（4）由其他因素如投机、规避贸易保护、国际分工等造成的资本国际流动。贸易保护主义会形成贸易壁垒，人们为了绕过贸易壁垒，往往会进行国际直接投资。第二次世界大战后高速发展起来的跨国公司及经济一体化进程也极大地推动了资本的国际流动。

（二）资本国际流动的主要形式

我们可以从不同的角度对资本国际流动的形式作出多种划分：国家资本的输出输入、私人资本的输出输入；长期资本的国际流动、短期资本的国际流动；直接投资、间接投资；等等。下面主要介绍一下长期资本和短期资本的国际流动。

（1）长期资本流动。长期资本流动是指使用期限在1年以上，或未规定使用期限的资本流动。一般而言，长期资本流动包括直接投资、间接投资等。直接投资包括向采矿业、工商企业、农业生产的股权资本投资，利润再投资，跨国公司的资金转移等，直接投资总是要求享有企业的所有权和经营管理权。按照国际货币基金组织的定义，国际直接投资应该拥有国外厂矿企业股权的25％以上，而美国则规定直接投资应该控制股权的10％以上。当然从来源讲，长期资本可能归私人、企业所有，也可能归国家政府所有，或归国际经济组织所有。间接投资大都表现为证券投资，包括各个国家之间借贷款、国外企业或政府发行债券、不是出于追求经营管理权的目的而购买股票等。人们买入证券意味着进行投资，对于一个经济体而言，投资意味着资本流出，而企业、国家发行或售出证券则意味着筹措资金，即资本流入。

（2）短期资本流动。短期资本流动是指使用期限在1年或1年以内的资本流动。短期资本的国际流动形式众多，但大都属于间接资本流动的范畴。在国际经济实践中，短期资本流动可以大致划分为以下几类：与国际贸易有关的资本流动，即在国际贸易过程中由资金融通或结算造成的资本国际流动；保值性的资本流动，即资本跨国抽逃，这是为了避免经济状况恶化带来的损失；投机性的资本流动，即利用利率、汇率的变化或证券、商品价格的变化，跨国转移资金所造成的资本国际流动；等等。短期资本流动大都以各种商业票据、短期政府债券、可转让存单、银行承兑汇票以及活期存款等形式存在。

二、资本国际流动的经济分析

（一）资本国际流动的图形分析

图10-1为资本国际流动的经济（福利）分析。设有A、B两国，图10-1中的横轴为资本的存量，纵轴为资本的边际收益率（资本的边际产出），即在技术、劳动投入不变时，增加资本投入所增加的产量。图中左面为A国资本的代表性边际收益率，图中右面为B国资本的代表性边际收益率。可以看出，B国的资本边际收益率高于A国，资本将从边际收益率低的A国流向边际收益率高的B国。当两国资本边际收益率一致时，资本流动停止。

在图10-1中，A国的资本存量为OA，B国的资本存量为$O'A$。A国资本的边际产出为OC，总产出为$FOAG$，其中$OCGA$为资本的收入，CFG为其他要素的收入。B国资本的边际产出为$O'H$，总产出为$O'JMA$，其中$O'HMA$为资本的收入，HJM为其他要素的收入。由于A国资本的边际收益率低于B国资本的边际收益率，在资本自由流动的条件下，资本便会从A国向B国流动。当资本的收益$ON=O'T$，即两国资本的边际收益率相等，在E点达到均衡时，资本停止流动。这时，A国的总产出为$OFEB$，B国的总产出为$O'JEB$，A国的总产出减少$EBAG$，B国的总产出增加$EBAM$，两国的总产出净增EGM。因A国投资要有收益，A国的总收入为$AOFER$，B国的总收入为$O'JERA$，A国总收入净增EGR，B国总收入净增ERM。资本跨国流动后产生了福利的增量，这是B国相对富余的劳动与A国相对富余的资本相结合而进行生产的结果。

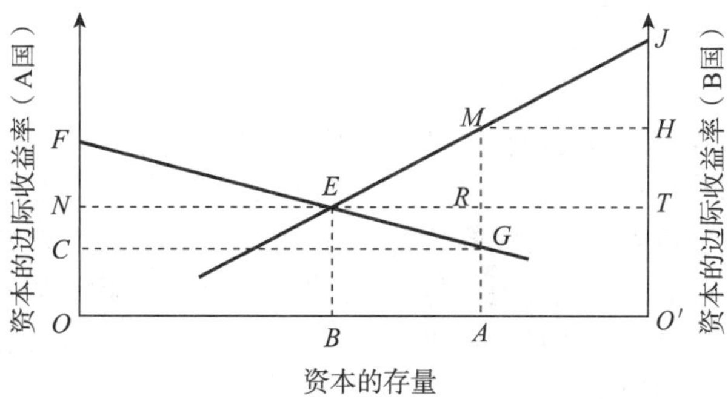

图10-1　资本国际流动的产出与福利效应

（二）资本国际流动的政策含义

资本国际流动的利益分配问题是该流动理论的重大课题，因此而产生的跨国公司在当今的世界经济中具有重大影响。资本的跨国流动往往与国际分工紧密结合，资本的国际流动意味着生产力、技术、设备、管理经验的跨国流动，同时也伴随着市场的转移和市场份额的变化。资本的国际流动还意味着资源在国际上更为合理的配置，各个国家内部因为禀赋等原因，无法实现资源的最佳配置，而资本的国际流动意味着资源的重新配置与组合，它会突破一国之内限制经济发展的某些因素，使得经济结构更为合理，从而节约社会劳动，提高劳动生产率，促进经济的发展。东亚地区通过引进外国资本和技术，使经济获得高速发展即是一例。

三、国际生产折中理论

国际生产折中理论是英国经济学家邓宁（J. Dunning）于1977年总结而成的。这一理论从国际经济的现实出发，对资本跨国流动的所有方面均有所涉及。邓宁将经济学家海默（S. Hymer）1960年提出的垄断优势论，巴克利（P. Buckley）、卡森（M. Casson）20世纪70年代中期提出的市场内部化理论，韦伯（P. Weber）提出的工业区位理论等关于资本国际流动的理论综合到一起，形成了他自己的关于跨国公司对外直接投资的理论。

（一）国际生产折中理论的基本内容

邓宁认为，企业在国际经济中至少可以有三种方式从事活动，即出口、直接投资和技术转移。而一个企业的所有权特定优势、市场内部化优势、区位特定优势三者的结合就决定了该企业与其他企业相比是否具有对外投资的优势，或者是否可以通过出口、技术转移来开拓该优势。所有权特定优势与市场内部化优势是跨国公司对外投资的必要条件，它们并不能决定一个企业一定要通过直接投资参与国际经济活动，而区位特定优势则是跨国公司进行对外投资的充分条件，三者的结合决定了直接投资的发生。

所有权特定优势是指，企业具有特殊的组织管理能力、金融融资、技术方面的特点和优势，规模经济、垄断地位及其他获得产品差异的优势。这些优势构成了企业比投资所在国公司更大的优势，可以使企业克服在国外生产碰到的附加成本、制度以及文化方面的风险。市场内部化优势是指，企业具有将所有权特定优势进行内部化的能力。由于外部市场存在不完全性，如新产品缺乏价格可比性、在寡头市场的情况下难以议价，企业的所有权特定优势可能会受到打击而丧失。内部化是指企业扩大生产经营体系，形成内部的经营空间，在内部实行资源更有效率的配置，克服在外部市场进行交易的不利条件。但是，上述两种优势并不能决定企业必然实行直接投资（具有所有权特定优势及市场内部化优势时可以通过出口获利，而只具有所有权特定优势时可以通过技术转移加入国际经济而获利）。因此，区位特定优势很重要，它是投资的充分条件。区位特定优势包括东道国的劳动力成本情况、市场的条件与需求状况、关税与非关税壁垒、东道国政府的各种政策，即国际投资的软硬条件方面的优势。它解释了企业为什么一定要到该国进行投资。我们可以简单地将邓宁的国际生产折中理论理解为：

对外直接投资 ＝ 所有权特定优势＋市场内部化优势＋区位特定优势

当三种优势都具备时，企业便会采取对外直接投资的形式从事国际经济活动。

（二）对国际生产折中理论的评价

该理论较大程度地反映了20世纪60年代之后形成的新的国际经济发展格局，克服了国际贸易理论假设中国际上资本不能流动的缺陷，也弥补了国际投资研究只解释资本流动的不足。它将国际贸易、直接投资和技术转移结合起来，比较全面地解释了新的国际经济现象，具有很强的实践性。但这一理论在很大程度上是前人的理论，尤其是20世纪60年代国际贸易与投资理论的综合与折中，并没有很重大的理论突破，同时也没有更好地说明中小企业的国际投资现象。然而，这并不妨碍该理论在政策和实践上的重要程度和参考意义。1982年，邓宁将他的理论动态化，提出了国际经济学中的直接投资发展周期的思想，即对一国从引进资本、资本双向流动到最终向外输出资本的变化过程的研究，使得他的理论进一步向实践靠拢。

第二节　劳动力国际流动及其经济效应

一、劳动力国际流动的原因

劳动力的国际流动是国际经济关系的一个方面。劳动力的国际流动有若干种形式，如永久移民式的劳动力国际流动，中短期国际劳务出口（工程、服务等的工作人员）等。此外，留学人员、技术性劳务合作人员（人才流动）、在外资机构的工作人员（未跨国界的流动）等为外国所利用的本国劳动力等都可以算作劳动力的跨国流动。

真正意义上的劳动力的国际流动，是指因经济原因而产生的劳动力的跨国流动。其原因主要是国民收入的国际差异，即相同质量的劳动力在不同国家的收入是不同的。劳动力总是从低劳动报酬的地方流向高劳动报酬的地方，短期流动的劳动力看重的是货币工资收入的差异，长期移居的劳动力则更看重实际报酬的差异。

各国劳动力供求的不平衡会造成劳动力的国际流动，劳动力一般从工业化程度较低的国家流向工业化程度较高的国家。这是因为前者创造的就业岗位相对于后者较少，当前者无法向劳动人口提供充足的就业机会时，劳动力就会产生国际流动。经济周期也是引起劳动力跨国流动的一个重要原因。当一个国家陷入经济危机时，该国将首先解雇国外的劳工，这将造成劳动力的回流，也形成劳动力的跨国流动。

随着国际贸易和国际投资以及其他国际经济活动的进行，劳动力也会出现国际流动，这是因为在跨国的经济活动中总要有本国的雇员随着资本、商品流动，以使资本和商品的跨国流动产生更好的效益。各国一般会鼓励劳动力一定程度的流动，除了经济方面的收益外，这种流动也会促使流动者学习、掌握劳动力输出国所需要的无形经验或其他知识。当然，当今劳动力日益具有跨国流动所需的必要条件（如技能、人身自由等）也是促成劳动力国际流动的重要原因之一。

二、劳动力国际流动的经济分析

（一）劳动力国际流动的图形分析

图10-2对劳动力国际流动进行了经济（福利）分析。设有A、B两国，图10-2中的横轴为两国劳动力的存量，纵轴为劳动的边际收益率，即在技术、资金状况不变时，每

单位增量劳动所增加的产量。图中左面为 A 国劳动的代表性边际收益率，图中右面为 B 国劳动的代表性边际收益率。可以看出，B 国劳动的边际收益率高于 A 国，劳动力将从边际收益率低的 A 国流向边际收益率高的 B 国。当两国劳动的边际收益率一致时，劳动力流动停止。

在图 10-2 中，A 国的劳动量从左原点出发，为 OA，B 国从右原点出发，为 $O'A$，A 国的总产出为 $FOAG$，其中 $OCGA$ 为劳动的收入，CFG 为其他要素的收入，劳动的边际产出为 OC。B 国的总产出为 $O'JMA$，其中 $O'HMA$ 为劳动的收入，HJM 为其他要素的收入，劳动的边际产出为 $O'H$。在劳动力自由流动的条件下，劳动力由收益率较低的 A 国流向 B 国。劳动力产生流动（AB 的量），在 E 点达到均衡，边际收益为 $ON=O'T$，A 国的总产出为 $OFEB$，B 国的总产出为 $O'JEB$，总的情况从 $FOAG+O'JMA$ 增为 $OFEB+O'JEB$，净增 EGM。

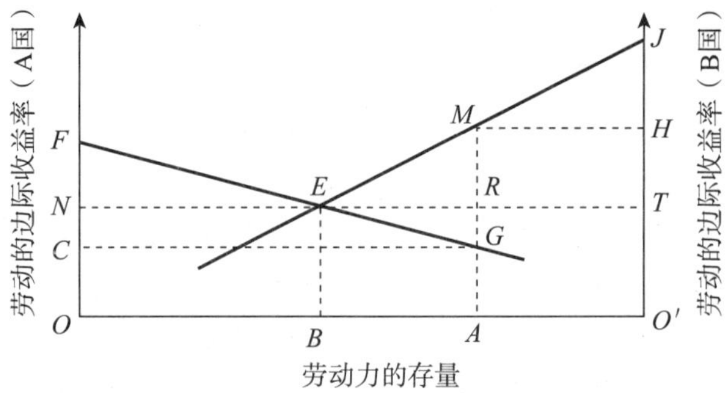

图 10-2　劳动力国际流动的产出与福利效应

（二）劳动力国际流动的福利分析

在新增的 EGM 中，ERG 为劳动力流出国所得，MER 为劳动力流入国所得。A 国的总收入为 $OAREF$，劳动的收入为 $ONRA$；B 国的总收入为 $O'JERA$，劳动的收入为 $O'TRA$。A 国其他要素的收入为 NFE，B 国其他要素的收入为 TEJ。新增部分 EGM 是劳动力国际流动的利益。

第三节　技术转移及其经济效应

在国际经济学中，技术是科学思想和理论的物质表现，是人们已知的、用于生产有形产品和服务的工艺、程序及方法。科学对于国际经济的作用，在多数情况下是通过技术来体现的，技术的转移可以带来相应的经济效应。在今天的国际技术结构中，存在着劳动密集型技术、资本密集型技术以及智力密集型技术的区分。

一、技术的国际转移

（一）技术国际转移的动因

技术国际转移的原因在于技术的引进对于经济的促进作用和其带给引进技术的企业的

经济收益。同时，技术的引进会使产业结构发生变化，提高引进技术的企业在国际市场中的竞争力。从技术输出者的角度来看，技术转移也是其转移即将过时的技术、延长某种技术的生命周期的手段，同时还能获得转移技术的经济收益。总之，经济利益的驱动是一个经济体和企业引进技术的根本动因。

（二）技术国际转移的形式

技术转移的形式包括专利的使用、技术秘密的使用、制造技术的传播等，具体的转移形式则有垂直型、水平型、简单型、吸收型等。垂直型技术转移是指一个国家的基础型研究成果被另一个国家在应用型研究中采用，或一个国家的应用型研究成果被另一个国家的生产所采用。水平型技术转移是指在一个国家已经应用的技术在另一个国家的生产中被采用。在实践中还存在着混合型技术转移，即一个国家的技术转移同时存在着垂直型与水平型的情况。简单型技术转移是指一个国家的技术转移到另一个国家，至于被转移国家是否能将该技术复制出来则并不重要。而吸收型技术转移，即真正的技术转移，要求被转移国家能够复制出所吸收的技术。

二、技术国际转移的经济分析

（一）技术转移的新古典价格激励模型

如果市场具有完全竞争的特点，则讨论技术选择时可以只作经济方面的考虑，不讨论其他因素。设只有两种技术可供选择，即同一种产品既可以用资本密集型技术生产，也可以用劳动密集型技术生产，即假设只存在着资本（K）与劳动（L）密集型生产，且这两种技术间具有可转换的关系。图 10－3 中 F 为等产量线，资本 K 和劳动 L 的价格无扭曲，影响技术选择的因素只是价格。P_1、P_2 是价格线，即同量货币所能购买的 K 与 L 的量。切点 T 表示 K 相对于 L 更廉价，故选择资本密集型技术为宜；T' 点则相反，故选择劳动密集型技术为宜。

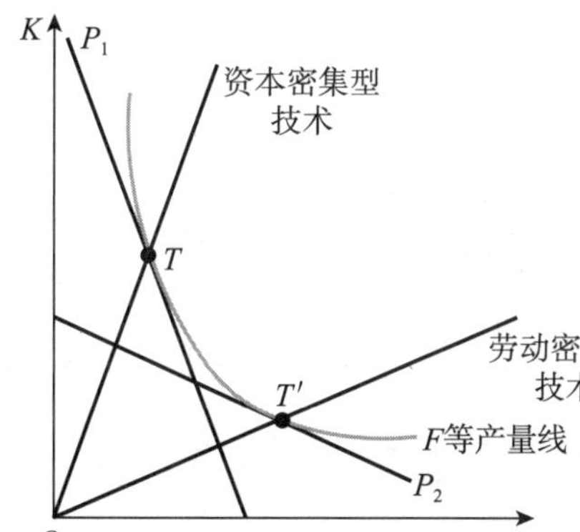

图 10－3　技术选择

图 10－3 隐含着进行技术选择，政策上必须消除价格扭曲。如果以补助等措施人为地提高人员的工资，则这会掩盖实际中资本的稀缺，人们就会去选择相对廉价的资本密集型技术。这种做法虽然对微观企业有利，但从宏观方面来说，实际上是资源的浪费。

（二）中性技术进步说

中性技术进步说通过考察生产过程中资本-产出比的变化来考察技术进步的作用。资本-产出比（K/Y）既可以表明资本本身的变化，又可以间接反映劳动供给的变化。如图 10－4 所示，图中横轴代表劳动，纵轴代表资本，斜线为 K 与 L 之比，即资本-劳动比。技术进步的三种情形分别如图 10－4（a）、图 10－4（b）、图 10－4（c）所示。

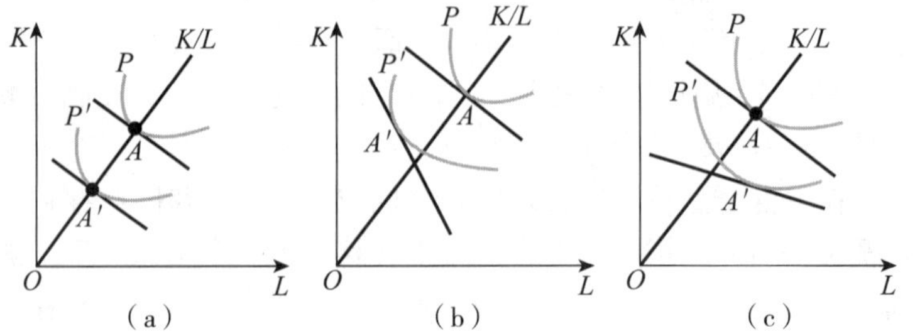

图 10－4　不同类型的技术进步

第一种情形如图 10－4（a）所示，技术进步没有引起要素投入比例的变化，即此类技术进步既未节约劳动也未节约资本，属于中性技术进步。第二种情形如图 10－4（b）所示，由于技术变动导致了 K 与 L 之比上升，因此其属于劳动节约型技术进步。第三种情形如图 10－4（c）所示，由于技术变动导致了 K 与 L 之比下降，因此其属于资本节约型技术进步。由此可见，在经济现实中企业可以有多种选择。除了价格因素外，还存在着结构转换因素（资本-劳动比意味着生产中的结构性变化）。

（三）技术转移的周期理论

占有新技术优势的企业，在对外经贸战略上大都经历了三个阶段：新产品出口、直接投资生产该产品和技术输出。三个阶段之间按一定规律进行周期循环（见图 10－5）。

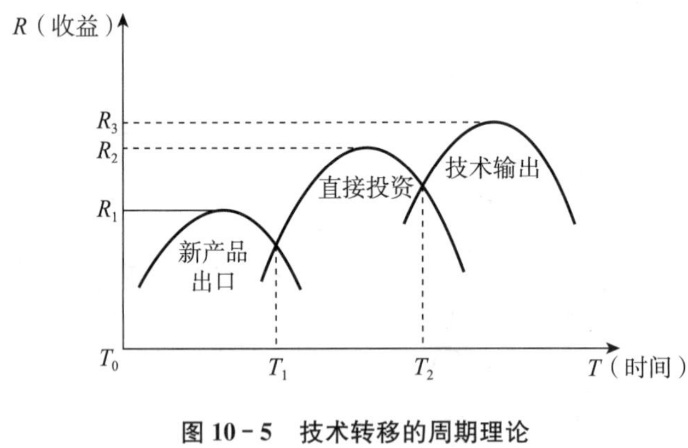

图 10－5　技术转移的周期理论

如图 10－5 所示，具有新技术优势的企业，第一步总是以新产品出口获利，有着独占市场的性质。当出口市场开始生产该产品时（T_1），该企业可以利用东道国的资源直接投资获利；当东道国生产扩大收益下降时，企业可以通过输出技术维持收益（T_2）。不同国家的需求与资源的关系不同，在不同的发展阶段需求与资源的关系也不同，这样技术便产生了流动。这种技术转移的周期过程对于解释今天跨国公司在东道国的行为是有一定的参考意义的。一般而言，在今天的国际经济条件下，跨国公司大都是遵循着上述的周期过程来进行新产品出口、直接投资和技术输出以实现收益最大化的。

（四）技术国际转移的政策含义

技术引进可以加速经济发展，技术转移可以使相关方获利，这是为世界经济实际所证明的。日本在第二次世界大战后经济迅速恢复、崛起，就得益于大量从美国、欧洲引进的先进技术。这样做不仅节约了大量的资金投入，而且节省了大量的时间。在当今的国际经济中，引进技术对发展中国家具有更为重要的作用。但发展中国家在技术引进中，应强调适用技术的引进，要适合国情。适用技术不是落后技术，而是与一个国家的经济发展目标、要素禀赋特征、技术吸收能力相适应的技术。引进技术的国家应对引进与消化进行综合考虑，尤其要注重对引进技术的消化，同时不仅要对引进的技术进行适应性改造，而且要努力争取技术自主开发能力的不断提高并尽快赶上世界先进水平，即追求技术变动的最佳动态效益。

第四节　要素国际转移的其他经济分析

两缺口模型是由 20 世纪 60 年代美国经济学家钱纳里（H. Chenery）和斯特劳特（A. Strout）共同提出的。该模型试图从理论上阐明发展中国家利用外资来弥补国内资金短缺的必要性。

在宏观经济学中，为了维持既定的经济增长速度，投资和储蓄之间的差额（储蓄缺口）同进口和出口之间的差额（外汇缺口）必须保持平衡。由于投资、储蓄、进口和出口都是独立不变的，因此，这两个缺口不一定能平衡。为使其达到平衡，政府可以有两种调节方法。一种是不利用外资的方法。当国内储蓄缺口大于外汇缺口时，政府就必须压缩投资或增加储蓄；当外汇缺口大于储蓄缺口时，政府就必须减少进口或增加出口。按这种方法，除非有可能增加储蓄和出口，否则，经济增长速度就会减缓。

另一种调节方法是在缺口以外寻找资金，这就是利用外部资源。利用外资进口机器设备就是一个很好的例子，一方面，这项进口暂时不需要用出口来抵付，另一方面，这项投资品不需要国内的储蓄来弥补。可见，利用外资可以同时弥补两个缺口，既可以满足投资的需要，又可以减轻支付进口费用的压力，从而保证经济的增长。虽然外资是实现经济快速增长的重要途径之一，可以解决发展中国家的资源"瓶颈"问题，但是，外资最终还是要偿还的。因此，政府必须提高外资的利用率，使其能直接或间接地促进出口的增长，促进储蓄的提高，增强其偿还能力。

一、缺口的概念

一个国家在经济发展的进程中会遇到很多约束，如储蓄规模、外汇储备、技术能力和财政资金等。宏观经济学中的哈罗德-多马模型隐含着一个基本的前提，即 $S=I$ 是经济增长的基本条件，但当国内资源（储蓄）不足以支持理想的增长速度时，储蓄缺口（如在储蓄、外汇、政府收入、技术等方面）便会出现，当缺口即资金不足阻碍了经济发展时，引进外部资源弥补这些缺口便成为必要。

二、两缺口模型

该模型主要考虑的是储蓄缺口与外汇缺口在国民经济发展中的作用。从国民经济的基本恒等式——总收入等于总供给，我们可以得出：

$$Y=C+S+T+M$$

式中，Y 为总供给；C 为消费；S 为储蓄；T 为税收；M 为进口。

$$Y=C+I+G+X$$

式中，Y 为总需求；C 为消费；I 为投资；G 为政府支出；X 为出口。若税收等于政府支出（$T=G$），则有：

$$S+M=I+X \text{ 或 } I-S=M-X$$

公式左边 $I-S$ 是投资与储蓄的差额，为储蓄缺口；右边 $M-X$ 是进口与出口的差额，为外汇缺口。由于有投资、储蓄、进口、出口四个独立的变量，因此进行调节的目的是使上述公式平衡。

三、两缺口模型的政策含义

该模型强调了发展中国家利用外部资源的必要性。发展中国家通过引进外部资源，可以提高出口能力，促使高收入、高储蓄的良性循环出现，实现更加合理的资源配置。在引进外部资源时，国内的经济结构需要进行调整以适应引进外部资源的要求。同时，发展中国家应该发挥政府在调控经济活动中的作用。积极引进外部资源具有重要意义。在 20 世纪 70—90 年代，东亚的发展中国家与地区通过引进外部资源，实现了高速的经济发展。我国的案例也告诉我们，引进外部资源必须重视使用资源的效益，实现高效益才是引进外部资源的初衷。

四、引进外资的经济分析

一个经济体引进外部资源，是否存在着界限，是否越多越好？从人们的常识角度讲，这似乎不应该成为问题，显然经济体应该尽量引进外部资源。但从理论上讲，引进外部资源存在着最佳的规模，超过最佳规模，引进外部资源就意味着损失。如图 10－6 所示，最佳引进量 OQ_2 是在 $MC=MR$ 时吸引的外部资金量，即对应边际收益等于边际成本的点。这时，该社会所有的富余资源与引进的外部资源相结合，创造出最大的经济效益。图中 A 点所对应的外部资源引进量，其单位外部资源可以产出最大的收益，A 点是产出效率最佳点，却不是总的经济效益最大点，因为此时仍然存在闲置的国内资源（如劳动）等待与引进的外部资源（如资金）结合。

在图 10－6 中，OQ_2 为最佳引进外资水平，该点符合 $MC=MR$ 的原则。在 A 点的左

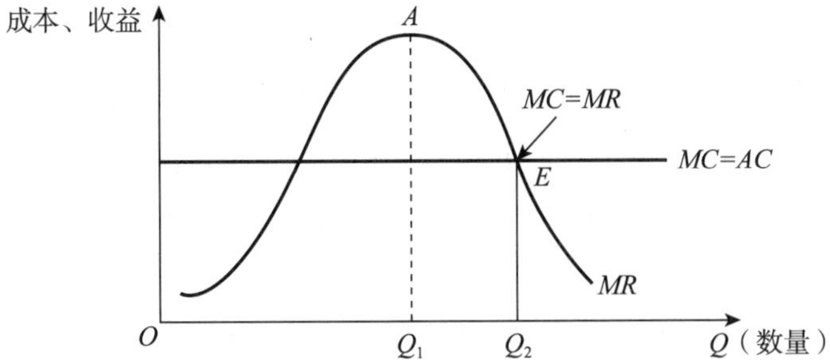

图 10-6　引进外资最佳规模分析

边，边际收益大于边际成本，外资有较高的回报率，但社会仍然有富余的其他资源。在 A 点的右边，尽管边际收益在降低，但引进的外部资金尚未吸收完该社会的其他富余资源。只有在 E 点，各种资源才结合得最为充分，总收益最大。

五、一国外债的数量界限及结构

一般来讲，一国可以借入和利用外债的水平（界限）主要受以下几个方面的制约：该国经济发展对外汇资金的需求；经济对外债的承受能力；国际资本市场的资金供求情况；该国外债使用的经济效益；等等。

（一）外债的规模（数量界限）

从理论上讲，外债的引入数量不能只从供给与需求的角度考虑，更重要的是要考虑外债使用的经济效益。其最佳理论规模是使外债的边际收益等于外债的边际成本时的外债使用量。外债最佳规模只是一种理论推演，实践中相关国家只能力求达到次优债务规模。目前世界上通常使用的衡量外债规模的重要指标有三个。

（1）偿债率。它的经济含义是当年还本付息额占当年出口总收入的比重，即每年出口收入中有多少被用于偿付到期的本息。

$$偿债率=\frac{当年还本付息额}{当年出口总收入}\times 100\%$$

一般认为这一比率不应超过 20%，超过 30%则是危险的。

（2）出口债务率。它的经济含义是当年外债余额与当年出口总收入之比，表示所欠外债额与出口收入之间的关系。

$$出口债务率=\frac{当年外债余额}{当年出口总收入}\times 100\%$$

一般认为这一比率不应超过 100%。

（3）经济债务率。它的经济含义是当年外债余额占当年国民生产总值的比重，表示所欠外债额与整体经济的关系。

$$经济债务率=\frac{当年外债余额}{当年国民生产总值}\times 100\%$$

一般认为这一比率的安全线为30%。

从1995年起，世界银行变更了对外债规模的衡量办法，在绝大多数国家外债承受能力有所增强的情况下，开始采用现值法，即用债务的现值代替债务的名义值来衡量债务水平。

$$经济现值债务率=\frac{未偿还债务现值}{国民生产总值}\times 100\%$$

该指标以80%为临界值。

（二）外债结构

外债结构管理是在外债规模基本确定的前提下，根据经济建设对外汇资金的实际需要和具体要求、国际资本市场行情及其发展趋势等，对外债结构的各个要素的构成比例进行合理配置、优化组合，以达到降低成本、减少风险、保证偿还的目的。

利率和币种结构管理在外债结构管理中占有相当重要的地位。利率和币种结构的优化源于对利率和汇率风险的认识。利率风险是指从外债借入到偿还期间，由于借款利率波动而造成外债增加或减少的可能性。汇率风险又称外汇风险，是指在外债借、用、还过程中，因有关货币汇率波动而使债务人蒙受损失或获利的可能性。

(1) 利率结构管理。利率是影响借款项目成本和国家外债总体成本的重要因素。进行利率结构管理就是要合理安排、适时调整债务利率结构，以降低或稳定外债成本，规避风险。

第一，争夺优惠性利率，降低外债成本。具体来讲，一国应尽量争取外国政府贷款、国际金融组织贷款和出口信贷等利率水平较低、贷款条件较为优惠的国际贷款。

第二，根据市场总体利率水平选择固定利率或浮动利率。一般来讲，当国际金融市场利率普遍较低时，一国可选择固定利率贷款，或增加固定利率债务在国家总体外债中的比重；当国际金融市场利率水平较高时，则选择浮动利率贷款，或增加浮动利率债务在国家总体外债中的比重，以获得利率可能下浮的好处。

(2) 币种结构管理。币种结构管理是指根据利用外资中对各种货币的实际需要、国际货币的汇率走势、国家外汇收支和外汇储备的状况等来安排和调整外债币种结构。进行币种结构管理的目的就是通过合理搭配、适时调换币种来防范和减少汇率风险。一国应力争做到：使债务币种多样化；合理搭配币种结构的比例；及时调整币种结构；使外债币种在借、用、还三个环节互相衔接和适应，原则上使所借货币和所用货币以及所还货币相一致。

(3) 期限结构管理。外债有短期和中长期之分，前者指负债期限为1年或1年以下的债务，后者指负债期限在1年以上的债务。期限结构管理的目的在于合理安排短期债务和中长期债务的比例，以保证到期如数还本付息。

(4) 借款市场与国别结构管理。借款市场与国别结构的优化在于筹资场所多元化。由于各资金市场的资金来源、金融工具和币种不同，各资金提供国的外汇管制程度不同、政治意向时有变化，因此为防范筹资中的国家风险和政治风险，保证借款来源的稳定，一国要分散筹资市场和国家。

小　结

1. 资本国际流动是指资本从一个经济体转移到另一个经济体的过程。资本国际流动的根本原因在于追逐收益，尤其是经济收益。资本要素的跨国流动使要素得以在更为广阔的市场空间实现更为有效的配置，增加了社会财富的绝对量，也提高了贸易参与国的国民福利水平。然而，资本的跨国流动对于资本输出国和东道国不同要素所有者的利益消长的作用、影响是不同的。在资本输出国，资本要素所有者的相对收入提高了，但劳动要素所有者的相对收入减少了。在东道国，所发生的情形正好相反。因此，资本输出国的就业水平趋于下降，东道国的就业水平趋于上升。

2. 国际生产折中理论是英国经济学家邓宁于 1977 年总结而成的。这一理论从国际经济的现实出发，对资本跨国流动的所有方面均有所涉及。邓宁认为，企业在国际经济中至少可以以三种方式从事活动，即出口、直接投资和技术转移，而一个企业的所有权特定优势、市场内部化优势、区位特定优势三者的结合决定了该企业与其他企业相比是否具有对外投资的优势，或者是否可以通过出口、技术转移来开拓该优势。所有权特定优势与市场内部化优势是跨国公司对外投资的必要条件，它们并不能决定一个企业一定要通过直接投资参与国际经济活动，而区位特定优势则是跨国公司进行对外投资的充分条件，三者的结合决定了直接投资的发生。

3. 劳动力的国际流动是国际经济关系的一个方面，真正意义上的劳动力的国际流动，是指因经济原因而产生的劳动力的跨国流动。其原因主要是国民收入的国际差异，即相同质量的劳动力在不同国家中的收入是不同的，劳动力总是从低劳动报酬的地方流向高劳动报酬的地方。

4. 技术是科学思想和理论的物质表现，是人们已知的、用于生产有形产品和服务的工艺、程序及方法。科学对于国际经济的作用，在多数情况下是通过技术来体现的，技术转移可以带来相应的经济效应。技术国际转移的原因在于技术的引进对于经济的促进作用及其带给引进技术的企业的经济收益。同时，技术的引进会使产业结构发生变化，提高引进技术的企业在国际市场中的竞争力。

5. 两缺口模型强调了发展中国家利用外部资源的必要性。发展中国家通过引进外部资源，可以提高出口能力，使得高收入、高储蓄的良性循环出现，更加合理地配置资源。在引进外部资源时，国内的经济结构需要进行调整以适应引进外部资源的要求，同时发展中国家应该发挥政府在调控经济活动中的作用。

6. 从理论上讲，外债的引入数量不能只从供给与需求的角度考虑，更重要的是要考虑外债使用的经济效益。其最佳理论规模是使外债的边际收益等于外债的边际成本时的外债使用量。目前世界上通行的适度债务规模的衡量指标是：偿债率、出口债务率和经济债务率。

复习与思考

核心概念

资本国际流动　　长期资本流动　　短期资本流动　　直接投资

间接投资	国际生产折中理论	劳动力国际流动	技术转移
技术进步	外债	偿债率	出口债务率
经济债务率	经济现值债务率		

思考题

1. 试分析资本国际流动的原因。
2. 试述资本国际流动的主要形式。
3. 试用图形解释资本国际流动的经济效应。
4. 试述国际生产折中理论的基本内容并进行评价。
5. 试分析劳动力国际流动的原因。
6. 试用图形进行技术国际转移的经济分析。
7. 试推导两缺口模型并阐明其理论与实践意义。
8. 试说明国际上用于衡量一国外债负担的主要指标及其含义。

第十一章

国际经济非均衡传导

本章的学习目的在于使学生了解和掌握经济失衡是如何从一个国家传导到另一个国家的，国际经济失衡的传导机制是如何运行的。

重点掌握

加入国际商品交换因素的经济均衡与失衡
贸易乘数原理
加入国际资金流动的经济均衡与失衡

在国际经济领域，一个国家经济的均衡是把国内经济状况与国际收支综合起来考虑的均衡，即该国的国际收支状况允许其维持经济的开放性，同时国内经济运行也不存在严重的通货膨胀、衰退或失业。经济失衡则是一个国家无法维持其开放性或国内经济出现了严重的通货膨胀、衰退或失业。随着社会经济生活国际化的发展，一个国家出现的经济失衡，会通过若干途径传导到另一个国家，引起其他国家的经济失衡。本章将探讨世界经济中的经济失衡是如何从一个国家传导到另一个国家的，这种传导机制是如何运行的，即这种经济失衡是通过什么途径、在什么条件下在其他国家的经济中扩散开来的，产生了什么样的影响，运行机制是怎样的。

第一节　国际商品交换领域中的传导机制

本章所说的传导机制，主要是指通货膨胀、失业、衰退、国际收支逆差是怎样在国际上通过贸易、资金、技术、人力、制度等因素的有形和无形渠道传导的。本节首先分析失衡通过国际贸易进行传导的机制。

一、加入国际商品交换因素的经济均衡与失衡

所谓加入国际商品交换因素，就是指在封闭的宏观经济模型中加入进口和出口两项因素。我们将讨论存在国际贸易时，非均衡是如何在国与国之间传导的。开放条件下的宏观经济，其收入均衡公式总是服务于总供给与总需求的均衡。

$$Y=C+I+G+(X-M)$$

经过变换，可以得到：

$$S-I=X-M$$

这一公式的经济含义为：在开放的条件下，若一国的投资与储蓄相等，即储蓄都能有效地转换为投资，则一国的进口与出口也必须相等（假定本币对外汇率既不被高估也不被低估）。

（一）均衡下的经济增长

假定在 $S-I=X-M$ 的均衡中，一国出现了出口大于进口，但储蓄与投资仍然保持相等的情况，这时国际收支出现顺差。由于出口属于国民收入均衡公式中需求方的一项，于是总需求大于总供给，在其他条件不变的情况下，一国将产生通货膨胀。如果进口大于出口，储蓄与投资仍然保持相等，由于此进口属于国民收入均衡公式中供给方的一项，于是总供给大于总需求，国际收支出现逆差，经济出现衰退，失业增加。在进出口变化（汇率、利率、价格、偏好诸因素的任何变化，都必然会导致进出口变化）而产生经济失衡时，一国可以通过调节投资、储蓄、出口、进口中的任何一项，使经济恢复均衡。例如，在出口大于进口时，一国可以采取减少出口或增加进口从而缩小国际收支顺差的做法来暂时恢复均衡，但从长期、动态的角度看，不均衡仍然是经常出现的。

（二）国际商品交换中的乘数效应

一国要达到宏观经济目标，在存在国际商品交换的条件下，可以通过进出口来进行调节。例如，扩大出口提高总需求来推动国内就业的增加，扩大或减少国际收支差额来稳定国内物价变动，等等。而这些方法的使用，又无一不在延续经济的失衡-均衡-失衡的动态过程。这里所讨论的乘数效应，是对经济增长进行传导的动态过程。宏观经济学中的乘数效应是凯恩斯学派关于投资引起国民收入增长的倍增关系的分析，即投资增加一单位可以引发国民收入增加若干单位的分析。

投资乘数分析的是投资与国民收入、就业之间的相互影响及相互制约关系，描述经济体内部投资促进经济增长的动态传导过程。乘数理论的公式推导过程如下：

从宏观经济学的供给和需求方面我们可以得到收入的决定公式：

$$Y=C+I+G$$
$$Y=C+S+T$$

若 $G=T$，则有：

$$I=S$$

其增量为：

$$dI=dS$$

变形后为：

$$dI=\frac{dS}{dY}dY \qquad dY=\frac{dI}{\frac{dS}{dY}}$$

乘数的政策含义是：投资会引致收入的成倍增长，因此投资在国民经济中的作用远比投资本身要大得多，用投资刺激需求，能同时提高下一期的生产能力，使经济进一步增长。

国际商品交换中的乘数效应反映的是，一个国家的出口增长代表了有效需求的增长，它将一轮一轮地引起与这一出口增量直接和间接有关的国内其他产业的连锁反应，从而使国民收入呈现成倍扩大的效果，即在一定条件下，国民收入增长的幅度远大于出口增长的幅度。乘数效应分析的是在边际进口倾向与边际储蓄倾向之和小于1时，每增加一单位出口能使国民收入产生数倍于出口增量的增长，从而带动国内就业增长的情况。

假定已知 $S-I=X-M$，为保证国民收入的动态平衡，就必须有：

$$dS-dI=dX-dM$$

式中，d 为增量符号。对上式进行恒等变换可得：

$$dI+dX=dS+dM$$

$$dI+dX=\left(\frac{dS}{dY}+\frac{dM}{dY}\right)dY$$

$$dY=\frac{1}{dS/dY+dM/dY}(dI+dX)$$

若令 dI 为零，即不考虑国内投资因素，只考虑出口的影响，有：

$$dS=dI=0$$

则有：

$$dY=\frac{1}{dM/dY}\cdot dX$$

该式即为贸易乘数公式，式中 dM/dY 为单位增量收入中用于进口的比重，即边际进口倾向；$1/(dM/dY)$ 为出口乘数。因为边际储蓄倾向与边际进口倾向之和小于1，所以 dY 为 dX 的大于1的倍数。它表明扩大出口对增加国民收入的乘数作用。边际进口倾向越小，即单位国民收入中用于进口的部分越小，出口对经济发展的刺激作用就越大。这一关系用于进口也是成立的，即进口也存在乘数效应，它可以对经济产生倍增的收缩作用。

二、通过国际商品交换进行的传导

由于经济生活国际化的不断发展，各国对世界市场和外部经济环境的依赖也在不断加深。一个开放型的经济如果国内市场规模有限，在原料来源和产品实现方面与世界市场联系得越密切，则该国经济受外部经济条件变动的影响就越大。世界市场中的价格或供求的波动通过国际商品交换逐步在该国的各个部门间扩散，最终影响整个国民经济。

（一）通过国际商品价格传导的过程和机制（价格效应）

我们一般把一个国家的经济划分为开放部门与非开放部门。开放部门是指一国经济中与世界市场有着直接联系的部门；非开放部门则相反，是指那些与世界市场没有直接联系的经济部门。在世界经济有较大波动，世界市场价格发生了较大幅度的上升或下跌后，一个国家内首先受到影响的是开放部门，开放部门会作出相应的、合乎理性的反应，如提高或降低本部门的商品价格，增加或减少本部门的生产供应量等。传导的作用通过开放部门向非开放部门渗透，那些向开放部门提供原料、燃料、辅料、中间产品、工人消费品及吸收开放部门商品的部门，也会随之调整自己商品的生产与价格。这样，一个国家的经济总体便受到了世界经济变化的影响。

这种传导机制可简单归纳如下（见图 11－1）。

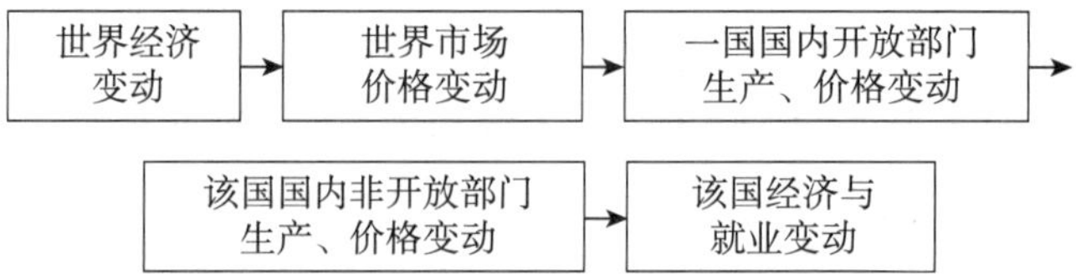

图 11－1　一国经济受世界经济变化影响的传导机制

（二）通过贸易乘数的国际传导（收入效应）

贸易乘数本身也存在着在国际经济中的传导问题。我们假设世界是由两部分组成的——甲国和乙国，研究甲、乙两国的进出口对国民收入的影响，以及通过国际商品交换渠道，甲、乙两国国民收入扩张与收缩的传导过程。

（1）国民收入扩张的传导过程。甲国首先发生自发性出口增加，由于贸易乘数的作用，甲国国民收入相应产生了倍数增加；甲国国民收入的增量中，有一部分按照甲国既定的边际进口倾向用于从乙国进口商品，导致乙国的诱发性出口增加；出口增加又通过贸易乘数效应，带动乙国国民收入的增加；而乙国国民收入的增量中，也必然有一部分按照乙国既定的边际进口倾向用于从甲国进口商品；与上述过程一样，它促使甲国产生诱发性出口增加，这种出口增加又会在甲国产生第二轮的乘数效应，从而造成甲国国民收入再一次的倍数增加（这次增加幅度将大大小于甲国第一轮自发性出口增加的乘数效应），以及甲国诱发性进口的再次发生……经过若干次这种循环，甲、乙两国（实际上就是世界经济）的扩张性收入效应逐渐衰减，最后趋于零，但两国国民收入增量的总和必然大于两国出口增量的总和，形成收入变化的国际传导。其传导过程可以用图 11－2 简要描述。

（2）国民收入收缩的传导过程。国民收入的收缩过程与国民收入的扩张过程是同时在甲、乙两国间发生的，其作用机制与上述扩张过程相反。甲国首先发生自发性出口增加，这种自发性出口增加对乙国来讲就是自发性进口增加；乙国增加进口会通过贸易乘数效应使其国民收入下降；国民收入下降又会通过边际进口倾向作用于进口，引起乙国诱发

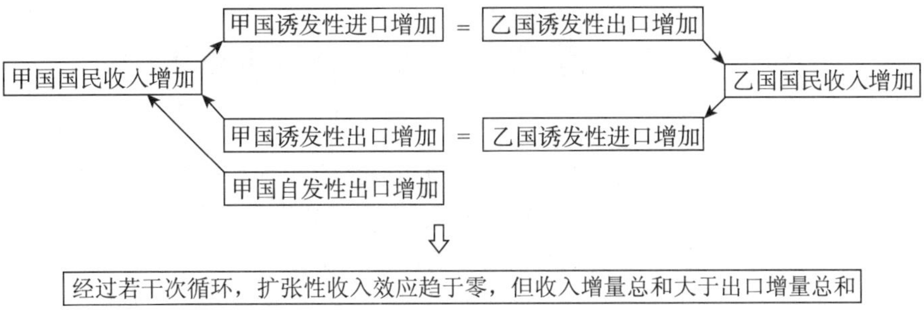

图 11－2　国民收入扩张的传导机制

性进口下降；乙国诱发性进口下降即为甲国诱发性出口下降，会导致甲国国民收入下降，进而引起甲国诱发性进口下降，从而乙国诱发性出口下降……经过若干次这种循环，甲、乙两国（即世界经济）国民收入的收缩力度趋于减弱，直至为零，但两国国民收入收缩总量要大于两国出口收缩总量，这也是一种乘数效应的国际传导。这一传导过程的情况与图 11－2 正好相反，可以用图 11－2 的相反过程来说明。

三、影响国际商品交换领域中传导机制的因素

（一）一个国家经济的开放程度

开放程度越高，通过国际商品交换渠道进行传导的经济影响就越大。这里所讲的开放程度，主要是指一个国家与世界市场有直接联系的部分在国民经济中所占的比重，即一个国家的生产、就业、消费参与世界市场的程度。如果一个国家生产中的很大比重要靠“两头在外”维持，就业中的很大部分与外贸、外资有关，消费中的相当比例来自国外进口，则世界经济的变动通过国际商品交换渠道对该国经济的影响就会较大。

（二）一个国家的贸易地位

贸易地位是指一个国家的贸易额在世界贸易额中的比重，以及一个国家的某种商品在世界该种商品的总供给和总需求中的比重。如果一个国家的贸易额在世界贸易额中的比重大，某种商品在世界总供给或总需求中的比重大，则世界经济的变动通过国际商品交换渠道对该国的影响就会较大。

（三）一个国家的贸易地区结构

贸易地区结构主要是指贸易额的地区、国别分布，它反映一国同其他国家、地区间贸易联系的紧密程度。如果两国或多国之间的贸易相互依赖程度高，一国的贸易活动在另一国中占有重要地位，则另一国的经济变动通过国际商品交换渠道对该国的影响就会较大。

（四）各国的经济政策

对外均衡历来是一个国家的主要经济目标之一。为了防止国际经济波动对本国经济的冲击，各国总要采取一定的政策来避免或者转嫁这种冲击。此外，国内的经济政策，如扩张性财政政策或紧缩性货币政策，也可以通过边际进口倾向、汇率、国民收入变化等因素调节外部经济对本国经济的影响程度。

第二节　国际资金流动领域中的传导机制

资金的国际流动同样具有把世界经济的变动从一国传导到另一国的功能。随着国际金融流动重要性的提高，它所具有的传导功能日趋增强。本节将在国际商品交换的基础上，加入国际资金流动因素，进一步考察世界经济的传导机制。

一、加入国际资金流动因素的经济均衡与失衡

这里考察的是包括国际商品流动和国际资金流动在内的经济均衡与失衡，即在宏观经济模型中纳入进出口和资金流出入等项内容后对宏观经济变化的描述。从一个国家的角度来看，资金的国际流动是由资金的跨国流入与流出组成的。资金的跨国流入包括外国在本国的投资（IF）和本国对外投资所取得的收益的汇回（RF）；资金的跨国流出包括本国在外国的投资（if）和外国在本国投资所取得的收益的汇出（rf）。加入国际资金流动后国民收入模型改变为：

$$\text{总需求}\ Y=C+I+G+X+IF+RF$$
$$\text{总供给}\ Y=C+S+T+M+if+rf$$

如果我们假设 $G=T$，即该国没有财政赤字也没有财政盈余，则总需求等于总供给的均衡条件为：

$$S-I=(X-M)+(IF-if)+(RF-rf)$$

式中，外国在本国的投资 IF 对本国的商品与劳务（机器、原料、劳动力、技术服务等）是一种需求与消耗，在这一点上它与本国国内的投资 I、消费 C、政府支出 G 是一样的，故应被列入总需求；本国在外国的投资收益的汇回 RF，实质上是增加了对国内商品与劳务的需求与消耗，故也应被列入总需求。本国在外国的投资 if 减少了对本国商品与劳务的需求，作为 IF 的负项被列入总供给；外国在本国的投资收益的汇出 rf 本质上是生产要素的一种报酬，故与国内生产要素的报酬一样，被列入总供给。

在公式 $S-I=(X-M)+(IF-if)+(RF-rf)$中，（$IF-if$）是外国在本国的投资与本国在外国的投资的差额，（$RF-rf$）是本国在外国的投资收益的汇回与外国在本国的投资收益的汇出之差。如果令 $S=I$ 对公式再变形，则这时公式变形为：

$$X-M=(if-IF)+(rf-RF)$$

在这种情况下，调节资本流动差额是使收入均衡的有效途径。例如，商品交易出现顺差，会造成总需求的增加，很可能引起通货膨胀，这时各国可以通过加大资本输出来调节。反之，贸易逆差会造成总需求不足，很可能会导致失业增加，这时各国可以通过引进外资来调节。

如果从另一个角度来考察，国际投资收益的跨国流动也是国际资金的流动，调节（$if-RF$）也可以促进收入均衡。在实际生活中，各国对本国在国外投资的收益往往通过

各种手段将其调回，并希望这些收益再转化为投资，对经济增长起到促进作用。

二、通过资金国际流动进行的非均衡传导

经济失衡通过资金的国际流动进行传导的情况大体有以下几种：

（一）通过国际资金的借贷变化进行的非均衡传导

一个国家为了加快本国的经济建设从国外借入债务，因某种原因而无法按时还本付息，会使债权人陷入困境，如果拖欠资金的数目较大，还可能会引发债权国因资金问题而产生的经济困难，更严重地，会使国际金融市场产生混乱，影响若干国家的经济增长，或形成世界范围的债务危机。

当一个国家产生经济危机、资金缺乏且银行无法维持正常资金周转时，它将停止向国外提供信贷，甚至要从国际市场上抽回资金，这会使其他国家的资金供给也相应发生短缺，出现货币市场供给紧张、支付困难，从而影响其他国家经济的稳定增长。

（二）通过不同国家的利率差异和变动进行的非均衡传导

一个国家的经济失衡（衰退或通货膨胀）总会引起国内资金的过剩或短缺，因而造成国内利率的变动。在开放条件下，如果一国利率有较大变动，则会造成资本的流动，即资金将从利率较低的市场流向利率较高的市场。这种流动达到一定规模，必将影响国际市场利率，从而使其他国家经济受到影响。一般来讲，在国际利率发生变化之后，世界各国的利率也必然发生变化，各国国内的通货膨胀率也要随着世界通货膨胀的变化而波动，最终使通货膨胀或通货紧缩因而得到传导。

（三）通过国际收支差额变动进行的非均衡传导

一个国家出现国际收支顺差或逆差即意味着非均衡的发生。非均衡产生的原因是很多的，但总要集中反映在经常账户或资本账户的变动上。以国际收支顺差为例，发生顺差的原因可能是，出口大于进口，即经常账户产生顺差，也可能是外部资金流入超过本国资金流出，即资本账户产生顺差。这两种原因造成的顺差都可能将世界其他国家经济的失衡传导进来，也可能把本国经济的失衡传导出去。

大量的国际收支顺差或者是引起外汇大量流入，增加本国的货币供给而导致通货膨胀，或者是使得本国为避免通货膨胀而使本币升值，从而伤害本国的出口，使进口增加。两者都会损害本国经济的发展，实质上是将外界的通货膨胀传导到了国内。大量的国际收支逆差意味着国内资金的外流，为克服这一情况，一国往往要实行紧缩性政策，减少信贷、提高利率，这将对国外市场的资金供给产生影响（见图 11－3）。

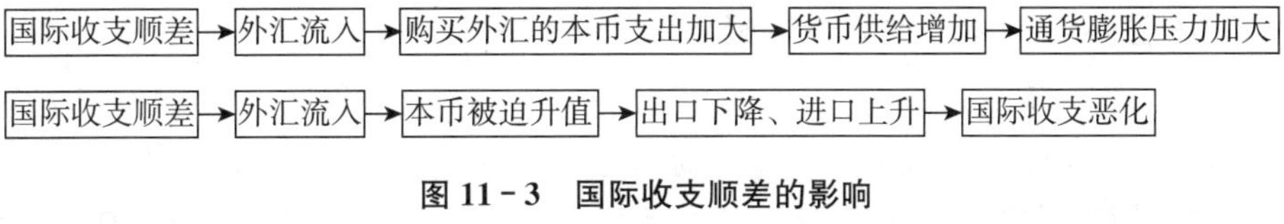

图 11－3　国际收支顺差的影响

（四）通过汇率变动进行的非均衡传导

在当今的世界经济中，多数国家都实行政府干预下的浮动汇率制，即有管理的浮动汇率制。浮动汇率因其灵活性而被称道，但也由于其灵活性而易于传导经济的非均衡。其作

用机制是：当一国汇率因各种原因节节下浮时，人们的预期往往倾向于该种货币的汇率会继续下浮，这时持有大量该国货币的国家就会进行抛售。这种做法将加重市场上该种货币的供过于求，促使该货币的汇率进一步下浮，加剧市场的压力，甚至形成混乱，从而把导致该国本币汇率下浮的经济因素传导到国际市场和其他国家。此外，汇率的下浮本身具有扩大出口、抑制进口的作用。从乘数角度分析，这等于把本国的失业传导给了其他国家。如果其他国家也如法炮制，世界经济就将在众多国家货币竞相贬值中陷入混乱。

（五）通过大规模资产结构转换进行的非均衡传导

金融资产结构包括各国所有者持有的外国有价证券与其他外币资产的种类和数量，有价证券的国别结构，银行存款中来自国外部分的比重、国别构成等。大规模的金融资产结构转换，会形成短期资金在国际上的大规模转移，严重时会出现游资对经济的冲击，进而造成世界经济的混乱。1997—1998 年的东南亚金融危机在很大程度上与国际金融炒家大规模投机于某种货币（如泰铢、港币），采用大量沽空该种货币的办法牟利有关，这实际上是在该种货币与美元之间进行大规模的转换，其影响之严重是有目共睹的。这场危机造成了东南亚国家和地区金融体系的混乱，甚至连东亚的日本也被拖下了水。

三、影响国际资金流动领域中传导机制的因素

影响国际资金流动领域传导机制的因素，除了上面谈到的一个国家的对外开放程度外，还有以下几个方面：一国引进的外资数量、结构以及向外国投放的资本数量与结构；一国国内市场与国际市场在金融利率方面的差异以及相互变动的时间差；一国汇率下浮的幅度与国内通货膨胀的关系；世界各国所采取的金融、汇率、外资、对外投资方面的政策；等等。

第三节　国际劳动力流动领域中的传导机制

与国际商品交换、国际资金流动相比，国际劳动力流动对世界经济的影响要弱一些。随着目前大量高素质的劳动力流入发达国家，国际劳工流动对经济的影响正在加强。本节将分析在国际商品交换、国际资金流动的基础上，加入国际劳动力流动因素的世界经济传导机制。

一、加入国际劳动力流动因素的经济均衡与失衡

在前述国民收入均衡公式 $S-I=(X-M)+(IF-if)+(RF-rf)$ 中加入国际劳动力的流动，情况会产生变化。国际劳动力流动的定量分析之一，是对劳动力在世界上的不同地点所获报酬以及这种报酬的国际转移进行比较。为了进行这种比较，我们往往要做一些比较严格的假设。

第一，在国际上流动的是合格的劳动力，即在定量分析中只考虑有报酬的劳动力，不考虑其他无劳动能力、无报酬收入者。

第二，考虑劳动力国际流动的经济影响时，仅分析一国劳动力在其他国家获得的报酬收入，不考虑其他经济或技术影响（如智力外流，以及这些劳动力的创新等）。

第三，为简单起见，假设参与国际流动的劳动力总是将在外国所获得的收入全部汇回母国，不在获得收入地进行支出，或者这些合格的劳动力是按固定比例汇回其收入的。

在上述条件下，开放经济条件下国民收入进一步复杂化的均衡公式被扩大为：

$$\text{总需求 } Y=C+I+G+X+IF+RF+WF$$
$$\text{总供给 } Y=C+S+T+M+if+rf+wf$$

式中，WF 为本国居民在国外工作所汇回的报酬收入；wf 为外国居民在本国工作所汇出的报酬收入。如果令 $G=T$，则有：

$$S-I=(X-M)+(IF-if)+(RF-rf)+(WF-wf)$$

本国居民得自国外的工资收入 WF 等于从国外向本国注入了新的消费需求（即用取自国外的收入购买本国国内的消费品）。wf 则是外国居民在本国提供劳动所获得的报酬，是与国内工资一样列入总供给的（这部分收入原本应当用于国内消费，它的汇出使之成为需求的一个减项）。$(WF-wf)$ 与公式右侧的其他三个差额一样，为了维持收入均衡，均可进行调整，以适应公式左侧出现的变动。在实际中，这往往是通过劳务出口、限制外国劳动力在本国就业、从国外吸引劳动力来补充国内劳动力不足、限制本国劳动力外流、限制工资收入汇出、吸引侨汇汇回等进行的。其机制是通过各国间工资支付差额的变动使收入达到均衡。假设这时 $S=I$，即内部处于均衡，则整个经济的均衡取决于外部均衡：

$$X-M=(if-IF)+(rf-RF)+(wf-WF)$$

对于进出口产生的失衡，仍可用资金、投资收益以及内外工资相互交流的差额的变动来调节。当然，在这种调节过程中，工资额的国际转移所能起的作用是有限的。只是在一些劳务输出大国，如韩国、印度、菲律宾等，每年劳工汇回的外汇对该国调节外部均衡发挥了较大作用。

二、通过国际劳动力流动进行的非均衡传导

在当今的世界经济中，劳动力的国际流动主要有两种情况：一种是发展中国家向发达国家的永久性劳动力迁移；另一种是以临时赚取较高工资收入为目的的劳动力国际流动，即“国际临时工”，目前主要集中于中东盛产石油的阿拉伯国家。不同的流动模式对世界经济失衡的传导是有区别的。通过国际劳动力流动进行非均衡传导的情况主要有：

（一）通过跨国就业进行的非均衡传导

甲国在乙国有大量劳动力就业，且乙国很难找到替代甲国工人的人才（主要指技术水准、技能的替代），如果甲国工人在乙国总就业人数中占到相当大的比重，则甲国会形成较强大的“讨价还价”力量。这时，若甲国国内物价上涨，甲国在乙国工作的工人因为赡养国内家属的费用上涨，便会要求提高工资。因甲国工人在乙国就业中占有相当大的比重，这种讨价还价的力量会相当大。在被迫给甲国工人增加工资时，乙国的工资水平可能会因此而普遍上涨，出现工资推动型通货膨胀。

（二）通过国际收支进行的非均衡传导

甲国在乙国有大量劳动力就业，但乙国可以在国内或从其他国家找到更为廉价的劳动力来替代甲国工人。这时，如果乙国对外经济失衡（国际收支产生逆差）而国内经济却需求旺盛，则甲国工人暂时不会失业，但工资水平会被压低，或其在乙国所获收入的汇回将受到限制。如果甲国要依靠劳工收入汇回来维持本国国际收支平衡，那么，其国际收支也将产生逆差，出现国际收支失衡的国际传导，即国际收支逆差从乙国传导到甲国。

（三）通过失业进行的非均衡传导

甲国在乙国有大量劳动力就业，甲国经济因此而处于均衡，尤其是对内均衡。如果在这种条件下乙国发生经济危机，出现本国工人的失业，则乙国会不得不解雇来自甲国的工人，甲国工人在乙国若没有其他维持生计的办法，就只得返回甲国，这必将造成甲国失业增加，甲国经济将受到打击。经济衰退和失业通过劳动力的国际流动从乙国传到了甲国。

（四）通过人力资本进行的非均衡传导

甲国向乙国流动的是具有较高素质的劳动力，这些劳动力不仅将技艺、科学知识从甲国带到了乙国，并且为乙国带去了未来的创造能力。同时，在他们身上凝结的、甲国为培养这些人支付的教育费也被带到了乙国，这为乙国节约了这方面的投资，从而将甲国的投资所应产生的促进经济增长的效果传导到了乙国。

三、影响国际劳动力流动领域中传导机制的因素

通过劳动力的国际流动进行非均衡传导的力度，在当今的世界经济中是有限的，但就个别国家来说，其影响却不容忽视。影响国际劳动力流动领域传导机制的因素包括：流动的劳动力的数量与素质；一个国家输出的劳动力在国外的就业结构；不同国家之间的报酬收入差距；外国劳动力所在部门结构；劳动力的可替代性；世界各国关于劳动力输出与输入的政策；等等。

第四节　其他国际经济领域中的传导机制

除了以上有形的传导渠道外，经济失衡还可以通过各种无形渠道进行传导，而且其作用的重要性在日益提高。

一、经济非均衡的无形传导渠道

（一）技术转让

技术转让可以是有偿的，也可以是无偿的。有偿的技术转让在国际经济交流中往往被列入经常账户，属于无形贸易的一部分，它对国民收入均衡的影响在一定范围内与商品进出口是一样的。但是，我们知道，技术的输出并不减少技术所有者持有的技术存量，即他所拥有的技术所能创造的财富并不因技术的输出而减少，这与商品、资金的输出很不一样。技术输入者获得的技术所能创造的财富，在大多数情况下，肯定要超过他所付出的技

术转让费（这是技术贸易的前提）。因此，技术转让对一国国民收入均衡的实际作用一定会大于计入进出口的技术转让费对该国国民收入均衡的影响。在无偿技术转让情况下，由于引进技术并未付出任何代价，因此这种技术投入对国民经济所起的作用在国民收入公式中更是无法直观地体现出来，只能通过其他途径来表明，如采用余值法来计量。总之，技术（包括经济管理技术）转让具有的特征是，它所起的作用远非国民收入公式所能够涵盖，这是由技术市场的不完全性导致的。

（二）信息交流

从机制角度分析，世界经济中的信息是指可以创造价值，并能进行交换的无形资源，它是各种经济状态、关系、活动规律的反映，具有可创性、可传递性、可存储性、可加工性、可共享性、可再生性和可增值性。对信息资源的搜集、开发、整理、分类、变换、分析、加工等需要耗费人力、物力，因而信息本身具有价值和价格。但是，与技术不一样，信息的价值在使用中并不会被消耗掉，信息的使用价值在投入生产过程时所创造的价值明显大于信息本身的价值。因此，在国民收入均衡公式中，信息交易往往也被列入经常账户的无形贸易中，表现为进出口影响国民经济的均衡与失衡。从商品交换的实际过程看，信息是当今世界贸易发生的条件之一，捕捉不到信息就不会有新的交易发生。因此，信息既是交易的内容之一，即交易的对象，又是促成其他交易的条件，它对于国民收入均衡所起的作用远大于其表现在无形贸易项目中的交易额。

（三）国际示范作用

示范是指某种行为有人先行，之后有大量后续者进行模仿，从而产生对经济的影响。示范效应虽然在国民收入均衡公式中没有任何体现，但它的影响却随着经济生活国际化程度的提高而不断加大。今天，区域经济一体化程度的提高，以及经济一体化影响的日益显现，引起了人们的普遍关注，在全世界出现了经济一体化的仿效过程。

二、经济非均衡的无形传导过程

通过无形渠道进行的经济非均衡传导与通过商品交换、资金流动、劳动力流动渠道进行的传导不同。一般来讲，这种传导对输出方在短期内的影响不像其他三种传导那么明确（因为技术、信息、示范过程的传导、转移并不影响输出方所持有技术、信息等的存量），如果说有影响，也多是输入方利用技术、信息等，使得本国经济产生变化后所造成的与输出方进行竞争的结果。对输入方来说，它们接受的技术、信息是否会对本国经济产生作用，受到其吸收能力、利用技术与信息时投入的资金等条件的约束。如果不具备技术、信息发挥作用的条件，技术、信息对输入国的作用是很小的。因此，我们在进行分析之前，要假设输入国接受技术、信息等后会产生相应的变化，技术、信息对输入国所起的作用与对输出国所起的作用在质和量（力度）的方面是一样的。尽管这样的假设条件不大符合实际，但在我们的分析中是必需的。

（一）信息复制、扩散的作用

甲国经济发达，具有先进的技术，乙国通过相应的渠道获取了这种先进的技术，该种技术在乙国不仅正常发挥了作用，而且被复制、扩散开来，对于整个经济产生了积极的影响。这样，甲国经济（至少是使用该种技术的部门）的状况便通过技术转让传导到了乙国，促进了乙国的经济发展。

（二）信息回授的作用

如果上述情况进展顺利，乙国不仅成功地利用了从甲国引进的技术，而且在此基础上有所创新发明，通过技术“回授”（向甲国进行技术输出），使甲国也获得了改良后的技术，这就会促进两国经济乃至世界经济的发展。

（三）信息的竞争与创新

乙国从甲国引进技术并进行大规模仿制性生产，乙国因某些条件优越（如原料、市场等条件优越、劳动力价格低廉等）而使其产品有相当大的竞争力，这样甲、乙双方将首先会在第三国市场上进行竞争，争夺市场，进而会发生乙国对甲国市场的占领，使甲国该种商品的生产受到打击，甚至退出市场。甲国在被迫放弃用该种技术所生产的商品的市场的同时，将转向新的技术开发，以保持在技术领域中的领先地位，世界技术水平乃至整个世界经济也因而得到相应的进步和发展。

（四）信息的理性预期作用

当世界经济繁荣时，各种交易活跃，有关经济的信息量增大，某国获得经济信息后交易机会增加，收入也因此而提高。当出现世界经济衰退或通货膨胀迹象时，有关信息在国际上传递，人们出于自己的理性预期而作出预防性反应，结果会推动衰退或通货膨胀的实际发生。

（五）信息的示范效应

甲国流行某种新的消费品或某种消费方式，这种消费品或消费方式因受到其他国家消费者的喜欢而被模仿，如其他国家通过电影、电视、报刊、书籍、广播、游客参观等途径，了解到甲国的流行商品和消费方式，最终使这些消费品和消费方式流入本国，刺激国内相应产业的发展。

（六）行为模仿效应

甲国物价上升，工会为维持本国工人的利益而迫使资方同意增加工资，乙国工会因甲国工会斗争的胜利而得到鼓舞，同样通过斗争而使工资水平提高，这样供求进一步失衡，从而带动乙国物价的上升，形成工资成本推动型通货膨胀，使通货膨胀在国家间得到传导。

（七）经济政策的示范效应

在经济生活日益国际化的今天，一个国家经济政策的变化往往会通过各种渠道造成对其他国家经济的影响，这势必会使其他国家根据自己的利益和条件作出相应的政策反应，以减少对自己的不利影响或加大对自己的有利影响。例如，当甲国变动汇率、进口税率、外汇管制或移民政策时，乙国出于自己的利益也要对有关政策作出相应调整，或对甲国采取报复措施。经济政策的示范效应既可以推动经济失衡的国际传导，也可以抵制经济失衡的国际传导。

（八）信息的控制效应

占有信息意味着可以创造新的生产力和新的比较优势，如果信息占有者限制对于经济发展十分重要的信息的传导，使需要方无法获得相应的信息，则需要方就有可能因此而落后，无法跟上时代的步伐，这属于资源流向的控制。如果作为无形资源的信息无法被有效获得和利用，则有形资源所能够产生的作用便会受到影响。

三、影响经济非均衡无形传导的因素

经济非均衡的无形传导一般要受到以下若干因素的影响：从搜集、加工信息到把信息运用于经济中的时滞；一个国家的民族开放性；一个国家对技术的吸收、应用和改造以使其适应国情的能力；等等。

本章在分析经济失衡的传导时，是以商品、资金、劳动力、技术、信息的跨国流动不受任何限制的完全自由竞争为条件的。如果这些要素的跨国流动受到限制，如世界经济出现集团化趋势、贸易保护主义抬头等，则通过国际经济有形渠道或无形渠道进行传导的力度将会削弱（有时甚至会停滞）。在国际经济失衡的传导过程中，由于渠道较多、情况各异，各种机制相互影响，既有可能使传导速度加快、经济振幅加大，也有可能阻碍传导的顺利进行，甚至破坏某些传导因素。世界经济传导机制的作用就体现为上述多种因素多渠道、多方向传导经济失衡而有机合成的结果。

小　结

1. 随着社会经济生活国际化的发展，一个国家出现的经济失衡，会通过若干途径传导到另一个国家，引起其他国家的经济失衡。这种经济的非均衡传导是通过要素的跨国流动来实现的。国际商品的流动、国际资金的流动以及劳动力的跨国流动都可以成为这种经济非均衡传导的载体。

2. 宏观经济学中的乘数效应是凯恩斯学派关于投资引起国民收入增长的倍增关系的分析，即投资增加一单位可以引发国民收入增加若干单位的分析。

投资乘数分析的是投资与国民收入、就业之间的相互影响、相互制约关系，描述了经济体内部投资促进经济增长的动态传导过程。乘数的政策含义是：投资会引致收入的成倍增长，因此投资在国民经济中的作用要远比投资本身大得多，用投资刺激需求，同时能提高下一期的生产能力，使经济进一步增长。

3. 国际商品交换中的乘数效应反映的是，一个国家的出口增长代表了有效需求的增长，它将一轮一轮地引起与这一出口增量直接和间接有关的国内其他产业的连锁反应，从而使国民收入呈现成倍扩大的效果，即在一定条件下，国民收入增长的幅度远大于出口增长的幅度。乘数效应分析的是在边际进口倾向与边际储蓄倾向之和小于1时，每增加一单位出口能使国民收入产生数倍于该出口的增长，从而带动国内就业增长的情况。

4. 在世界经济发生较大波动，世界市场价格较大幅度地上升或下跌后，一个国家内首先受到影响的是开放部门，开放部门会作出相应的反应，提高或降低本部门的商品价格，增加或减少本部门的生产供应量等。传导的作用通过开放部门向非开放部门渗透，那些向开放部门提供原料、燃料、辅料、中间产品、工人消费品及吸收开放部门商品的部门，也会随之调整自己商品的生产与价格。

5. 经济失衡通过资金的国际流动进行传导的渠道主要有：通过国际资金的借贷变化进行的非均衡传导；通过不同国家的利率差异和变动进行的非均衡传导；通过国际收支差

额变动进行的非均衡传导；通过汇率变动进行的非均衡传导；通过大规模资产结构转换进行的非均衡传导；等等。

6. 在当今的世界经济中，劳动力的国际流动主要有两种情况：一种是发展中国家向发达国家的永久性劳动力迁移；另一种是以临时赚取较高工资收入为目的的劳动力国际流动。通过国际劳动力流动进行非均衡传导的渠道主要有：通过跨国就业进行的非均衡传导；通过国际收支进行的非均衡传导；通过失业进行的非均衡传导；通过人力资本进行的非均衡传导；等等。

7. 除了有形的传导渠道外，经济失衡还可以通过各种无形渠道进行传导，而且其作用的重要性在日益提高。经济非均衡的无形传导渠道，目前主要有技术转让、信息交流（主要指商情交流）和国际示范作用三种。

复习与思考

核心概念

投资乘数　　贸易乘数　　边际进口倾向

边际储蓄倾向　　开放部门　　非开放部门

思考题

1. 试推导贸易乘数公式。
2. 试述国际经济非均衡的传导机制以及政策意义。
3. 影响商品国际交换领域中传导机制的因素有哪些？
4. 试述资金国际流动所导致的非均衡的传导渠道。
5. 劳动力国际流动是怎样进行国际经济的非均衡传导的？
6. 试述经济非均衡的无形传导过程。

第十二章

宏观经济的内外均衡

本章的学习目的在于使学生了解和掌握一个经济体怎样通过宏观经济政策的变更和调整，使得经济同时达到国内经济稳定运行和国际收支平衡，从而使整个宏观经济能够实现稳健增长，并实现经济所能够达到的较为理想的状态。实现宏观经济内外均衡的关键在于宏观经济目标的确定与宏观经济政策的选择运用。

重点掌握

蒙代尔-弗莱明模型
斯旺图表
不可能三角定律

我们在上一章分析过，随着社会经济生活国际化的发展，开放国家彼此之间建立起了广泛而深入的经济联系，一个国家出现的经济失衡，会通过若干途径传导到另一个国家，引起其他国家的经济失衡。本章将探讨国际经济运行中经济失衡最终是怎样恢复的，以及若干宏观经济政策调节工具彼此之间的互动关系是怎样的。

第一节　蒙代尔-弗莱明模型

对固定汇率制下对内、对外经济均衡的分析是由罗伯特·蒙代尔和马库斯·弗莱明（J. Marcus Fleming）提出的蒙代尔-弗莱明模型，即开放经济下的 *IS*－*LM* 模型来完成的。1963 年，蒙代尔在《加拿大经济学杂志》上发表了《固定和浮动汇率下的资本流动和稳定政策》一文。在这篇具有划时代意义的论文中，蒙代尔分析了开放经济中货币政策和财政政策的短期效应。他的基本结论是：宏观稳定政策的效果将随着国际资本流动的程度而发生变化。在不同的汇率体制下，宏观政策的效果是完全不同的。在浮动汇率制下，货币政策有效而财政政策无效；在固定汇率制下，财政政策有效而货币政策无效。

在20世纪60年代，蒙代尔在国际货币基金组织的同事弗莱明也对开放经济中的稳定政策进行了相似的研究，他们的学术研究成果被称为“蒙代尔-弗莱明模型”。该模型指出，固定汇率对政府政策制定者提出挑战，这些政策制定者既要实现本国经济的外部均衡（国际收支的总体平衡），又要实现经济的内部均衡（实际产出等于经济的供给潜力，或实现高就业率的同时不存在使通货膨胀率上升的压力）。在短期和中期内，内部均衡和外部均衡往往难以兼顾，如果一国政府只追求外部均衡而置国内通胀和失业于不顾，那么，即使国际收支达到了完美的平衡，国内压力仍然很大。反之，如果一国政府只考虑用货币政策控制国内产出，则这可能会扩大国际收支逆差或顺差，进而破坏保持汇率不变的承诺。固定汇率以及对固定汇率的维护措施限制了国家独立货币政策的实行。如果一国国际收支呈现赤字，为了维护固定汇率，国家最终将不得不减少货币供给。如果一国国际收支呈现盈余，则国家必须增加货币供给。如果一国的国际收支处于平衡状态，那么货币政策及货币供给的任何变化都将导致外部失衡，为维护固定汇率而进行的官方干预将纠正这种失衡。

第二节　宏观经济的对内与对外均衡

本节的中心内容是一个经济体需要通过政策的变更与调整来使经济同时达到国内的均衡运行和国际收支的平衡，从而使整个经济能够平稳增长，并实现经济所能够达到的较为理想的状态。

一、宏观经济目标

（一）宏观经济的四个目标

在宏观经济运行中，一般认为有四个目标是非常重要并且应该争取同时达到的，那就是经济增长目标、就业目标、物价目标和国际收支目标，即国民经济需要维持一定的增长速度；就业应该达到充分的水平，既不过度就业引发通货膨胀，也不出现就业不足引发衰退；经济不应该出现较为严重的通货膨胀；国际收支达到平衡，既没有赤字，也没有盈余。只有四个目标同时达到，一个国家的经济才处于最佳的增长状态。自20世纪80年代以来，宏观经济学也开始将财政收支平衡作为另一个重要的宏观经济目标予以研究。

现实中往往存在这样一种现象，即当运用一种政策工具去接近和实现某一政策目标时，很可能距离另一个目标更远了。因此，在政策工具与政策目标之间存在着一一对应的关系，这就是所谓的“丁伯根法则”。

（二）宏观经济的对内与对外均衡的内涵

就一个国家而言，宏观经济目标可以分为两大类：国内经济目标和对外经济目标。一个国家为了使自己的经济能够平稳运行，就必须同时实现国内的经济均衡和对外的均衡。所谓实现宏观经济的对内均衡，主要是指国内的总供给等于总需求，既实现劳动力的充分就业，物价稳定，同时又获得有保证的经济增长。所谓实现宏观经济的对外均衡，主要是指一国与外部经济体之间的经济流入量和流出量相等，国际收支处于平衡状态。这时经济处于一种适宜的、良性的增长过程。但一个国家同时达到对内、对外均衡是较为困难的，如果背离了这样的经济状态，即宏观经济的内部存在通货膨胀或经济衰退，而在对外经济中存在国际收支的盈余或赤字，当背离达到一定程度时，就需要对经济进行调整，来恢复经济对内和对外的均衡。

（三）经济均衡的调整

为了实现宏观经济的对内与对外均衡，一个国家可以采取诸如支出变化（调整）政策、支出转换政策和经济管制的方法。支出变化政策强调通过政府改变社会总支出来对需求进行调节，具体的做法包括：

（1）财政手段。例如扩大、紧缩财政支出，增加、减少各种税收，加强或削弱国家采购，等等。这些做法可以调节就业量的变化和经济增长速度，也会影响一个国家的进出口，等等。如政府减少公共开支、提高国内各种税收的税率，则经济增长放缓、就业减少、进口下降，可以使过热的经济得到调整。

（2）货币手段。例如调整利率、存款准备金率和采取公开市场业务等。这些政策可以直接控制货币供给量，进而间接调控国内市场的需求、进出口等。例如，如果提高利率、减少国内的货币供给或在公开市场中发售债券，则国内投资增速将放缓、就业受到控制、进口下降，这可以使经济中的通货膨胀得到控制。但如果降低利率、增加国内的货币供给、在公开市场中回购债券，则国内投资增加、就业增长，经济得到发展。

（3）外汇汇率。一国通过本国货币汇率的变换，如本币对外贬值，可以使本国出口的外币价格下降和进口的本币价格上升，从而控制进口，扩大出口，进而使国内的产业部门得到扩大，国际收支逆差得到调整，经济得到发展。当本币对外升值的时候，上述过程相反，即出口的外币价格上升，进口的本币价格下降，出口下降，进口上升，国际收支顺差得到调整。

（4）经济管制。这是指采用各种法律、法规、法令、行政、管制的手段，直接控制经济的运行。例如，当一国实行外汇管制时，由于进口用汇、出口收汇、其他用汇等全部被控制起来，一般情况下国际收支可以因此而迅速地得到改善。当经济手段调整效果不明显时，采用行政手段直接进行控制，一般会产生较显著的成效。

通过上述经济调整，宏观经济一般可以从失衡逐步走向均衡，达到较为理想的增长或发展状态。

二、宏观经济内外均衡的经济分析

（一）开放条件下财政与货币政策的搭配

为了同时达到经济对内与对外的均衡，一国政府可以运用多种政策工具进行调整。但由于“丁伯根法则”的存在，一国为了实现不同的经济目标，需要制定不同的政策调节工具。由于经济政策目标的多重性，一国需要运用相应的多种宏观经济的政策调节工具，即预期实现的政策目标与可以运用的政策调节工具应该一一对应。我们在这里强调的是经济对内、对外目标的同时达到，因此要实现两个经济目标就必须同时具备两种政策调节手段。这就是英国经济学家米德所提出的“两个目标、两种手段”以求得对内、对外均衡的模型。

（二）斯旺图表与蒙代尔的政策搭配

我们反复强调，一国在发展经济时，总是在追求经济的对内与对外的同时均衡，即经济平稳增长、物价稳定、充分就业和国际收支平衡。但是，在实践中，经济大抵会有如下四类情况：

（1）宏观经济对内、对外同时处于均衡状态，这是理想的状态。

（2）宏观经济对内均衡，但对外不均衡，体现为充分就业、物价稳定，但国际收支失衡（顺差或逆差）。

（3）宏观经济对内不均衡，但对外均衡，体现为国际收支平衡，但就业不足或过度，物价上涨较多或出现通货紧缩。

（4）宏观经济对内、对外同时处于不均衡的状态，这时一国必须对失衡的经济进行调整，以恢复平稳增长。

上述四种情况可以从澳大利亚经济学家斯旺（T. Swan）所创立的图形中得到解释，即其可通过“斯旺图表”（见图 12－1）加以表述。

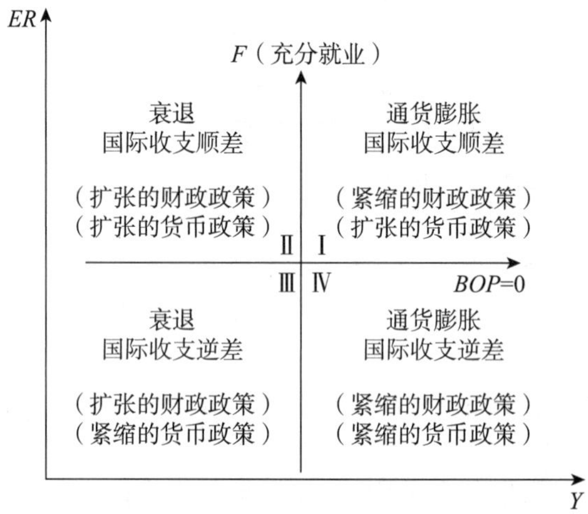

图 12－1　斯旺图表

在斯旺图表中，横轴表示国内的总支出，即消费、投资和政府开支，$Y=C+I+G$。纵轴表示汇率 ER，可以理解为外币的本币价格，汇率提高意味着本币的贬值。图中 BOP 线代表的是在一定的汇率及国内支出下一国对外的均衡。BOP 线的上面代表该国存在对外的顺差状况，而 BOP 线的下面代表该国存在对外的逆差状况。F 线代表在一定的汇率与国内支出情况下的国内经济均衡的情况。F 线的左面意味着存在衰退和失业，F 线的右面则意味着存在过度就业与通货膨胀的情况。只有在 BOP 线与 F 线的交点处，一国经济才同时达到了对内、对外均衡。

按照蒙代尔的政策搭配主张，一国应采用财政手段来调节国内的均衡，即当经济出现衰退时，采用扩张的财政政策，当经济出现通货膨胀时，采用紧缩的财政政策；应采用货币手段来调控对外均衡，即当国际收支出现顺差时，采用扩张的货币政策，当国际收支出现逆差时，采用紧缩的货币政策，这样比较容易达到对内、对外的同时均衡。如果政策搭配不适宜，经济调整就有可能出现事与愿违的情况。在图 12-1 中，第Ⅰ象限的经济状况是通货膨胀与国际收支顺差并存，按照蒙代尔的政策搭配，应该采用紧缩的财政政策和扩张的货币政策。在第Ⅱ象限，经济状况是衰退与国际收支顺差并存，应该采用扩张的财政政策和扩张的货币政策。在第Ⅲ象限，经济状况是衰退与国际收支逆差并存，应该采用扩张的财政政策与紧缩的货币政策。在第Ⅳ象限，经济状况是通货膨胀与国际收支逆差并存，应该采用紧缩的财政政策与紧缩的货币政策。在这种政策搭配下，经济的内外均衡是可以实现的。

（三）经济内外均衡的同时达到

我们假定排除资本因素的影响，即假定一国经济的内外均衡只取决于有形商品贸易的变化，利用 *IS*-*LM*-*BOP* 模型来调整经济的对内、对外均衡。在理论上，只有当一国的商品市场、资本市场和外汇市场同时满足均衡的条件时，该国的经济才有可能同时达到对内、对外的均衡。但是，上述均衡的达到，在一国实行固定汇率与浮动汇率的情况下是非常不同的。我们首先考察在固定汇率的条件下，运用财政与货币手段使经济恢复对内、对外均衡的过程（见图 12-2）。

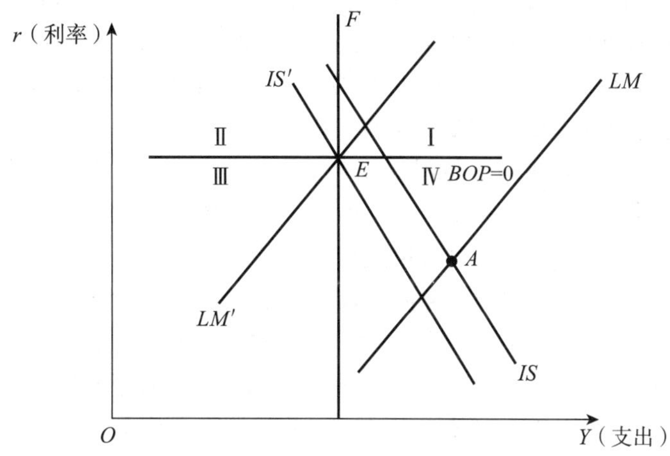

图 12-2 固定汇率条件下的内外均衡实现过程

在图 12-2 中，假定经济处于第Ⅳ象限，即经济中存在通货膨胀与国际收支逆差的状况，这时一国政府运用紧缩的财政政策来克服通货膨胀，即使得 *IS* 曲线向左移动到 *E* 点成为 *IS′*，国内均衡实现。但此时由于利率的下降，资本会流出，国际收支逆差反而加大了，政府需要采用紧缩的货币政策来进行调整，即使得 *LM* 曲线向左移动到 *E* 点成为 *LM′*。于是经济恢复到了对内、对外的同时均衡。

如果该国实行浮动汇率，则调整的过程与实行较为严格的固定汇率时是不同的。当经济出现对内、对外的不均衡时，浮动汇率制可以产生自动调节过程，汇率的变化能够导致商品市场、资本市场的变化，即浮动汇率可以使得商品市场、资本市场和外汇市场三个市场经过一定的调节过程自动达到均衡，从而实现对内、对外的均衡。

蒙代尔强调财政政策与货币政策的有效搭配，如果搭配不适宜，政策的效果将会是负面的，这一情况可以用图 12－3 予以说明。

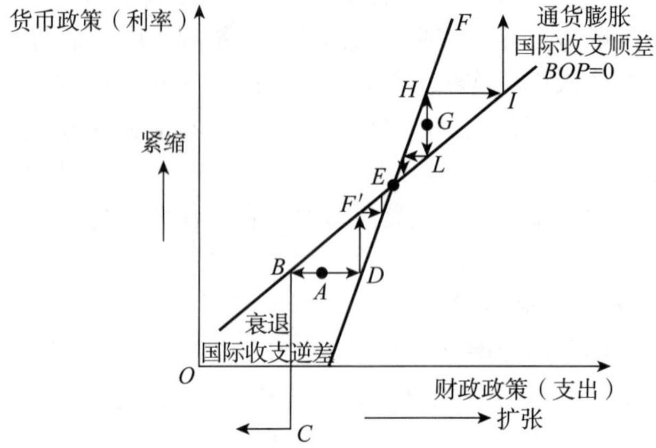

图 12－3　有效的市场分类和政策搭配

在图 12－3 中，横轴为财政支出，纵轴为利率。F 线为对内均衡线，即充分就业线，表明在一定的利率与财政支出的结合下实现的国内均衡。BOP 线为对外均衡线，即在一定的利率与财政支出的结合下国际收支取得的均衡。F 线的左方意味着经济衰退，右方意味着通货膨胀。BOP 线的左方意味着国际收支顺差，右方意味着国际收支逆差。BOP 线较 F 线低平，意味着利率与资本流动的关系，提高利率会紧缩进口，也会吸引资本流入。

假设经济处于 A 点，经济衰退与国际收支逆差并存。这时如果政府采用财政政策解决国际收支逆差而采用货币政策解决失业，则由于采用了紧缩的财政政策，经济移至 B 点，国际收支平衡，但失业上升，此时政府再用扩张的货币政策解决失业，则经济移至 C 点，国际收支逆差加大，经济失衡加剧。但如果政府采用扩张的财政政策解决失业，则经济移至 D 点，国内均衡实现，国际收支逆差有所扩大，此后，政府再采用紧缩的货币政策解决国际收支逆差，经济移至 F' 点，如此往复，在 E 点处，一国经济恢复对内、对外的同时均衡。因此，政策搭配使用的方向必须正确，才可能避免负面效应。

如果一个国家的汇率制度是灵活的，如采用浮动汇率制，则经济的对外均衡会在一定程度上得到自动调节，即国际收支失衡，外汇流入发生变化，汇率进而产生变化，它又会影响国际贸易的开展与国际资本的流向，最终上述三个市场的失衡会逐渐趋于均衡。

第三节　克鲁格曼的“三元悖论”

蒙代尔与弗莱明通过蒙代尔-弗莱明模型，为不同汇率制度下的内外均衡政策的运用提供了一个非常有用的分析框架。蒙代尔-弗莱明模型的一个重要结论是：对于开放经济体而言，在资本高度流动的情况下，如果采取固定汇率制度安排，则货币政策是无效的；如果采取浮动汇率制度安排，则货币政策是有效的。在蒙代尔-弗莱明模型的基础上，克鲁格曼进一步提出了“三元悖论”，即在开放经济条件下，货币政策完全独立、资本完全自由流动和汇率稳定三个目标不可能同时实现，各国只能选择其中对自己有利的两个目标，而不得不放弃第三个目标。这被称为“不平衡三角形”（unbalanced trinity）或“开放经济的三难选择”（open-economy trilemma）。例如，如果一国政府决意实行积极有效的国内货币政策，则它要么放弃资本市场的开放，要么舍弃汇率稳定的目标。如果一国政府决意开放资本市场并要在开放过程中维护汇率稳定，则其必须舍弃国内货币政策这一原本有效的政策工具。

一、蒙代尔“不可能三角形”

蒙代尔“不可能三角形”与克鲁格曼“不平衡三角形”有异曲同工之效，如图 12－4 所示。

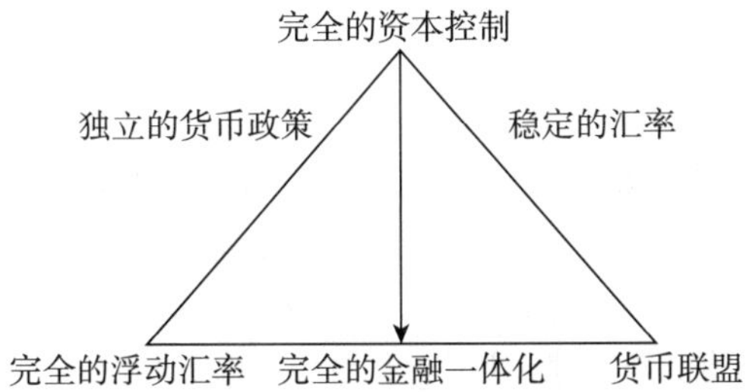

图 12－4　不可能三角定律

图 12－4 是对不可能三角定律的简单描述。三角的每一边都表示一种政策选择——独立的货币政策、稳定的汇率（实践操作中指固定汇率）以及完全的金融一体化，它们各有其吸引力。三角的任何两边都可以进行组合，组合的结果分别由三角形的三个顶角表示：完全的资本控制、货币联盟和完全的浮动汇率。然而，三边不可能同时实现。20 世纪 70 年代以来，国际汇率制度安排出现了金融一体化的趋势，在实践中有着各种汇率制度安排，如货币局制度、完全的自由浮动制度、对于货币的完全控制等情况（见图12－5）。

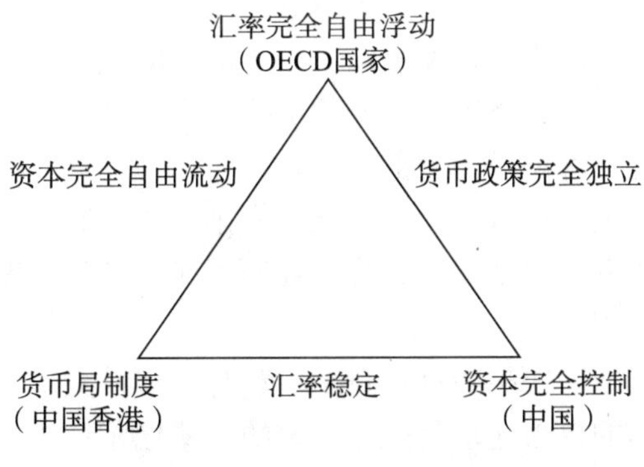

图 12－5　蒙代尔（克鲁格曼）不可能三角形的应用

蒙代尔-弗莱明模型假定，资本是完全自由流动的。在资本完全自由流动的情况下，模型讨论了汇率和货币政策独立性的关系，得出一个结论——如果货币政策是完全独立的，一国肯定不能够实行固定汇率，汇率必须浮动。也就是说，在资本完全自由流动的条件给定以后，固定汇率和货币政策的独立不可兼得。这就是蒙代尔-弗莱明模型，这个模型实际上是一个二元模型，即把第三个变量，也就是资本的自由流动性假定为资本是完全自由流动的。

从现实分析，经济合作与发展组织（OECD）的成员国实行资本的自由流动，要求具有独立的货币政策，因此它们就必须实行浮动汇率制，放弃货币对外汇率的稳定。中国具有完全独立的货币政策，可以自主制定利率，中国的汇率制度是稳定的，尽管公开的法律、条文讲的是有管理的浮动汇率，但实际上汇率长期基本不变，中国放弃的是资本自由流动，实行资本管制。中国香港的资本可以完全自由流动，同时实行固定的汇率（香港是联系汇率，固定钉住美元汇率），但香港所放弃的是自身货币政策的独立性，受制于美国货币政策的变化，基本不能够独立自主地制定货币政策。

二、三元悖论

1997 年，克鲁格曼对货币政策的独立性、资本的自由流动性、汇率的稳定性这三个变量统筹考虑，同时并不事先假定资本是完全自由流动的，即资本可以流动也可以不流动。货币政策完全独立、资本完全自由流动、汇率稳定这三者之间存在着怎样的关系？克鲁格曼从理论与政策的角度，集中探讨了它们之间的互动关系。

蒙代尔三角形的三条边分别代表一国宏观经济管理者希望获得的最优政策运行状态。其一是货币政策完全独立，即中央银行可以完全自主地制定货币政策。其主要形式是一国可以完全自主地实行利率政策，即利率政策不受外国经济、金融变化的影响，中央银行可以根据国内的情况独立地制定利率政策。例如，当国内经济过热出现通货膨胀时，中央银行便可以提高利率；当经济疲软出现失业时，中央银行便可以降低利率，刺激经济增长。其二是资本完全自由流动。在国际经济的现实中，绝大多数发达国家都实行这样的政策。例如，经济合作与发展组织便要求其所有成员国放开资本流动。资本完全自由流动意味着不进行外汇管制，这是市场经济的重要表现，也是一国中央银行最终愿意达到的目标。其三是汇率稳定。这也是一国宏观经济管理者愿意达到的目标。任何国家的中央银行都不愿意看到本国货币的对外汇率出现大幅度波动，因为汇率的剧烈波动会给本国企业和居民带来很多风险，所以一国的宏观经济管理者希望汇率稳定。因此，蒙代尔三角形的三条边是任何一国的宏观经济管理者都渴望达到的状态。

蒙代尔三角形的三个顶点可以表示三种制度安排——汇率完全自由浮动；资本完全控制，即通过外汇管制禁止资本自由流动；货币局制度或者货币联盟（欧盟是货币联盟的例子，中国香港则是货币局制度的例子）。

克鲁格曼的贡献在于把蒙代尔的资本自由流动与否假设变成了一个变量，把它内生化了。蒙代尔模型假定资本的自由流动是外生给定的（蒙代尔认为，作为市场经济国家，资本自由流动是必需的），克鲁格曼则将其变成了一个内生变量，把蒙代尔的二元模型变成了三元模型。克鲁格曼的贡献是证明了三者之间只能取其二。一个国家在货币政策的独立性、汇率的稳定性与资本的自由流动性三个要素中，只能三选其二，即“三元悖论”。货币政策完全独立是指一国执行宏观稳定政策进行反周期调节的能力，这里主要是指一国具有使用货币政策影响其产出和就业的能力；汇率稳定是指保护本国汇率免受投机性冲击、货币危机等冲击，从而保持汇率的稳定；资本完全自由流动即不限制短期资本的自由流动。

小　结

1. 蒙代尔-弗莱明模型指出，固定汇率对一国的政策制定者提出挑战，这些政策制定者既要实现本国经济的外部均衡（国际收支的总体平衡），又要实现经济的内部均衡（实际产出等于经济的供给潜力，或实现高就业率的同时不存在使通货膨胀率上升的压力）。在短期和中期内，内部均衡和外部均衡往往难以兼顾，如果一国政府只追求外部均衡而置国内通胀和失业于不顾，那么，即使国际收支达到了完美的平衡，国内压力仍然很大。反之，如果一国政府只考虑用货币政策控制国内产出，则这可能会扩大国际收支逆差或顺差，进而破坏保持汇率不变的承诺。

2. 在宏观经济运转中，一般认为共有四个目标是非常重要并且应该争取同时达到的，那就是经济增长目标、就业目标、物价目标和国际收支目标，即国民经济需要维持一定的增长速度；就业应该达到充分的水平，既不过度就业引发通货膨胀，也不出现就业不足引发衰退；经济不应该出现较为严重的通货膨胀；国际收支达到平衡，既没有赤字，也没有盈余。只有这四个目标同时达到，才表明一个国家的经济处于最佳的增长状态。

3. 斯旺图表所考察的是一个国家的政府如何通过运用支出变化政策和支出转换政策来同时达到内部和外部均衡。斯旺图表的重大理论贡献就在于通过这张图表，将内外均衡这样复杂的重大社会经济问题转变为一个简单的、直观的平面几何问题，通过改变不同象限内非均衡点的位置，一国经济就可以实现内外均衡。

4. 蒙代尔与弗莱明通过他们的模型，为不同汇率制度下的内外均衡政策的运用提供了一个非常有用的分析框架。这个模型的一个重要结论是：对于开放经济体而言，在资本高度流动的情况下，如果采取固定汇率制度安排，则货币政策是无效的；如果采取浮动汇率制度安排，则货币政策是有效的。在这一模型的基础上，克鲁格曼进一步提出了所谓三元悖论，即在开放经济条件下，货币政策完全独立、汇率稳定和资本完全自由流动三个目标不可能同时实现，各国只能选择其中对自己有利的两个目标。

复习与思考

核心概念

斯旺图表	蒙代尔-弗莱明模型	支出变化政策
支出转换政策	经济管制	蒙代尔不可能三角形
三元悖论		

思考题

1. 试述蒙代尔-弗莱明模型的主要内容。

2. 试述宏观经济目标的内容。
3. 试述实现宏观经济目标的政策工具。
4. 试用图形说明斯旺图表与蒙代尔的政策搭配。
5. 试用图形分析一国宏观经济内外均衡的实现过程及其政策搭配。
6. 试述蒙代尔“不可能三角形”。

第十三章

经济一体化与国际经济秩序

本章的学习目的在于使学生了解和掌握经济一体化的基本理论、基本形式以及有关国际经济秩序的一般问题。本章力图阐明经济一体化作为当前世界经济发展的基本趋势，如何使一个国家通过积极地参与区域经济一体化进程，提高开放水平，扩大国际合作，增强国际竞争力，促进世界经济的稳定与发展。

重点掌握

贸易创造与贸易转移
关税同盟的经济分析
最优货币区

经济全球化和区域经济一体化是从第二次世界大战结束后到目前，尤其是20世纪80年代以来国际经济中的重要现象。一国经济正在转变成世界经济的有机组成部分，成为全球经济的微观基础。在这样的国际经济趋势下，南北、南南经济关系更加将利益作为自己的出发点与归宿，竞争中的合作、合作中的竞争正在成为国际经济中的重要现象。人们在这种经济条件与环境下，希望建立新的国际经济秩序，并促进已有的国际经济三大支柱即国际货币基金组织、世界银行和世界贸易组织为世界经济的进步作出新的贡献。本章将讨论经济一体化的基本理论、基本形式以及国际经济秩序的一般问题。

第一节　经济一体化分析

一、关税同盟

关税同盟在很长时间内被认为是经济一体化的基础与逻辑起点。在世界经济史中，关税同盟可以追溯到很久远的时代，在今天也被许多经济一体化组织追求和实践。在历史上，自由贸易总被认为可以提高福利，但在相当长的一段时间内，各国之间结成的关税同盟却在一定程度上表现得比自由贸易更能提高成员的福利水平。而且在实践中，不同的关税同盟此消彼长，它既是保护主义的工具，表现为关税同盟整体对外高关税的一致性，同时又是贸易自由化的重要过程，表现为关税同盟内部关税的减免。在这样的情况下，对关税同盟的研究不断加深，于是关税同盟的理论便出现了。

结成关税同盟的成员国之间降低甚至免除彼此的关税，从而成员国居民可以享受比过去成本更低的商品的消费，同时可供选择的机会也增加了，因此成员国乃至关税同盟整体的经济福利会得到提高。其基本的经济思想如图 13－1 所示。

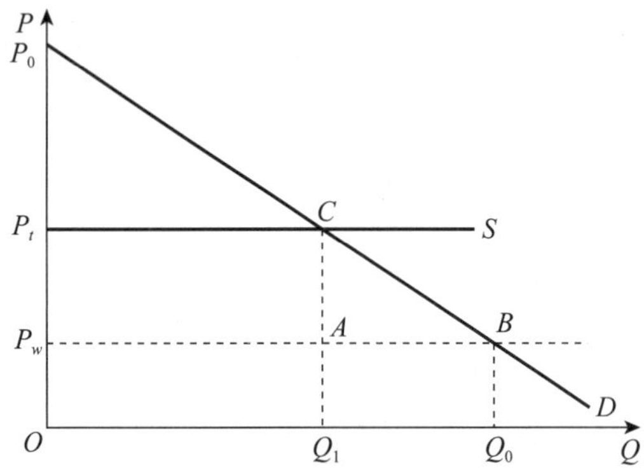

图 13－1　关税同盟与福利增长

在图 13－1 中，在自由贸易下，一国的供给曲线为 S，需求曲线为 D。如果国际价格为 P_w，则消费量为 Q_0，消费者剩余为 P_0P_wB。如果征收关税，价格为 P_t，则消费量减少为 Q_1，消费者剩余减少梯形 P_wP_tCB，其中 P_tP_wAC 成为政府的税收，ABC 为净损失。如果反过来思考，即原来该国征收进口关税，而现在免除关税，则该国福利会产生净增长。结成关税同盟的过程即是免除彼此关税的过程，因此，结成关税同盟的国家的福利会得到增长。

然而后人的研究表明，关税同盟的经济效应主要集中在贸易创造与贸易转移这两个方面，而关税同盟的实践则显示出，它可能增加一国的经济福利，也可能降低一国的经济福利。为了说明这一情况，我们首先来考察贸易创造与贸易转移的定义。

（1）贸易创造是指产品从生产成本较高的国内生产转向生产成本较低的关税同盟中的贸易对象国生产，本国从贸易对象国进口的过程和现象。这一过程还会出现以较低价格的产品消费取代原较高价格的国内生产的相关产品消费而获得利益的情况。

（2）贸易转移是指产品从过去进口自较低生产成本国转向进口自较高生产成本国的过程和现象。这一过程还会产生消费者为降低成本而转向其他相关（替代）产品进行消费的情况。

贸易创造对经济发展具有积极的促进意义，而贸易转移则是在一体化过程中应予以注意的情况。除了贸易创造和贸易转移这两个主要的效应之外，结成关税同盟还会产生所谓贸易抑制效应，即结成关税同盟后总贸易额下降的现象。

二、关税同盟的经济分析

（一）关税同盟的图形分析

为了进行分析，我们假设：所涉及的国家是小国，即市场既定价格的被动接受者，分析是在局部均衡的基础上进行的。在图 13－2 中，D 曲线与 S 曲线分别为该国的需求曲线与供给曲线。无关税时，该国从成本低的 A 国进口，在 P_a 的价格下进口 Q_1Q_2 的商品。此时，B 国商品因成本高而被排除在贸易之外。由于征收 P_t 的关税，进口量减少为 Q_3Q_4。若此时该国与 B 国结成关税同盟，两国间无关税，则 A 国被排除出贸易，该国以 P_b 的价格进口 Q_5Q_6 的商品。

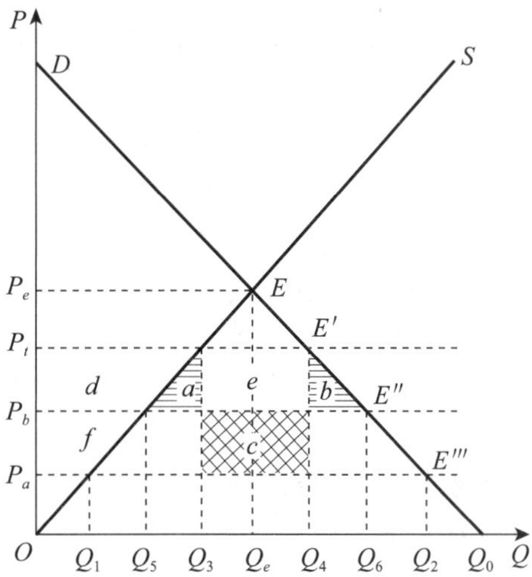

图 13－2　关税同盟的经济效应分析

该国与 B 国结成关税同盟后，消费者比在关税价格下获得更多的福利，但这一福利却不如与 A 国结成关税同盟所能获得的福利多。

（二）关税同盟的福利分析

与 P_t 的价格相比，由于消费者的价格降低到 P_b，产生净福利 a、b，消费者剩余增加 $a+b+d+e$，即 $P_bP_tE'E''$，生产者剩余降低 d，e 是税收转移。但同与 A 国结盟相比，消费者剩余却减少了 $P_aP_bE''E'''$，因为自由贸易的进口（从 A 国）必须转向 B 国，当然增加了作为生产者剩余的 f，但也因此损失了作为税收的 c。如果该国与 A 国结成关税同盟，则该国只有贸易创造而不会发生贸易转移。

（三）关税同盟的政策含义

关税同盟的成员国参加同盟是否会获得更大利益，取决于若干条件。例如：关税同盟成员国与外部世界国家生产成本相差小，则结成关税同盟后利益大；若结成关税同盟前成员国间关税高，则结成关税同盟后税收减免，利益大；若关税同盟成员国与非成员国之间的贸易壁垒低，成员国仍然有机会从外部进口，则贸易创造多；若关税同盟成员国数目多，则低成本成员国存在的可能性大，故结成关税同盟后产生贸易创造的机会多；若关税同盟成员国间竞争性大于互补性，便会有成本更低者，则结成关税同盟的利益大；若关税同盟成员国间地理位置近、运输方便，则结成关税同盟后利益大；若结成关税同盟前成员国间贸易量大、关系密切，则结成关税同盟后贸易创造多。

三、经济一体化的经济分析

经济一体化的定义随着该经济现象的不断发展在不断深化。一般认为，经济一体化最早的定义来源于第一位诺贝尔经济学奖获得者丁伯根。他认为，所谓经济一体化就是，将有关阻碍经济运行的人为因素消除，通过相互协作与统一，创造最适宜的国际经济结构。巴拉萨（B. Balassa）认为经济一体化即产品和要素的转移不受政府的任何歧视。而金德尔伯格则认为，经济一体化就是要素的价格均等化。上述关于经济一体化的说法虽然还未获得普遍认同，但人们基本上认为经济一体化是指有关国家取消相关的歧视，实行经济合作与协调的过程。

根据当前人们的普遍看法，经济一体化是指参加的有关国家，为了一体化组织的共同经济利益而将部分经济权力让渡给一体化组织，根据共同利益，按照一定的规则来行使的过程与状况。从经济学理性化的角度来分析，参加者加入经济一体化组织一定要比不加入能获得更大的利益，或者加入后尽管会遭受一定的损失，但这一损失肯定要比不加入所遭受的损失小，否则各经济体是不会加入经济一体化组织的。比较典型的经济一体化组织有欧盟、北美自由贸易区。经济一体化的基本形态大约有以下几类。

（1）自由贸易区。自由贸易区是经济一体化组织较低层次的形式。在自由贸易区内，各个成员国之间存在的各种贸易壁垒和障碍被取消，但每一成员国对于自由贸易区之外的其他国家仍然维持原有的独立关税。

（2）关税同盟。关税同盟是经济一体化的原始形式，或者是经济一体化在发展过程中的低级阶段。尽管并不是所有的经济一体化组织都必然以关税同盟作为自己的出发点，但大多数经济一体化组织都存在关税同盟的正式安排，或将关税同盟作为经济一体化组织争取的目标之一。关税同盟的经济一体化程度高于自由贸易区的经济一体化程度，它除了在成员国之间取消关税壁垒外，还采取共同的对外关税，或逐步实行统一的对外关税，关税收入按照既定的比例进行分配。

（3）共同市场。在经济一体化中，共同市场以关税同盟为基础，除取消经济一体化组织成员国之间的关税壁垒、建立共同对外关税之外，还要求资本与劳动要素在成员国之间自由流动，同时还要求在各国的货币之间逐步建立统一的制度，尤其是一致的汇率制度。

（4）经济联盟。经济联盟是经济一体化的高级形态。在这种形态下，商品、资本、劳动等要素可以自由流动，各个成员国在金融、经济、社会政策方面进行进一步的协调，反对成员国之间各种歧视的存在。对于非成员国，经济一体化组织基本上已经形成为统一的经济实体。一体化组织内部各国之间的事务被视为国内事务来处理。

（5）完全的经济一体化。这是经济一体化的最高级形态。除了商品、资本和劳动等要素可在成员国之间自由流动外，经济一体化组织还要建立统一的货币，实行统一的货币政策、财政政策和社会政策，并且逐步建立统一调控的中央机构。同时，在政治领域中，一体化的进程也会显现出来，“用一个声音说话”是所有成员国的共同要求。

第二节　最优货币区理论与实践

在欧洲经济一体化进程中，货币的统一是由1999年诺贝尔经济学奖获得者罗伯特·蒙代尔教授首先从理论上予以说明的。1999年1月1日，世界第二大货币——欧元诞生了，从2002年开始逐步取代欧元成员国本国的货币成为唯一的流通货币。蒙代尔教授也因此被誉为“欧元之父”。

一、单一货币区理论研究

（一）问题的提出

如何形成一体化组织和实现成员国的对内与对外均衡是单一货币区的重要任务。单一货币区建立的条件是单一货币区理论的重要组成部分，它分析了成立单一货币区的原因，以及在什么样的条件下一个国家才适合于加入单一货币区。

加入单一货币区，成员国便丧失了独立制定货币政策的权力，这是成员国加入单一货币区的最大成本。这一理论的主要创始人蒙代尔、麦金农、金德尔伯格等教授都指出，成员国参加单一货币区最大的利益在于货币的有用性将随着使用范围的扩大而提高。单一货币将消除汇率波动的风险，使交易最大化和分工的收益得以实现，从而提高资源配置的效率。此外，加入单一货币区意味着成员国的币值将与整个货币区的代表性商品联系起来，因此，金融状况不稳、币值波动较大、通货膨胀率较高的国家将会因为加入一个执行谨慎货币政策的货币区而享受到价格稳定、货币流动性增强的收益。同时，金融市场高度一体化提供了风险分摊机制。区内各地区间的收支失衡可立即由金融交易来弥补，且由于成员国可以减少国际储备的持有，因而可以降低资源闲置的成本。

（二）最优货币区的概念

最优货币区是指采用单一货币，或几种货币之间汇率永久固定、对外统一浮动的经济区域。“最优”是从宏观经济目标——经济的内外均衡方面来衡量的。内部均衡是指经济增长、物价稳定和充分就业之间的均衡关系，外部均衡是指国际收支平衡。货币一体化则是指在采用单一货币的最优货币区，区域内流通单一货币，由超国家的、统一的中央银行执行货币政策职能。

（三）最优货币区条件分析

20世纪50年代，以米尔顿·弗里德曼为代表的浮动汇率制的拥护者提出，如果一个国家的价格和工资具有很强的刚性，那么保持宏观经济内外均衡的汇率制度应采用浮动汇率安排。在固定汇率下，价格和工资的刚性将使消除国际收支失衡的政策要么导致通货膨胀，要么加剧失业。如果采用浮动汇率，本币对外汇率的变动将通过贸易条件和实际工资的改变来减轻资源重新配置的成本。由于现实世界中各国的价格和工资都存在着一定程度的刚性，因此人们大多认为不管经济条件如何，采用浮动汇率制的结果总是正面的，但最优货币区理论则持相反的意见。

（1）价格与工资弹性。价格和工资缺乏弹性的假定是弗里德曼建立浮动汇率制的立论基础。假设由一组国家或地区组成一个区域，如果区域内价格和工资具有充足的弹性，即工资和价格可以对市场供给、需求的变化作出及时、充分的反应，那么区域内各个国家或地区应该采用固定汇率，在彼此的货币之间建立起相应的关系。因为价格和工资的完全弹性，即相对价格和工资的调整可使整个区域内的市场随时出清，从而各个国家或地区间收支差额的平衡过程不会引起失业率上升，所以区域内汇率的浮动是不必要的。而且，通过固定汇率将整个区域联系在一起还可以提高货币的有用性。

如果上述区域内的价格与工资是完全刚性的，则区域内各个国家或地区间收支不平衡的调整过程将会使一个国家或地区出现失业或者另一个国家或地区出现通货膨胀。在这种条件下，各个国家或地区间汇率的浮动可以部分具备真实经济调整过程中工资和价格具有弹性时所起的作用。弗里德曼由现实生活中各国经济都带有不同程度的工资和价格刚性出发，得出了各国应采用浮动汇率制的结论。而蒙代尔等最优货币区理论的开创者则提出只要符合一定的条件，即使工资和价格无弹性，采用固定汇率制，也可达到经济的内外均衡。

（2）要素市场融合。蒙代尔关于最优货币区的定义是：要素对内充分流动（包括国家或地区间和产业间劳动力、资本的流动）但对外则完全不流动的区域。这样的区域可以采用单一货币或固定汇率来组成最优货币区。蒙代尔的论述是，组成货币区的两国在面对需求转移引致的收支失衡时，除了汇率政策外还有其他的平衡机制如生产要素的完全流动可供选择。由于要素流动的速度一般较慢，它对于缓解长期或永久性需求转移所造成的收支失衡将更为有效，而对于短期、暂时的经济冲击所造成的收支失衡，如果仅通过生产要素在产业间和国家或地区间的转移进行调节，区域内各个国家或地区仍将出现通货膨胀或者失业。

（3）金融市场融合。货币区内金融市场的融合可以降低通过汇率改变贸易条件从而消除区内收支失衡的必要性。此外，汇率波动会引起不确定性的增加，加大交易成本，造成一国国内金融市场和对外金融市场的分割。因此，在区内金融市场完全一体化的情况下采用固定汇率（或者单一货币）是一个好的选择。

（4）商品市场高度融合。美国各州之间的收支失衡之所以能得到顺利解决，经济学家将其归因于美国的内部开放性，即各州间商品市场完全一体化。经济学家由此认为，一个成功的货币区应该具有高度的内部开放性，即区内商品的广泛交易。开放性一般由几个指标来衡量，如在生产或消费中可贸易商品与非贸易商品的比例、进出口总值占国民生产总值的比重、边际进口倾向（单位收入增量中用于进口的比例）等。一些相互间贸易关系密切的开放经济，组成一个相对封闭的货币区，对外实行共同浮动的汇率制，对于宏观经济目标的实现可能更为有利。

（5）宏观经济协调和政治融合。除上述几个适合组成货币区的标准外，生产多样化程度较高的国家，对需求转移造成的外部冲击更具抵抗力，因而可对外实行固定汇率制。而生产多样化程度低的国家，则应联合起来，组成货币区，对外实行浮动汇率。哈伯勒和弗莱明则提出，菲利普斯曲线性质类似的国家可以组成单一货币区。他们认为，国际收支失衡的原因在于各国对于通货膨胀和失业的政策选择不一致。具有相同政策态度即所谓“政策一体化”的国家可以组成单一货币区。

很明显，对于一个各成员国之间汇率完全固定的货币区来讲，货币制度运转良好的关键在于公众对于固定汇率的信心。这要求各国货币当局放弃货币主权，密切配合，甚至成立超国家的中央银行。除了货币政策的配合外，货币区的运转还需要财政政策和税收政策的协调。

二、单一货币区的成本分析及评价

通常认为，一国加入单一货币区后最重要的成本在于丧失了独立的货币政策和外汇政策手段，从而遇到区内来自供求的非对称冲击时，将缺乏行之有效的经济手段来平抑经济失衡，使国内经济遭受损失。

（一）缺乏需求转移时的调节手段

以欧元区形成前的法国和德国为例加以说明。假定法国和德国建立单一货币区，由于消费偏好的转移，消费者更趋向于消费德国产品（见图 13－3）。

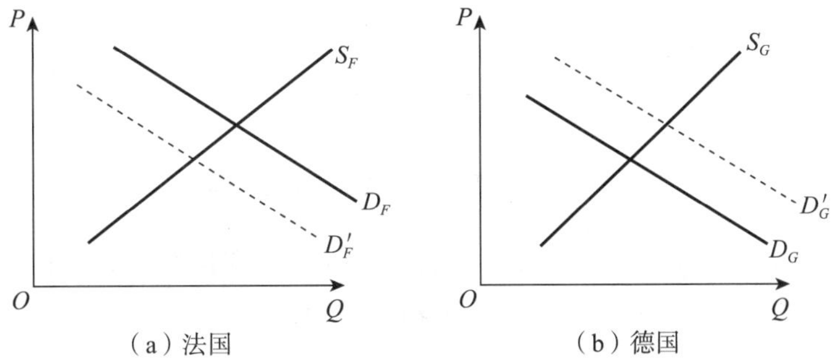

图 13－3　缺乏需求转移时的调节手段

需求的转移在图 13－3 中表现为德国的需求曲线D_G上移为 D_G'，法国的需求曲线D_F下移为D_F'。其结果是法国的产出下降，失业增加；德国的产出上升，就业增加。在国际收支方面，由于经常账户等于国内产出与国内消费之差，当需求转移引起法国产出下降时，如果其国内消费没有同步等幅下降，则法国出现经常账户赤字，德国则出现经常账户盈余。

其结果是，需求转移引发的经济非均衡冲击表现为法国的高失业和经常账户赤字，德国则表现为经常账户盈余和通货膨胀压力。如果价格、工资弹性较大，或者两国间劳动力流动比较充分，这种非均衡会自动消失。而在工资、价格弹性较小和劳动力流动性较弱的情况下，这种非均衡可以通过德国马克对法国法郎升值来消除。

一般认为，德国马克升值使法国产品更具竞争力，从而使得对德国产品的需求减少，需求曲线向下移动。相反，法国法郎贬值使得对法国产品的需求增加，需求曲线向上移动，从而达到初始的均衡状态，法国解决了失业问题，而德国也消除了通货膨胀的压力。

从上面的分析可以看出，汇率政策是调节两国经济非均衡的重要工具，尤其是在工资和劳动力调节作用较弱时，这一手段尤显重要。而德、法两国一旦建立单一货币区，实行单一货币，则它们将永久地放弃这一政策工具，法国承受失业和贸易赤字的压力，而德国则面临通货膨胀的压力，这是形成单一货币区的成本。

（二）改变国内非均衡偏好的成本

不同的国家有着不同程度的通货膨胀和失业偏好，一些国家对通货膨胀敏感，而另一些国家对失业敏感。这就可能为建立单一货币区带来成本，使各国的通胀、失业均衡搭配失调。我们用菲利普斯曲线对这一问题作出说明，仍以欧元区形成前的两个国家为例（见图 13－4）。

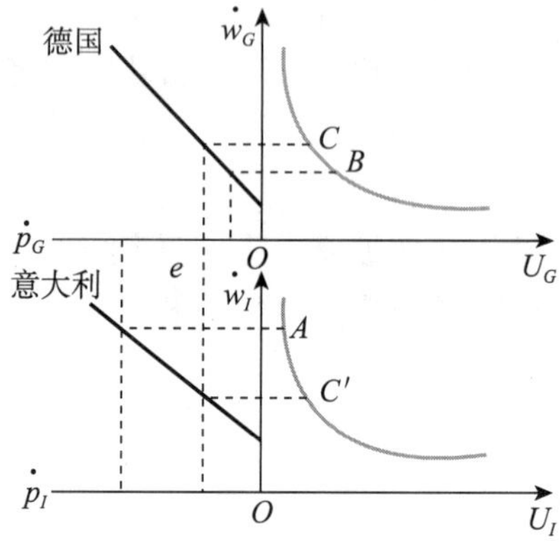

图 13－4　改变国内非均衡偏好的成本

在图 13－4 中，纵轴为工资增长率，横轴左边为价格变化率，横轴右边为失业率。这里假设菲利普斯曲线不随着通货膨胀预期的变化而变化。图中左边的曲线表示工资变化和价格变化的关系，其表达式可写作：

$$\dot{p}_I = \dot{w}_I - \dot{q}_I$$
$$\dot{p}_G = \dot{w}_G - \dot{q}_G$$

式中，$\dot{p}_I$ 和 $\dot{p}_G$ 分别表示意大利和德国的通货膨胀率；$\dot{w}_I$ 和 $\dot{w}_G$ 分别为两国的工资增长率；$\dot{q}_I$ 和 $\dot{q}_G$ 分别为两国的劳动生产率增长率，在图中为两条直线的截距。我们通过购买力平价把两国的通胀率联系起来：

$$\dot{e} = \dot{p}_I - \dot{p}_G$$

式中，$\dot{e}$ 为意大利里拉对德国马克的贬值（或增值）率。上式表示一种均衡状态。如果意大利有较高的国内通胀率，则意大利里拉贬值方可保证意大利产品的竞争力不变。而一旦德、意两国间实现单一货币，汇率变动将不复存在，$\dot{e}=0$，这要求两国通货膨胀率相同。设定意大利和德国在失业和通货膨胀上偏好不同，意大利选择 A 点作为其均衡通货膨胀、失业组合，而德国选择 B 点作为其均衡通货膨胀、失业组合。建立单一货币区后，由于 $\dot{e}=0$，则两国有相同的通货膨胀率，在图中分别为 C' 和 C 点。在 C 点，德国不得不接受更多的通货膨胀，而在 C' 点，意大利不得不接受更多的失业，两国的国内均衡遭到破坏，这就是单一货币区给成员国带来的成本。

（三）劳动力市场结构差异造成的成本

各国有着不同的劳动力市场结构，在有些国家里，劳工组织的工资谈判集中度较高，而在另一些国家里，劳工组织的工资谈判集中度较低。劳动力市场结构不同的国家组成单一货币区，容易造成较大的成本，因为不同的市场结构使成员国在面临相同的供给冲击时工资的变化不一致，从而使两国经济出现非均衡。当一国工资谈判集中度较高时，统一的劳工组织会考虑到工资增长的通货膨胀效应，不会提出过高的工资要求，因为他们知道过高的工资要求只会增加名义工资，而实际工资不会改变。

在工资谈判集中度较弱时，情况则相反。单个独立的劳工组织都认为自身名义工资的上涨不会对全国整体价格水平产生影响，因为它仅仅是整个劳动力市场的一部分，所以，它趋向于要求更高的名义工资。其结果是，每个劳工组织都竞相要求提高工资，以避免在整体物价水平上涨时自己的实际工资下降。这种非合作博弈的均衡解就是所有工人的名义工资都上升，整体物价水平上扬。在遇到供给冲击时，这种分散的市场结构也不利于工资的调整。在信息不充分的情况下，没有单个组织愿意第一个下调名义工资，因为它将面临其他组织不跟随的风险。

劳工组织集中度不同的国家组成单一货币区，在遭受相同的供给冲击时，各国对冲击的吸纳能力不同。一般来说，集中度高的国家就业比较充分，产出受影响不大；集中度低的国家则会出现失业增加、产出下降的现象。

（四）单一货币下财政体制不同的成本

各国拥有不同的财政体制，为财政赤字融资的方式也不相同。一般来讲，财税制度不发达的国家倾向于采用通货膨胀的方式为财政融资，因为在国内通过增税方式融资的成本较大。相反，财税制度较完善的国家倾向于通过提高税收为其赤字提供融资，因为健全的财税制度使融资成本降低。合乎理性的政府在选择赤字融资的方式时，会使各种筹资方式的边际成本相同：当增税的边际成本大于通货膨胀的边际成本时，趋向于通货膨胀融资；反之，则倾向于税收融资。然而，一旦两国组成单一货币区，成本最小的赤字融资方式的选择将受到限制。为了保证与其他成员国相似的通货膨胀率，财税制度不完善的国家将被迫放弃通货膨胀融资方式而转向增加税收（假定政府开支不变），而对于该国来说，税收融资的边际成本大于通货膨胀融资的边际成本，这显然不符合帕累托最优，是一种社会福利的净损失。

（五）国家间经济增长率不同导致贸易不平衡

以两国为例，设初始状态下两国经济规模相同，$Y_a=Y_b$，经济增长率分别为R_a和R_b，且$R_a>R_b$，A国的收入进口弹性等于B国的收入进口弹性，$E_a=E_b=k$，则A国从B国增加的进口为Y_aR_ak。B国从A国的进口为Y_bR_bk。由于$R_a>R_b$，所以，A国从B国增加的进口大于B国从A国增加的进口，这将导致A国的贸易逆差。为了消除经常账户的逆差，A国只有改变两国产品的相对价格，以使其产品比B国产品更具竞争力。为达到目标，通常有两条途径：一是A国货币贬值；二是A国紧缩国内经济，降低国内价格水平。但是，在单一货币下，A国只能选择第二条途径，即采取紧缩性经济政策以降低国内价格水平，但其负面作用是抑制了经济的增长。这是单一货币区给经济发展较快的国家带来的损失。

以上分析的核心在于说明，加入单一货币区后，面对非均衡冲击（来自需求或供给），在汇率调节手段消失的情况下，成员国缺乏有效的政策手段来调整经济。这无疑是单一货币区的最大成本；其他成本都是从其中衍生出来的。事实上，决定单一货币区成本的因素主要有两个：一是单一货币区内成员国之间发生非对称冲击的可能性；二是汇率工具对于调节经济非均衡的效果。理论分析表明，在单一货币区内，随着要素流动的日益充分，经济的均质趋向将得到加强，发生非对称冲击的概率减小；在经济开放度较大的情况下，汇率政策工具在长期内趋于无效，在短期内效应也相当有限。

三、单一货币区的收益分析及评价

单一货币区的收益主要来自经济效益的提高，这一收益既体现在微观经济方面，也体现在宏观经济方面。

（一）消除交易成本的收益

成立了单一货币区后，货币区内流通完全相同的货币，消除了成员国货币之间的汇兑成本。消除汇兑成本是单一货币区最直接的收益。汇兑成本通常为金融服务的手续费，是银行表外收入的重要组成部分。汇兑成本的消失意味着银行收入的损失。也许有人会问，公众收入的增加正好与银行的损失相抵消，收益从何而来？问题的关键在于，虽然银行汇兑收入减少，但与此同时，大量的银行资源可以被释放出来，从事其他盈利项目，从而提高社会的净福利水平。

在市场被分割的情况下，由于汇兑成本、管理成本以及税收差异等原因，价格歧视普遍存在。在单一货币区内，交易成本的消除将减少区内各成员国市场的价格歧视，使同款产品在不同市场上的价格趋于一致，而且汇兑成本的消除便于消费者比较不同国家市场上同种商品的价格，并选择最便宜的市场购买自己所需要的商品，从而提高了消费者的福利。

（二）消除汇率不确定性所带来的收益

汇率变化的不确定性必然影响到投资者未来收益的变化，在国际贸易和跨国投资中，汇率变化的不确定性影响了投资者的信心，加大了贸易和投资的风险。对于风险厌恶者来说，汇率风险的增加将减少他们从事生产经营的动力，使他们慎于贸易和投资，从而降低社会福利。单一货币消除了汇率的变化，使未来收益更加确定，将刺激投资者提高经济活动的水平，增加产出。这是传统最优货币区理论关于单一货币区收益的最重要的观点。

单一货币的出现消除了引发汇率波动的因素，实际上为各国货币提供了无成本的、无限制的保值。

（三）有助于形成更为健全的价格机制和降低实际利率水平

价格是引导生产者和消费者行为的重要信号。汇率不稳定，将导致商品和劳务价格的波动，进而影响经济主体所作出的经济决策的质量，增加调整成本。而单一货币的引入可以消除因汇率因素而造成的价格波动，使价格机制更有效地指导市场行为，减少调整成本。

价格不确定所引起的风险会导致实际利率水平的上升。而单一货币的引入将降低各国的资金使用成本——利息。在欧元出现前，欧洲货币体系约 20 年的运行经验证明，即使两个国家间的汇率实际上已经固定了，但由于市场对汇率变化有疑虑，它们彼此间的利率也仍存在很大差异，不会完全均等。单一货币消除了市场疑虑的根源——多种货币共存，从而实现了利率均等化（利率向下靠拢），资金使用成本的降低有助于投资的发展。

（四）信用延伸收益

两个通货膨胀率差异较大的国家建成单一货币区，实行单一货币后，控制通货膨胀信用较差的国家将从控制通货膨胀信用较好的国家获得信用，从而使其通货膨胀状况得到改善，促进社会福利的增长。我们用开放条件下的巴罗-戈登模型（Barro-Gordon model）对这一收益作出说明，仍以欧元区形成前的两个国家为例。

在图 13-5 中，U_1、U_2、U_3分别表示不同通货膨胀预期下的菲利普斯曲线。U_N为自然失业率，过U_N的垂线代表长期菲利普斯曲线。I_1、I_2、I_3、I_4分别代表货币当局的通货膨胀-失业无差异曲线，因为随着通货膨胀的下降，货币当局将更多地关注失业问题，反之亦然，所以无差异曲线外凸。无差异曲线越靠近原点，社会福利损失就越小。

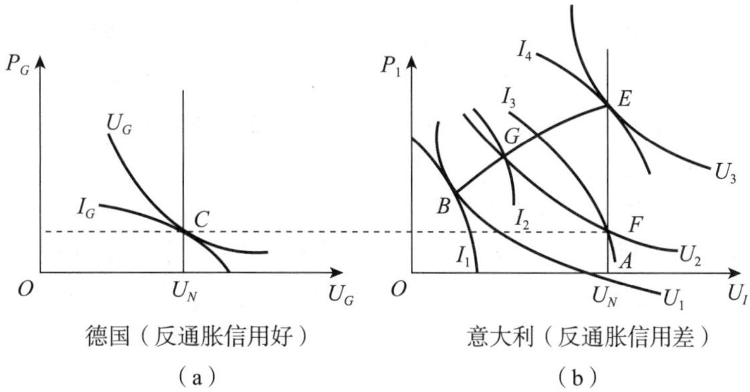

图 13-5　开放条件下的巴罗-戈登模型

假定德国更关注通货膨胀而意大利更关注失业，这样，德国的无差异曲线比较平缓，意大利的无差异曲线相对陡直。C 点和 E 点分别为德国和意大利的通胀-失业均衡点。C 点表示自然失业率下较低的通胀率，而 E 点表示自然失业率下较高的通胀率。意大利的社会福利损失较大。这时，如果意大利和德国成立单一货币区，则这意味着意大利货币当局（当然，也包括德国货币当局）丧失了控制货币的权力，不能以意料之外的通货贬值来提高就业率。意大利公众由于对统一的中央银行反通货膨胀的信任，对通胀的预期逐渐下降，直到本国通胀水平等于德国的通胀水平（假定统一的中央银行与德国货币当局有相同的反通货膨胀信用）。

正如图 13-5 所表示，F 点为加入货币区后意大利的通胀-失业均衡点，过 F 点的无差异曲线为 I_3，过 E 点的无差异曲线为 I_4，显然意大利的社会福利损失减少了。与此同时，德国的社会福利并没有减少。这是一种典型的帕累托改进。当然，要取得这种收益，有一个很重要的前提，即统一的中央银行必须和德国中央银行一样执行严厉的反通胀货币政策。否则，不但意大利的社会福利得不到改进，德国的社会福利也将遭受损失。

（五）稳健的政府财政

欧洲货币联盟是一个拥有统一的中央银行、单一货币而财政政策仍分散在各成员国手中的货币区。单一货币对个别成员国的财政必然会产生影响。

(1) 财政自律的重要性。政府预算的可持续性是货币政策不得不考虑的一个问题。从长期来看，持续的财政赤字将导致政府债务规模逐渐增大、还本付息（刚性支出）占预算支出的比例越来越大，从而导致政府预算难以维系。这种问题只能以两种方式加以解决：债务的货币化，或是政府破产。在第一种情况下，中央银行为了拯救本国政府不得不放弃独立性；在第二种情况下，央行忠于自己的反通货膨胀目标而不对政府伸出援助之手，这将迫使政府拒付部分或全部债务，这将意味着引发金融危机乃至政治动荡。

各国缺乏财政自律会为欧元区和欧元的稳定留下后患。正是基于这种考虑，再加上启动欧元存在使各国放松财政自律的可能性（统一的金融市场会为各国发债创造更便利的机会，中央银行或其他政府被迫提供援助的可能性会使每个政府都产生“搭便车”的想法），欧盟对各国的财政状况均作了严格约束。

(2) 欧盟有关财政约束的实践。《马斯特里赫特条约》（简称《马约》）对各国财政的约束是严格的，这些规定主要体现在对欧洲经济与货币联盟第三阶段设置的标准中。《马约》规定了建设欧洲经济与货币联盟的三个阶段，第三个阶段就是启动欧元，实施统一的货币政策。这一阶段有四条标准，其中一条就是关于政府财政状况的规定。具体内容是：第一，欧盟成员国在加入欧元区前一年的财政赤字不得超过当年 GDP 的 3%，除非出现以下两种情况，一是该比例（虽超过了 3%）正持续和大幅缩减到参照值，二是该比例（虽超过了 3%）仅是例外和暂时的情况，过去一直低于参照值。第二，公债占 GDP 的比重不得超过 60%，除非该比例正明显地下降或迅速地接近参照值。

第三节　国际经济组织及其作用

在经济全球化的进程中，国际经济组织在协调国际经济活动中日益显现出重要性，已经成为一国在经济全球化中打交道的重要伙伴。它们不仅是经济全球化的产物，也是经济全球化的积极促成者。

一、国际货币基金组织及其作用

1944 年 7 月，44 个国家的代表在美国新罕布什尔州的布雷顿森林举行联合国和联盟国家货币金融会议，签订《国际货币基金组织协定》，该协定于 1945 年 12 月生效。按照协定，国际货币基金组织建立于 1945 年 12 月，1947 年 3 月开始工作，为联合国的专门机构之一。国际货币基金组织的宗旨为，就国际货币问题进行合作、促进国际贸易的平衡发展、提高就业、增加收入、避免竞争性贬值、保持各国货币对外汇率的相对稳定、向成员提供所需要的临时性贷款、设法消除国际收支的严重失衡等。

国际货币基金组织的资金来源主要是国际货币基金组织成员缴纳的份额以及借款，成员认缴后份额即成为国际货币基金组织的财产，作为储备来满足成员调整国际收支失衡的需要。每个成员认缴的份额比例，也决定着该成员在国际货币基金组织中分配到的特别提款权的比例。国际货币基金组织的活动由成员投票决定，每个成员都具有相同的基本票，然后根据它在国际货币基金组织中的份额按比例增长票数。国际货币基金组织的一般活动只要简单多数通过即可，但重大事宜则需要 85%的票数通过。美国因为占有 15%以上的票数，所以实际上它具有对任何重大事务的否决权。国际货币基金组织的主要职能是通过提供贷款帮助成员调整国际收支失衡。贷款的类型有普通贷款、出口波动补偿贷款、缓冲库存贷款、补充贷款、经济结构调整贷款等。为了扩大储备资产，1969 年国际货币基金组织创立了特别提款权，作为账面资产用于支付成员政府或国际货币基金组织的债务，并在各成员中作为国际储备资产而存在。此外，国际货币基金组织还有指导国际金融秩序、提供金融咨询服务等功能。

国际货币基金组织的最高决策机构是理事会，日常工作由执行董事会负责，总部设在美国首都华盛顿。国际货币基金组织的行政负责人是总裁，任期为 5 年。

中国是国际货币基金组织的创始成员之一，1980 年 4 月该组织恢复了中华人民共和国在国际货币基金组织中的合法席位，中国在该组织中发挥着重要的作用。

二、世界银行及其作用

世界银行又称国际复兴开发银行，根据 1944 年 7 月美国布雷顿森林会议通过的《国际复兴开发银行协定》于 1945 年 12 月成立，总部设在美国首都华盛顿，1947 年 11 月起成为联合国的专门机构之一。世界银行最初成立的宗旨是恢复因第二次世界大战遭到破坏的经济，在这一任务基本完成后，世界银行的任务有所转变，成为援助、促进发展中国家经济发展的重要国际金融机构。

世界银行今天的宗旨为：对用于生产目的的投资提供便利，鼓励发展中国家开发资源，促进私人对外投资，提供发展中国家经济发展所需要的贷款，等等。世界银行采用股份制的组织形式。资金的主要来源是成员国认购的资本股金。世界银行的贷款严格按照程序进行，资金的用途主要是项目贷款，如向发展中国家提供基础设施、教育、培训技术援助和咨询等方面的贷款。贷款期限为 7～30 年。世界银行贷款的接受者要求为政府或政府担保的企业，接受者必须经过世界银行的评估，在贷款的使用过程中还要定期不断向世界银行汇报使用情况。

世界银行的最高决策机构是理事会，日常工作由执行董事会负责，行长历来是美国人。它与国际开发协会（向较贫困国家提供优惠贷款的组织）和国际金融公司（向不发达国家的私人企业提供贷款与投资的组织）组成世界银行集团。国际开发协会成立于 1960 年 9 月，成员国仅限于世界银行的成员国，它的宗旨是向成员国中的发展中国家提供优惠的长期贷款，达到促进其经济发展的目的。国际开发协会的资金来源于资本股金的认购和捐款。成员国认缴的资本越多，投票数就越多。国际开发协会的贷款期限长于世界银行的贷款期限，可以达到 50 年，不收利息，只收一定的手续费。目前贷款主要投向发展中国家的农村建设、人力资源开发、基础设施建设。国际金融公司成立于 1956 年 7 月，1957 年 2 月成为联合国的专门附属机构，成员国也仅限于世界银行的成员国，中国是 1980 年加入的。国际金融公司的宗旨是辅助世界银行向成员国尤其是发展中国家的私人企业和开发金融机构提供贷款，以促进成员国的经济发展。

三、世界贸易组织及其作用

1995 年 1 月 1 日世界贸易组织成立，正式取代 1948 年以来作为临时性机构的关税及贸易总协定（简称关贸总协定），它是根据经过成员政府和立法机构批准的国际条约创建的常设经济组织。世界贸易组织的最高权力机构是每两年召开一次的部长级会议，关键架构为贸易争端解决机构和贸易政策审议机构。

与关贸总协定相比，世界贸易组织在内容、范围、体制和职能方面，尤其在强化世界多边贸易秩序、规范国际贸易竞争的规则、完善贸易争端解决机制等方面有着许多新进展。世界贸易组织的基本原则与宗旨是：通过实施市场开放、非歧视和公平贸易等原则，推动世界贸易自由化目标的实现；通过自由贸易达到世界范围内各个国家经济福利的总体提高。具体来讲，世界贸易组织的原则有：非歧视原则、关税减让原则、取消数量限制原则、反倾销与限制出口补贴原则、透明度原则、磋商调节原则。世界贸易组织的基本职能包括：作为成员进行多边贸易谈判的场所和发表意见的讲坛，在成员的支持下管理和执行已经达成的多边贸易协议，当成员之间发生贸易纠纷时寻求贸易争端的解决，定期考察并监督成员的贸易政策，与其他国际经济组织合作，等等。总体来看，世界贸易组织主要强调、贯彻贸易自由主义和无歧视政策，并给予发展中国家一定的贸易优惠。

四、地区经济组织及其作用

其他地区经济组织，如亚洲开发银行、非洲开发银行、亚太经济合作组织、西非国家经济共同体、南部非洲发展共同体、东非开发银行等，大都由发展中国家与发达国家共同组成，发达国家在其中发挥主导作用。这类组织的宗旨也都是促进贸易增长、保证金融平稳和促进经济发展等。这类组织在各自的领域中都在为世界经济的发展作出自己的贡献。但是，由于经济利益的差异，在地区经济组织中，在不同类型的成员之间往往也存在着一些需要进行协调的问题，这类组织也大都是在不断协调中得到发展和壮大的。

第四节　国际经济秩序的建立

国际经济关系是在国际经济体系的基础上建立起来的，在古典经济学的理论中，国际经济体系是在自由贸易制度、平衡预算制度和金本位制度基础上建构起来的，而政府在国际经济体系中不应该有重要的作用。但这样的体系在自由贸易受到挑战、国际金融体制发生变革的情况下从来也没有能够独立存在，因此政府在国际经济体系中的调整是必不可少的。在当今世界被分为发展中国家与发达国家后，国际经济秩序的问题在国际经济利益的创造与分配的基础上日益复杂。

一、国际经济秩序概述

（一）国际经济秩序的含义

国际经济秩序是指国际范围内各种类型的国家之间的经济关系，以及全部国家经济体系与制度的总和。不同的时代有着不同的国际经济秩序，但它的基础总是当时的基本国际经济关系。国际经济秩序中贯穿着利益的矛盾，同时在国际经济活动中也体现着经济学的永恒主题，即公平与效率的矛盾。

（二）旧国际经济秩序分析

旧的国际经济秩序是指在国际生产领域、国际商品交换领域、国际金融领域中发达国家对发展中国家实行的不公平的做法，以及存在的经济控制方面的不合理关系。事实上，在国际经济领域中，个别国家的利益与国际经济的整体利益之间存在着一致性，也存在着矛盾。在经济实践中，每个国家都有使本国利益最大化的动机，它激励着一国在国际经济范围内采取某些对于该国而言是符合理性但对于世界而言是违反理性的做法，如采取禁止性的保护主义、进行损人利己的短期资本投机、利用竞争性贬值危害国际贸易的正常进行等。此外，由非经济原因造成的个别国家与世界整体利益之间的矛盾，也会损害世界经济利益。这就需要有国际协调机制来对这些危害世界经济总体利益的行为进行规范，尤其是对作为富国的发达国家危害穷国发展的那些行为进行规范。应该看到，从理性上各国都已经认识到个别国家的利益与世界经济总体利益的一致性、公平与效率统一的重要性和必要性，但是这种理想状态是国际经济学家希望达到但实际上又无法达到的最优状态，因此各国在实践中只能去追求可能达到的次优状态，有时甚至不得不承认：存在的就是合理的。

二、国际经济新秩序

（一）国际经济新秩序的提出

1964 年，第二届不结盟国家首脑会议首次提出了“建立国际经济新秩序”的口号，要求在国际经济领域的贸易、金融、技术转让、经济合作、发展援助等方面建立一种新的南北经济关系，重新建立新的世界经济体系。1974 年，第六次联合国特别会议通过了有关建立国际经济新秩序的一系列文件，认为国际经济新秩序应该建立在所有国家待遇公平、主权平等、互相依存、共同受益和协力合作的基础上，能够纠正不平等和现存的非正义，并且使日益扩大的发展中国家与发达国家之间的鸿沟得以消除。事实上，国际经济新秩序要求人们在国际社会中就公平与效率、个别国家或国家集团的利益与世界经济总体利益之间找到一个发展中国家与发达国家都能够接受的交叉点，并在这样的基础上使双方的经济都得到增长与发展。

（二）国际经济新秩序的建立

根据 1974 年联合国特别会议通过的《建立新的国际经济秩序的宣言》和《建立新的国际经济秩序的行动纲领》，发展中国家在维护资源、经济独立、国际贸易、国际金融、国际生产领域方面与发达国家进行了全面的合作，同时为了维护自身的利益，也进行了不懈的斗争。目前，发展中国家与发达国家都认识到建立双方都可以接受的国际经济秩序是非常有必要的。双方都愿意通过开展国际贸易、资本流动、人员交流、技术援助等国际经济活动的方式，使国际资源在更高的效率下重新进行配置，使已经存在和新创造的福利在国际上进行新的分配与再分配，从而尽可能在次优的层面上，达到个别国家或国家集团与世界经济总体利益的一致、效率与公平的统一。

小　结

1. 关税同盟使结成同盟的成员国之间降低甚至免除彼此的关税，从而成员国居民可以享受比过去成本更低的商品的消费，同时可供选择的机会也增加了，因此成员国乃至关税同盟整体的经济福利会得到提高。

2. 贸易创造是指产品从生产成本较高的国内生产转向生产成本较低的关税同盟中的贸易对象国生产，本国从贸易对象国进口的一种过程和现象。这一过程还会出现以较低价格的产品消费取代原较高价格的国内生产的相关产品消费而获得利益的情况。

3. 贸易转移是指产品从过去进口自较低生产成本国转向进口自较高生产成本国的过程和现象。这一过程还会产生消费者为降低成本而转向其他相关（替代）产品进行消费的情况。

4. 经济一体化是指参加的有关国家为了一体化组织的共同经济利益而将部分经济权力让渡给一体化组织，根据共同利益，按照一定的规则来行使的过程与情况。

5. 最优货币区是指采用单一货币，或几种货币之间汇率永久固定、对外统一浮动的经济区域。“最优”是从宏观经济目标——经济的内外均衡来衡量的。货币一体化则是指在采用单一货币的最优货币区，区域内流通单一货币，超国家的、统一的中央银行执行货币政策职能。

6. 在经济全球化的过程中，国际经济组织在协调国际经济活动中日益显现出重要性，已经成为一国在经济全球化中打交道的重要伙伴。它们不仅是经济全球化的产物，也是经济全球化的积极促成者。目前，在世界经济中发挥核心作用的国际经济组织主要有国际货币基金组织、世界银行和世界贸易组织。

7. 国际经济秩序是指国际范围内各种类型的国家之间的经济关系，以及全部国家经济体系与制度的总和。从国际经济学的角度看，国际经济的基础是利益，因此国际经济秩序中贯穿着利益的矛盾，同时在国际经济活动中也体现着经济学的永恒主题，即公平与效率的矛盾。

8. 国际经济新秩序应该建立在所有国家待遇公平、主权平等、互相依存、共同受益和协力合作的基础上，能够纠正不平等和现存的非正义，并且使日益扩大的发展中国家与发达国家之间的鸿沟得以消除。

复习与思考

核心概念

贸易创造	贸易转移	经济一体化	自由贸易区
关税同盟	共同市场	经济联盟	完全的经济一体化
最优货币区	巴罗-戈登模型	国际货币基金组织	世界银行
世界贸易组织			

思考题

1. 试分析贸易创造的产生与影响。

2. 试述关税同盟的内容与经济作用。
3. 试述经济一体化的基本形态。
4. 试述最优货币区的条件。
5. 试用图形进行单一货币区的成本分析。
6. 试述巴罗-戈登模型的基本内容。
7. 试述国际经济组织的基本作用和功能。
8. 试述国际经济新秩序。

第十四章

经济全球化分析

本章的学习目的在于使学生了解和掌握经济全球化的定义、主要表现、动因、格局及发展趋势，以及经济全球化对不同国家的影响。

重点掌握

经济全球化的定义
经济全球化的格局
经济全球化的新动向
经济全球化的价值链
经济全球化的影响

经济全球化最基本的特征就是生产要素在全球范围内的自由流动，最明显的作用就是由于要素配置效率的提高而导致社会财富绝对量的增长和国民福利水平的提高。本章将首先介绍经济全球化的定义、主要表现及动因，接着介绍经济全球化的格局及发展变化，最后介绍经济全球化对世界各国的影响。

第一节 经济全球化的定义

经济史学家通常将 1846 年视为经济全球化的起始年代，在那一年英国废除了《谷物法》，单方面实行了自由贸易政策。他们认为，100 多年来经济全球化经历了三次高潮。第一波经济全球化高潮出现于 1870—1914 年，蒸汽机替代帆船、铁路的大规模建设等提高了主要工业化国家的劳动生产率，促进了交通运输系统的发展，各国通过谈判降低关税壁垒，增加了商品、资本和劳动诸要素的全球流动。第二波出现于 1950—1970 年，第三次科技革命进一步推动了国际分工的深化，在关贸总协定的框架下，以美、欧、日等发达国家为主开展了多边贸易自由化谈判，进一步促进了国际贸易、生产的跨国化以及技术和产业的转移。第三波发轫于20世纪80年代末，虽然有着今天很多人谈及的“逆全球化”现象，但迄今仍在逐步发展之中。本章讨论的是从20世纪80年代末开始的当代经济全球化进程。

经济全球化是一种渐进发展的过程，是世界经济中的一个非常重要的趋势。目前的经济全球化在曲折进展中发生着转型，为不同的全球化参与者提供着新的经济增长机会。在世界经济的发展过程中，生产要素的跨国流动最初是劳动力的跨国流动，然后是商品的流动，既而是资本的流动，今天则发展成综合的要素流动，其中知识、科技要素的流动具有非常重要的作用，并在这一过程中形成了全球价值链的配置和分布。因此，经济全球化的概念曾经被认为是生产要素在全球范围内广泛流动、实现最佳配置的过程。随着经济全球化重要性的加强，世界贸易组织1995年度报告指出：“对全球化的定义和描述，首先应着重‘质’而不是‘量’”；1996年联合国贸易和发展会议（简称联合国贸发会议）召开了一次题为“全球化与自由化”的讨论会，在会上对经济全球化定义如下：全球化是世界各国在经济上跨国界联系和相互依存日益加强的过程，运输、通信和信息技术的迅速进步有力地促进了这一过程；1997年联合国贸发会议报告指出：“全球化既指货物和资源日益加强的跨国界流动，也指一套管理不断扩大的国际经济活动和交易网络的组织结构的出现”，“但今天的世界经济与超国家范式相距还很远，对现状较为恰当的描述是全球在经济上的相互依存，市场、生产和金融活动的跨国界联系已加强到如此地步，以至任何一国的经济都不能不受到国界以外的政策和经济发展的影响”。国际货币基金组织为经济全球化所下的“权威”定义是：跨国商品、服务贸易及国际资本流动规模的扩大和形式的增加，以及技术的广泛迅速传播，使世界各国经济的相互依赖性增强（《世界经济展望》，1997年5月）。而马克思主义经济学的观点则认为，经济全球化是生产社会化扩大的结果，是资本主义经济体系对世界进行支配与控制的过程。至今，关于经济全球化的主流定义基本有三种：一种是把经济全球化描述成生产要素在各国之间流动加快的趋势，以及各国经济联系日益紧密、相互依存和影响不断加深的过程。另一种是把经济全球化看成由以美国为首的西方发达资本主义国家主导的、对世界经济进行支配和控制的过程，其本质是资本主义生产方式在全球的扩张。第三种观点认为，经济全球化的标志是在世界范围内建立共同遵守的经济规则，最突出的表现是市场经济规则在全球绝大多数国家得到推广。

在考虑经济全球化的定义时，由于世界经济不断发展，应该将它看成一个动态的过程，强调参与国家的互相依存性与竞争性，而不应该将其认定为一种结果、一种制度或体系，这样可以为未来分析国际经济活动预留足够的理论空间。人们可以从三个方面来认识经济全球化的内涵：一是世界各国经贸投资联系的加强和相互依赖程度的日益提高，形成了全球价值链的分布；二是随着国际市场的形成和扩大，各国国内经济游戏规则逐渐趋于一致；三是国际经济协调机制强化，即各种多边或区域组织对世界经济的协调和约束作用越来越显现出来。

经济全球化是各国在经济上相互依存不断加深但竞争也在不断深化的历史过程；其突出表现为商品、资本和技术等要素的国际多边流动日益加强；其主要因素是信息革命以及贸易和金融的自由化，即技术创新与制度变革的深化过程。由于对经济全球化的定义存在着不同的看法，因此对于经济全球化对经济的影响也必然存在着不同的见解。在经济全球化的进程中，发达国家的学者大多认为这一进程带给发达国家的主要是经济的负面影响，将国内出现的失业、收入下降、产业外流等归咎于经济全球化，并认为在这一进程中由于发展中国家的廉价产品可以自由进入发达国家，所以这一进程只是对发展中国家有利，这样的观点在美国、欧洲的学者发表的论文、专著甚至政府研究报告中均有反映。美国诺贝尔经济学奖获得者保罗·萨缪尔森在《比较》第91辑（2017年第4辑）上发表的文章以中美两国为例讨论了自由贸易。他运用李嘉图、穆勒等古典经济学家的比较优势理论，分析了自由贸易的全球化如何把国外的技术变化转变成两国都获益。但是，文中的进一步分析却表明，有时一国生产率的提升可能仅对该国有帮助，这降低了两国之间的潜在贸易收益，从而持久地伤害另外一个国家。发展中国家正好持相反的观点，认为经济全球化的主要利益为发达国家所获得，发展中国家在获得一定利益的情况下，"边缘化"的趋势被加强，与发达国家的经济差距在不断拉大，从经济不发达向发达转化似乎比过去更为困难。由于看法迥异，因此需要进行更为全面的分析。

第二节　经济全球化的主要表现

一、国际贸易迅猛发展

国际贸易是各国经济联系中一个古老和基本的纽带。当代国际贸易高速增长，规模日益膨胀，在各国经济发展中的作用越来越重要。据世界贸易组织统计，2016年从出口角度计算的世界贸易总额（包括货物贸易和服务贸易）达20.77万亿美元，相当于1980年的8.5倍。2006—2016年，世界货物贸易增长了32%，服务贸易则增长了64%。在2008—2009年美国次贷危机之前，世界贸易的增长速度始终快于世界生产的增长速度，前者的年均增长率要比后者高50%左右，即便把次贷危机中的贸易状况考虑进去，1980—2016年，世界货物贸易的增长速度也达4.7%，成为拉动世界经济增长的重要因素。

二、生产全球化和跨国公司大发展

生产全球化是指大规模的跨国直接投资导致全球性生产分工体系形成。与当代国际贸易相比，国际直接投资的发展更为迅猛。据联合国贸发会议统计，2000年国际直接投资的流入量达到了12 710亿美元，是1980年的22倍，同期国际直接投资占世界各国国内投资的比重由2.3%提高到了22%。2016年，国际直接投资额达到1.75万亿美元，存量达到26.7万亿美元。跨国公司是国际直接投资和生产全球化的主要载体，它通过全球化生产、全球化销售、全球化采购和全球化研发活动，把世界各国的经济联结为一个紧密的整体。2016年，全球10余万个跨国公司、86万多个分支，占据着全球生产总量的一半以上、全球商品出口总量的近一半、全球技术交易总量的80%、全球跨国投资的90%和全球高新技术的95%以上，许多国际贸易和投资实际上是跨国公司设在不同国家的分公司之间的贸易和投资。

三、金融全球化迅速推进

当代贸易和投资的全球化推动了金融全球化的大发展，跨国贷款、跨国证券发行和跨国金融交易等跨国金融业务大幅度增长。2016年，世界包括硬币、纸币、定期存款、储蓄和支票存款在内的广义货币的总价值约为90.4万亿美元，股票市场规模达73万亿美元，黄金市场也有8.2万亿美元的规模。全球平均每天外汇交易量就达到5.1万亿美元。世界各主要金融市场已经形成了时间上相互接续、价格上相互联动的交易网络，几秒钟之内就能实现成千上万亿美元的交易，尤其是外汇市场已经成为世界上最具流动性和全天候的市场。金融全球化的一个重要内容是跨国并购和全球化的产权交易市场加速形成。虽然2009年以后受全球经济大气候各种因素的影响，跨国并购业务有所萎缩，但2014年已经出现了积极的恢复增长势头，2015年达到5.8万亿美元。2016年，全球跨国并购有10.45万起，并购额高达4.9万亿美元。

四、科技全球化与全球科技资源大流动

科技全球化是指各国科技资源在全球范围内的优化配置，这是近年来经济全球化中最新拓展和进展迅速的领域。首先是先进技术和研发能力的大规模跨国界转移。据联合国统计，20世纪70年代中期世界技术贸易总额只有110亿美元，到90年代中期骤增到4 000亿美元，而2016年涉及技术的并购就达到8 000亿美元。其次是跨国界联合研发广泛存在。例如，著名的尤里卡计划自1985年提出后，到2000年就先后有25个欧洲国家的4 000多个企业和科研单位参加，目前该计划已扩大到中国和巴西等发展中国家。中国在2017年5月也宣布将建立联合研究中心，接纳世界科学工作者尤其是“一带一路”沿线国家的年轻科学家进行联合研究。最后是外部技术来源对企业的重要性增加。在1992—2001年的10年间，美国、日本和欧洲跨国公司高度依赖外部技术资源的企业比重，就从平均不到20%迅速上升到80%以上，同时正在逐步扩大海外研发的比重。此后，随着全球价值链的逐步形成和发展，大量跨国公司开始在以中国为代表的新兴工业化国家建立研发中心，中国的上海、深圳研发中心的大量涌现便是很好的例证。此外，以信息技术产业为典型代表，在全球价值链上，各国的技术标准越来越趋向一致，跨国公司巨头通过垄断技术标准的使用，控制了行业的发展，获取了大量的超额利润，真可谓体现了“得标准者得天下”的道理。

五、国际经济协调机制不断强化

为解决各国经济联系日益密切过程中产生的复杂矛盾和摩擦，国际经济协调机制也逐步建立和完善起来。目前主要包括多边和区域两个层面。一方面，多边经济治理结构中起主要作用的是世界贸易组织、国际货币基金组织和世界银行，它们被称为当代世界经济的“三大支柱”。世界贸易组织和国际货币基金组织分别是世界贸易和世界金融领域的多边协调机构，而世界银行的主要职能则是促进发展中国家的经济发展和协调南北经济关系。另

一方面，近年来区域经济协调机制也越来越得到加强，新的区域经济一体化组织不断涌现。据联合国贸发会议统计，到2016年全球国际投资协议达到了3 324个。另外，诸如欧盟、北美自由贸易区、东盟、南方共同市场、南部非洲关税同盟等，在区域和整个世界贸易、投资与经济发展中的作用不断增强。

第三节　经济全球化的三大动因

世界经济事物的发展有其内在规律，经济全球化发展的动因大体上有以下三个方面。

一、各国经济发展的客观要求是经济全球化的根本推动力

马克思曾经指出，“不断扩大产品销路的需要，驱使资产阶级奔走于全球各地。它必须到处落户，到处开发，到处建立联系。”① 但在客观上，在那个时代，各国都程度不同地存在着自然资源、资本、劳动力、技术、市场等不足的矛盾，需要通过要素的跨国界流动实现资源的最优配置，通过国际分工和国际交换实现成本最小化生产，最终实现利润的最大化。尤其在当代经济生活中，生产力和消费需求多元化水平空前提高，单纯依赖国内生产，不仅越来越受到国内资源和市场的限制，而且无法满足消费者更加多样化的需求。要解决这些矛盾和问题，必须充分利用国际市场和资源，这必然导致各国经济的相互依赖性大大增强。

二、科学技术进步为经济全球化提供了最深厚的物质基础

在人类发展历史上，每次科技革命的发生都带来了生产力发展的大飞跃和经济社会结构的剧烈变革。当前的经济全球化就是20世纪后期以计算机技术进步、网络技术革命为核心的科技革命推动的产物。据统计，1930—1990年，国际空运的平均成本从每英里68美分降至11美分，纽约至伦敦3分钟的电话费从244美元降至3美元，目前仅为几美分。而随着移动通信在全世界的迅速普及，通过互联网进行通信的成本近乎为零。运输和通信成本的大幅度下降使得各种物质和信息在全球范围内的流动和交换成为可能，大大促进了国际贸易和国际金融活动。

三、市场化改革为经济全球化提供了制度基础

经济全球化要求市场的微观主体——企业真正自主经营，根据自身经营和发展的需要，按最有利的条件生产、在最有利的地方销售。这必然要求各国政府尽量避免对企业活动的行政干预，为企业发展创造宽松的环境。但第二次世界大战以后的几十年里，无论在发达国家还是发展中国家，市场机制的作用均受到了不同程度的抑制。冷战结束为国与国之间的经济往来创造了一个比较宽松的国际政治和社会环境，各国都相继不同程度地走上

① 马克思，恩格斯．共产党宣言．北京：人民出版社，1997：31.

了市场化改革的道路，尤其是更多的国家对国内市场开放和全球贸易投资自由化持积极态度，以及全球价值链的形成和发展，有力地推动了经济全球化的进程。

作为世界生产力发展、科技革命的产物和市场配置资源、经济规则趋同的结果，经济全球化具有客观必然性，是历史的潮流。英国学者约翰·邓宁说："除非有天灾人祸，经济活动的全球化不可逆转。"① 但也应看到，全球化的进程总是伴随着国家利益与国家利益之间的矛盾、局部利益与整体利益之间的矛盾等，这些矛盾和冲突经常会干扰整个经济全球化的进程。同时，战争、恐怖袭击等非经济因素也会给经济全球化带来程度不同的破坏。因此，经济全球化的发展不可能一帆风顺，甚至在一定阶段出现所谓"逆全球化"也在所难免，尽管世界经济领域存在的全球增长动能不足、全球经济治理滞后、全球发展失衡等三大突出矛盾一直没有得到根本解决，但经济全球化在曲折中继续发展的趋势是不会改变的。

第四节　经济全球化的格局

在经济全球化下，一个国家或地区的经济，总是在一定的内部条件和外部环境的基础上建立、发展起来，外部经济环境的演变及其结果的传导，不仅左右着一个国家或地区的经济发展战略的制定，而且在很大程度上决定着一个国家或地区未来的经济发展结果。一个经济体融入经济全球化可以获得经济利益，但同时也有可能因此而付出代价。由于世界经济发展的不平衡性，以及国际经济关系的基础是参与者之间的利益，因此，参与世界经济本身就是自身与其他经济体之间利益的交叉与妥协。参与世界经济的判别标准应该是，参与得到的利益必须大于不参与，若必然存在负面影响，则参与造成的损失必须小于不参与，否则便不是经济上的"合乎理性"。正是基于此，不同国家对经济全球化的看法会有相应的区别。

在经济全球化的大环境中，有的国家和地区从它们的内部条件出发，只能是国际政治经济事件的接受者，有的国家和地区从其内部条件和对外联系出发，则除了具有接受者的身份外，还具有国际政治经济事件制造者和引领者的身份，因此在国际经济环境中这类国家和地区除了具有被动的一面之外，更具有主动的一面，对于它们在国际经济中的地位与表现、行为与反应、动机与结果，就需要从主动和被动两个方面进行探讨。世界上的若干大国与中国由于其所具备的各种内部条件以及基于利益的与外部的各种联系，显然属于应予以探讨的后者。

中国 1978 年年底开始走上改革开放之路的时候，世界上有着四类经济大国和一个国家经济集团，在某种意义上，它们经济发展的合力就是世界经济大趋势的基本方向：美国——在 20 世纪 80 年代，它是一个全面的超级大国，经济总量列世界第一，政治、军事、文化在世界上有着决定性的影响，但在 20 世纪 80 年代初期却因 20 世纪 70 年代长期的经济滞胀，出现困扰；苏联——当时另一个公认的超级大国，经济规模大约是美国的

① John H. Dunning, *Making Globalization Good*, Oxford University Press, New York, 2003, p. 11.

60%，军事强大，处于全球范围对美国的攻势，政治上挟一个阵营，又是联合国安理会常任理事国，但僵化的体制已经显现出疲态；日本——由于20世纪60—70年代经济产生的质的变化，20世纪80年代经济生产总量列世界第二，仅次于美国，是经济的巨人，并开始尝试说“不”，开始有了当政治大国的意识；中国——在20世纪70年代末80年代初是一个人口的超级大国和经济上的潜在大国，中国之外的人们怀着各种想法，对于邓小平领导的“新长征”表示欢迎；另外，欧洲共同体——发达国家经济（包含一定的政治）集团，以经济一体化为平台，力图达到共同繁荣并继续在世界事务中成为举足轻重的一极。

二十年弹指一挥间，在21世纪来临时，人们发现自己所处的世界发生了巨大的翻转：美国——成了这个世界唯一的超级大国，星球大战计划搞垮了苏联，却在新技术的基础上建立了美国自己的新经济结构，海湾战争确立了它在世界上的政治霸权地位，东亚金融危机又确立了它在世界经济中的控制地位，伴随着高科技在美国的进展，这一经济地位在21世纪前20年，尽管有“9·11”事件的发生，并没有受到来自其他国家的根本挑战；俄罗斯——苏联的解体使俄罗斯得以恢复，内部种种矛盾的爆发，使得这一昔日的超级大国在经济发展上转型举步维艰，已经从过去的一流强国落败为具有潜力的大国，对世界经济的影响明显下降，但作为世界军事强国，显示出具有中兴的机会与可能；日本——从20世纪80年代的经济顶峰急剧下滑，由于房地产泡沫作怪，90年代陷入困境，金融领域频频出问题，进行了经济结构调整，面对经济全球化的浪潮，日本安倍晋三“三支箭”的改革开始迈出了步伐，产生了一些成效；中国——继续保持人口超级大国的地位，与此同时，中国在改革开放的40年间维持了高速经济增长，已经成为经济总量居世界第二位的经济大国，随着转型调整，在深化改革、创新驱动下发展前景明朗；欧盟——欧洲经济一体化的巨大发展是近20年来世界经济中一件具有划时代意义的大事，经济一体化发展到了经济与货币联盟阶段，尽管存在着种种矛盾和困难，并出现了英国脱欧的事件，但今天欧盟仍然继续保持着世界经济中举足轻重的一极的地位。

考虑到在世界经济史上，一波一波全球化高潮之间存在着各个国家经济地位的相对变化，也存在着世界经济的低谷，各国经济和全球化应该是波浪式前进的，会随着经济周期出现潮起潮落，很难说在世界经济的谷底，就一定意味着全球化的逆转、某些国家的彻底败落，而应该是在进行相应的调整，使之更符合世界经济发展的客观要求，是在积蓄下一次发展的力量，等待下一次发力的时机。如果认同今天经济全球化是各国在经济上相互依存不断加深同时竞合也不断深化，即一荣俱荣、一损俱损不断加强的历史过程，则经济全球化的进程事实上并没有出现根本逆转，而只是表现形式与过去有所不同，表现为商品和资本等有形要素的国际流动逐步转向技术、信息、服务等无形要素的国际多边流动的日益加强，如果考虑到承载诸多要素的平台的出现、全球价值链的伸展、游戏规则正在发生着深刻的变化（如在无形网络中的传导与结合），对关于全球化的全然迥异的看法，就需要进行更为全面的分析才能够找出具有规律性的联系。

第五节　经济全球化的新动向

学者大多认为，始于20世纪80年代的这一轮经济全球化，具有科技进步推动、跨国公司先行、美国主导以及发达国家引领、新兴经济体参与的特点。它塑造了过去几十年的世界经济格局。然而，随着世界经济动力的弱化，这一轮全球化增长势头逐渐减弱，尤其是2008—2009年的美国次贷危机引发了世界金融危机，世界经济进入新常态，使全球化进程加速进入相对的低谷时期。在今天的世界中，贸易保护主义抬头，全球监管在各国趋紧，区域经济一体化机制安排出现了裂隙和离心化（最显著的例子是英国脱欧），英国前首相布朗撰文称，全球化机遇已经成为“全球化危机”，“全球化幻想已经破灭”，出现了“逆全球化的过程”。各种争论的出现使人们认识到，经济全球化出现了新的变化，并酝酿着转型。

（1）经济全球化的推动力没有发生逆转，但却产生了不同于过去的变化。

第一，在全球化发端的时代，各国都程度不同地存在着自然资源、资本、劳动力、技术不足的矛盾，需要通过要素的跨国界流动实现资源的最优配置，通过国际分工和国际交换实现成本最小化生产，最终实现利润的最大化。在当代经济生活中，生产力和消费需求多元化水平空前提高，仅仅依赖国内生产，不仅越来越受到国内资源结构和要素市场层次的限制，而且无法满足消费者更加多样性的需求。解决这些矛盾和问题，必须充分利用国际市场和资源，这必然导致各国经济的相互依赖性大大增强。这一客观过程并没有发生逆转，互联互通的要求没有逆转，只是矛盾的主导从供给不足转变为供给与需求结构的错位、不均衡不充分。世界经济目前正在进行结构调整，以形成供给与需求的新的动态循环和平衡，这种新的供求的动态平衡使得经济全球化具有了新的潜在助推力。

第二，正在酝酿的科学技术跃升式进步，将为经济全球化提供不同于过去的物质基础和新动能。在近代人类发展的历史上，科技革命、工业革命的发生都会带来世界经济的巨变。目前，一种观点认为世界正处在第六次科技革命、第四次工业革命的前夕，酝酿着生产力的巨大跃升。可以预见，以移动互联网、大数据、云计算、量子计算、量子通信、物联网、网络金融等新技术、新经济模式为特征，尤其是未来以人工智能、生命科学、新能源革命、储能进步为特征的新工业革命，将把世界经济更加紧密地联系在一起，科技创新与进步倒逼世界经济必须互联互通。一个网络把世界变成地球村，面对着人们所说的第六次科技革命、第四次工业革命的来临，未来的科技革命取得突破性进展后，经济全球化也会随之产生新的进程和特点。

第三，全球价值链的发展为经济全球化提供着新的生产和市场基础。经济全球化的微观主体——跨国企业根据自身经营和发展的需要，按最有效的方法在全球配置资源、从事生产、进行销售。这形成了全球价值链。全球价值链促进了资本和企业进一步的跨国流动以及生产在世界范围的布局，世界市场的扩张也必然在客观上要求各国政府尽量为各个国家在自家国土上发展的企业创造宽松的环境，使得各国经济运行原则普遍趋同。这在第二次世界大战结束后的70多年中，无论在发达国家还是发展中国家，趋势都是十分明显的。另外，全球服务贸易获得了长足发展，发达国家强烈要求围绕服务贸易减少限制性措施，服务贸易自由化的客观推进为分析经济全球化的进展和拓宽构建了新的载体，开辟了新的视角。

（2）随着经济全球化的发展，人们对于它所带来的影响与作用的体会在逐渐深化，这使得世界对于经济全球化从质到结构层面产生了一些新的认识。

首先，人们对于全球化的可持续性产生了新的认识，这可以综合为全球范围经济发展的可持续性、社会发展的可持续性和环境的可持续性。

在20世纪80年代，经济的脱实入虚使得金融全球化得到了迅猛发展，进入21世纪，尤其是美国次贷危机后，世界经济出现了脱虚入实的趋势。新的技术进步在不同国家带来了传统就业一定程度的相对减少，人们误认为这是全球化带来的后果；全球范围内资本和劳动的收益差距不断扩大，人们认为这种差距拉大是经济全球化在收入分配中的倾向性使然；世界金融资本的全球化运作给世界经济稳定带来了巨大的风险；全球的社会与环境赤字越来越严重。同时，尽管新兴经济体和发展中国家连续数年成为世界经济增量的主要贡献者，但它们在世界利益的分配格局和治理结构中仍处于弱势群体的地位，世界经济的天平并没有体现出这种经济增量贡献的转变，导致人们对于现行经济全球化国际格局产生了巨大的质疑。正是在这样的情况下，随着经济全球化理论和实践的发展，人们开始在各个层面更加注重全球化的深层次影响，经济全球化必须能够使世界经济发展可持续、各国的社会发展可持续以及世界的环境可持续逐渐成为共识，这些将在未来的全球化发展中成为新的趋势，取代过去全球化被诟病的造成世界贫富差距的加大、世界环境的破坏以及收益与受损的失衡。

其次，经济全球化造成了世界各个国家在世界经济中定位的变化，人们对于经济全球化的格局有了新的理解与认识。

共商、共建、共享、合作、发展、共赢正在逐步成为新时代经济全球化的重要方向，世界经济在维持原有的传统供求平衡循环的同时，正在逐步形成在新的基础上的供求平衡循环。

现代化大生产超越国界，造成世界范围内新的分工、交换，产生要素的流动和配置，并以此为基础扩大了国际贸易、投资和生产，形成了全球产业链和价值链，进而形成了由科技进步推动、金融资本主导、跨国公司先行、美国及发达国家引领、新型经济体快速发展的经济全球化的利益格局。随着经济全球化的进展，上述格局产生了变化，新兴经济体低成本创新、大规模生产、追求利润与世界市场份额扩大并举的变化过程，以及中国制造、美欧消费的供求平衡循环，造成了世界经济的失衡，产生了诸多矛盾：一些发达国家和新兴市场经济国家之间巨额的贸易逆差和贸易顺差之间的失衡，使得一些主要经济体的经常账户存在着不可持续性；世界经济失衡的另一个重要表现也在日益显现，那就是伴随欧美国家国际收支逆差的加大，出现了私人债务国家化、国家债务国际化的现象。全球化进程中出现了国与国之间利益的矛盾、国家局部利益和世界经济整体利益的矛盾。应该讲，经济全球化的原有格局对于新兴经济体而言，商品订单是欧美给的，生产能力是外资建的，它们变成了世界工厂，这实际上是国际金融资本在世界配置资源的结果，是华尔街、伦敦城把新兴经济体变成了世界工厂，新兴经济体是“被”变成世界工厂的，世界的商品流、金融流的流向发生了变化，全球价值链上的利益格局也发生了变化。这样的格局加大了人们对于经济全球化认识的差异，也催生了人们对于经济全球化的再思考：全球化趋势将会以一种什么样的新特征继续发展下去？这种新特征的主要表现是什么？如何在加强全球化的同时，注意世界经济格局的动态变化，在利益分配上有所改进？不同国家将立足本国实际，在主权与经济发展之间重新做出权衡。

已有的经济全球化历史表明，国际经济、政治关系有一定的秩序总比无序要好得多，尽管这种秩序存在诸多不合理的地方，并为人们所诟病。正在酝酿的新经济全球化的秩序，其基础是旧秩序，二者的转换与替代将是明显的改良过程的累积，是一个渐进的从量变到质变最终进入全新秩序（应该还会有旧秩序的影子）的过程，它是经济全球化参与各方利益与实力角力、磨合、妥协的结果，这种转换绝非人们的善良意志和学者的设计使然。

第六节　温特尔主义与全球价值链的兴起

温特尔主义与新型跨国生产体系的形成是 20 世纪后半叶在世界经济尤其是国际生产领域中具有划时代意义的事物，而今天世界经济中全球价值链的兴起正在改变经济全球化的世界版图。温特尔主义是在与传统的福特主义、丰田模式的扬弃、交叉、磨合中诞生的，是一种全新的生产方式。传统生产方式是以最终产品生产者在市场中垂直控制为主要特征的。温特尔主义则与之截然相反。它的特征是：围绕着产品标准在全球有效配置资源，形成标准控制下的产品模块生产与组合，标准制定者在完成产品价值链的全过程中，在与模块生产者的分工中，最终完成以双赢为基础的控制。这一双赢和控制在生产的总架构和全过程中，在产品的零部件模块生产及控制产品的“软件”的制定过程中贯彻始终。因此，温特尔主义不仅仅是高新科技条件下经济全球化的产物，在它的基础上形成的全球价值链更是一种适应经济全球化竞争的生产模式（方式），对世界经济有着深刻的影响。

温特尔主义企业以高新科技为基础，利用自己掌握的强大信息网络，以产品标准和全新的商业游戏规则为核心，控制、整合了全球的资源，使得产品在其最能被有效生产出来的地方，以模块方式进行组合，最终创造出了 20 世纪 90 年代美国经济 120 个月繁荣的奇绩。在这一生产架构中，标准和游戏规则的制定掌握在极少数国家手中，而大多数生产者则以模块生产的形式实现和落实着这些标准。在这个架构中，标准和游戏规则的重要性是不言而喻的，它们能够确保制定者的根本利益，但与此同时，标准的使用和落实者也可以通过产品模块的生产与组合获益，形成双赢，这在过去是没有的。在实践中，温特尔主义的创始国利用自己的金融实力和物流能力，将标准使用者生产的模块式的产品在全球范围内以最短的时间实现，完成价值链流程，并从中获利。

从理论上讲，传统的福特主义以分工和效率为基础，强调生产的内部化过程，形成了大而全、强而有力的单一生产体系。日本的丰田模式重视生产的社会化，在社会中形成了自己的零部件生产体系，以高效、廉价创建了丰田王国。与福特主义内部化生产体系不同，丰田模式注重的是在社会化、产业化过程中获取自己的最大利益。丰田公司与其合作者的关系是单赢式的垂直控制，温特尔主义强调以建立和发展产品的标准为主线，在经济全球化中将产品分解为不同的模块，在资源能够最佳组合的地方从事生产和组合，这一过程体现了标准和模块生产者之间的双赢关系，同时也体现了标准对模块生产者的全方位控制。从生产的角度讲，福特主义是自己开发形成产品的模块，丰田模式是使模块围绕着产品诞生，而温特尔主义则是用标准控制模块的区位生产与组合。因此，我们说福特主义是内部化的产物，丰田模式是产业化的产物，温特尔主义则是经济全球化的必然结果。

温特尔主义的生产模式带给了我们很大的启示。是否可以认为这是一种趋势：高技术的无形产业最终将控制有形的标准化的制造业产业，标准和游戏规则的制定、贯彻将左右全世界产业的运行，在经济全球化参与者双赢的过程中实现自己对世界经济的控制？从另外的角度讲，温特尔主义给了标准制定者以左右其他经济体的力量，在标准提升即新标准被制定出来后，标准的制定者在选择模块生产区位上具有绝对的主动权，其喜好则会造成某些经济体按照传统标准建立的产业的衰退（如 20 世纪 90 年代的日本、今天的“亚洲四小龙”）和另一些经济体按照新标准建立的产业的兴起，从而在全球范围按照自己的利益形成新的国际生产格局，完成控制，而某些经济体将成为这种控制的牺牲品。

温特尔主义使得美国成为经济全球化的主导，它以高新技术创新为基础，以控制世界资源（人才、资金、稀缺的自然资源）的流向和经济产出（进口、出口）的流向为手段，以产品标准和商业游戏规则的制定来保证自己在世界经济中的根本利益，因而在经济全球化中获得了最大的利益。在这个基础上，全球的产业结构进行了重组，中国加入经济全球化的过程正好是在这个背景下发生的，在产品标准与商业游戏规则得到确定后，规模与成本便成为重要的因素，这恰恰是中国在今天的重要的动态比较优势。

随着温特尔主义的发展，世界经济中价值链的重要性日益显现。按照联合国工业发展组织所下的最有代表性的定义，全球价值链是指为实现商品或服务价值而连接生产、销售、回收处理等过程的全球性跨企业网络组织，涉及从原料采购和运输，到半成品和成品的生产与分销，直至最终消费和回收处理的整个过程。它包括所有参与者和生产销售等活动的组织及其价值、利润分配，当前散布于全球的处于价值链上的企业进行着从设计、产品开发、生产制造、营销、交货、消费、售后服务到最后循环利用等各种增值活动。简言之，生产将在最能够实现效率的地方与要素相结合，形成世界新的生产体系。经济全球化正是在全球生产体系形成价值链的情况下进一步发展和深化的，人为因素是不可能阻断这一进程的。

第七节　全球价值链格局新变化的意义

从生产力的角度分析，人类历史上具有标志性的里程碑总是和生产力的变革结合在一起的，四大发明不仅是古代中国繁荣昌盛的骄傲，而且是全人类的文明进步，国际互联网络的建立则使得美国人从“汽车轮子上的民族”跃进为“网络上的民族”，进而借助经济全球化过程意图将世界“一网打尽”。发达国家与发展中国家经济结构存在着的差异确定了它们各自在经济全球化中的位置，在这样的情况下，形成了全球价值链的分布与不同国家在经济全球化的分工格局和利益格局中的不同地位。

在经济结构转换的分析中，经济结构的差异决定着不同国家和地区在经济全球化中的位置，高一个层次的产业结构几乎可以完全控制低一个层次的产业结构，或主导世界经济的方向——这就如同 19 世纪资本主义的大英帝国可以打败封建主义的中华帝国，20 世纪帝国主义的英国可以打败民族主义的阿根廷（两次都是为数有限的远征军打败坐守本土的国家），美国的计算机、网络、金融创新、人工智能的出现一样具有这样的影响。在现实的经济运行中，低一个层次的产业结构中的设备机械，在高一个层次的产业结构的眼中，大抵只能属于废铁和原料。产业结构从原始的采摘开始，其次是加工，再次是加工他人的原料，继而是提供加工的标准、工艺、市场规则，最后是出售人的想法，如电影、软件。人们一直都在讲，美国人发明了半导体，却在规模生产上败给了日本人甚至韩国人，市场也让给了日本人或者韩国人，并认定这是美国在产业上的失败与悲剧。但很少有人换一个逆向角度来分析：在高技术时代，半导体仅仅是一种原料和中间产品，完全受到高技术发展趋势的左右，美国人有什么理由不让日本人、韩国人生产这种投资大、生产率低的“原料”，而自己集中全力去发展 IT 产业，以向芯片中凝结智力产品以及金融运作为武器，同时可以居高临下地控制后者的产成品在市场中的实现，并去发展更具方向意义的人工智能呢？另外，由于产品生命周期过程的加速，产品的无形损耗日益加大，被加工出来的产品很可能在短时间内就成为过时的压库负担了，计算机从 386、486、586 到奔 3、奔 4、迅驰的发展，到今天的超薄本、iPad，直至智能 4G、5G 手机，非常有力地说明了这一进程，谁生产这些硬件产品，无形损耗便由谁承担，美国则脱身去从事其他的更有“意义”的生产，至少目前，在苹果手机、网络、人工智能控制上，仍然没有国家能够与之争锋。见微知著，今天全球价值链是否可以被认为具有这样一种趋势：高技术的微型（如芯片）无形（软件）产业最终将控制有形的标准化的规模制造产业？以知识为基础的经济体现在在包含 AI（人工智能）、IT（信息技术）、BT（生命科学）、MT（材料技术）、AT（空间技术）、OT（海洋技术）和金融创新等的高科技方面左右着经济的发展方向，美国在此方面具有先行的特点，而中国则具有后发特点，它们在经济全球化中的地位也可以从上述情况中得到部分说明。

日本曾经是东亚地区技术的重要供给者，这也是它在该地区地位强大的基础，但是在 20 世纪 90 年代，它自身失去了调整的方向，已经不能作为新技术的来源地，失去了对技术要素流动方向的控制，加之它很少能大量吸纳该地区的产出，于是日本的经济地位在该地区的下降便成为定局。美国和中国的情况则正好相反，美国是今天世界经济中唯一从根本上既可以控制生产要素的流动方向，又可以控制经济产出的流动方向的国家，加上前面提到的强大的创新能力，奠定了它在世界经济中的地位。中国以世界第二的经济总量，大量吸纳世界的要素和产出，地位也在不断提升，对世界要素与产出流向的影响力在日益增强。

20 世纪 90 年代以来，东欧、北非、中东的动荡造成大量资金流入美国，为美国提供了廉价的货币资本，又因为美国良好的基础设施和科研设备，大量的代表着科技、经济未来的高技术人才也纷纷流向美国，美国实际上是在利用世界的资金、他人的头脑赚自己的钱。另外，在今天的世界贸易中，从贸易盈余和赤字出发来进行分析，世界主要贸易国家和地区如日本、中国、欧盟、拉美的贸易均是盈余，只有美国是赤字，换一个角度人们可以认为，美国是世界上商品的最后实现者和吸纳者，在经济学中，只有贸易逆差国家和地区才真正占有他人的资源（请读者从这个角度想想美国发起的贸易保护行为），正是在这样的意义上，美国在世界范围内控制着要素（尤其是高科技人才）的流动方向，也控制着商品实现的流动方向。一方面，国外高质量要素的流入提高了美国的科技竞争力，压低了要素成本，另一方面，世界产出的流入则进一步增强了竞争，刺激了进步，而廉价的商品的流入又能够进一步减轻要素的成本压力，提高美国产业的竞争力。

在世界经济中有能力控制要素和产出的流向，事实上就有可能控制他人经济发展的方向。在经济上控制要素的流向，可能会导致更加严重的后果。如果将问题仅仅局限于经济运转，可以看到的是，每年其他国家的大量学者、留学生从世界各国流向美国，不仅带去了凝结在这些学者、留学生身上的各国已经支付的人力资本，而且带去了未来美国产业创新的生力军，这是经济增长和结构转换最根本的要素，是未来新生产力的创造者，控制了这种要素的流动方向，也就控制了未来经济创新的机会、方向与可能，这是左右未来世界经济方向的根本。应该承认的是，美国在上述方面的控制力量如今尚没有国家或地区——即便是欧盟或中国——能与之匹敌。这也是它强大的另一个重要的原因。

总之，美国今天仍然是全球化中进行主导的中心，它以高新技术创新为基础，以控制世界资源的流向和经济产出的流向为手段，以游戏规则的制定保证自己在世界经济中的根本利益，因而与美国反经济全球化人士所说的相反，它是全球化最大的利益获得者。

第八节　经济全球化的影响

在世界经济中，国际经济关系有序总比无序要好得多，新国际经济秩序的基础是旧秩序，二者的转换与替代将是明显的改良过程的累积，是一个渐进的从量变到质变的过程，而转换绝非人们的善良意志使然，它是利益与实力妥协的结果。在经济全球化的今天，世界经济和国际经济关系由发达国家主导是必然的，但这样的情况在发展中国家经济实力逐渐增强、人们对社会经济生活提出更新要求的促进下，最终会发生变化，这样国际经济关系中的“中心-外围”结构才会发生相应的变化，发展中国家希望出现的国际经济秩序才有可能成为现实。

高新技术的开发与使用需要有强大的经济实力作为后盾，因此发达国家在高新技术的兴建和应用中占据着绝对的垄断地位。伴随这一现象而来的是，高新技术所需要的规则、标准、协议目前完全由发达国家制定，发展中国家只能是这些规则、标准、协议的接受者，而非制定、参与者。从根本上讲，对规则、标准、协议的控制，是更高层次的控制，不仅控制了今天的生产过程，而且控制了明天，控制了未来发展的趋势。在高科技领域中发展中国家的从属地位本来就极其明显，规则、标准和协议由发达国家制定，使得技术的层次越高，这种从属性就越强，从属的持续时间就越长，因之丧失的利益就越多，由此导致“中心-外围”结构的后果对发展中国家经济发展的影响是非常大、非常重要的，甚至在未来是极其关键的。美国今天的制造业在很大程度上不是在制造硬件产品，而是在创新、制造标准、制定规则，以其强大的创新能力、标准制定能力、品牌优势，让新兴工业化国家加工、组装美国品牌的产品（IBM、Cisco都是这样运营的），标准、品牌是美国的资源，他人按照美国的标准从事生产，是美国今天“推销”标准、规则这种无形“产品”的表现，是经济力量的表现之一。

发展中国家在确定自己的经济目标时，自觉不自觉地总是把“发达国家的今天作为自己的明天”来奋斗，事实上，发达国家过去那种以人本为中心、以资源大规模耗费为基础、以破坏自然为代价的生活方式，实在不是广大发展中国家所应该、所能够仿效的，尤其是在今天高度关注资源环境可持续的条件下，否则地球村将不复存在。发展中国家，或者说人类，在21世纪的今天，应该对经济发展的目标和我们梦寐以求的生活方式进行反思，尝试着为自己、为子孙摸索出新的可持续的经济发展目标和战略。

生活方式对社会生活潜移默化的影响是深远且超过意识形态宣传的（这是内心追求与外界灌输的差异），它的不可逆性很可能给一国的社会经济发展进程带来出乎人们意料的、戏剧性的影响。如果承认这一点，那么就可以说发达国家的今天不应该成为发展中国家的明天，在谈论高新技术的作用时，发展中国家对于这一点实在是需要加以注意，未来的生活方式一定要在福利普遍提高的基础上具有可持续性。

1999年诺贝尔经济学奖获得者、美国哥伦比亚大学教授罗伯特·蒙代尔在2000年中国人民大学授予他名誉博士学位的演讲中，非常强调中国必须在看到地区经济合作的同时，作为世界性的国家，更加重视世界经济全局性的动态。应该讲中国在未来世界经济中只有也只能这样定位，才符合中国经济发展的根本目标。美国的另一位诺贝尔经济学奖获得者、哥伦比亚大学教授、世界银行前副行长约瑟夫·斯蒂格利茨也一再提出，高新科技与高质量、低报酬劳动力的结合将是中国在未来强大的一个重要的基础，这种结合在世界上只有中国能够做到。根据经济全球化、世界产业结构转移的一般状况进行分析，中国在21世纪上半叶过去的时候，在完成社会主义现代化强国的建设后，将真正成为世界的研发中心之一、世界上最大的产品供给者之一、世界上最大的消费国家之一，并成为拉动世界经济的最重要的火车头之一。

小　结

1. 国际货币基金组织为经济全球化所下的“权威”定义是：跨国商品、服务贸易及国际资本流动规模和形式的增加，以及技术的广泛迅速传播，使世界各国经济的相互依赖性增强。经济全球化是各国在经济上相互依存不断加深但竞争也在不断深化的历史过程；其突出表现为商品、资本和技术等要素的国际多边流动日益加强；其主要因素是信息革命以及贸易和金融的自由化，即技术创新与制度变革的深化过程。

2. 经济全球化的主要表现有：国际贸易迅猛发展；生产全球化和跨国公司大发展；金融全球化迅速推进；科技全球化与全球科技资源大流动；国际经济协调机制不断强化。

3. 世界经济事物的发展有其内在规律，经济全球化发展的动因大体上有以下三个方面：各国经济发展的客观要求是经济全球化的根本推动力；科学技术进步为经济全球化提供了最深厚的物质基础；市场化改革为经济全球化提供了制度基础。

4. 温特尔主义的特征是：围绕着产品标准在全球有效配置资源，形成标准控制下的产品模块生产与组合，标准制定者在完成产品价值链的全过程中，在与模块生产者的分工中，最终完成以双赢为基础的控制。这一双赢和控制在生产的总架构和全过程中，在产品的零部件模块生产及控制产品的“软件”的制定过程中贯彻始终。因此，温特尔主义不仅仅是高新科技条件下经济全球化的产物，在它的基础上形成的全球价值链更是一种适应经济全球化竞争的生产模式。

5. 发达国家与发展中国家经济结构存在着的差异确定了它们各自在经济全球化中的位置，在这样的情况下，形成了全球价值链的分布与不同国家在经济全球化的分工格局和利益格局中的不同地位。

复习与思考

核心概念

经济全球化　　温特尔主义　　全球价值链

思考题

1. 试述经济全球化的定义及主要表现。
2. 试述经济全球化的新动向。
3. 试述温特尔主义的基本内容并进行评价。
4. 试述经济全球化对世界经济发展的作用与影响。

参考文献

1. ［美］多米尼克·萨尔瓦多．国际经济学（第五版）．北京：清华大学出版社，1998.
2. ［美］保罗·克鲁格曼．国际经济学（第四版）．北京：中国人民大学出版社，1998.
3. ［美］托马斯·A. 普格尔．国际经济学（第十一版）．北京：经济科学出版社，2001.
4. ［意］G. 甘道尔夫．国际经济学（第二版修订版）．北京：中国经济出版社，1999.
5. ［美］罗伯特·J. 凯伯．国际经济学（第八版）．北京：机械工业出版社，2003.
6. ［美］彼得·林德特．国际经济学（第九版）．北京：经济科学出版社，1992.
7. ［美］P. T. 埃尔斯沃思，等．国际经济学．北京：商务印书馆，1992.
8. ［美］彼得·B. 凯恩．国际经济．北京：北京经济学院出版社，1989.
9. ［美］默里·肯普．国际经济学导论．上海：复旦大学出版社，1990.
10. 吴大琨．国际经济学概论．沈阳：辽宁人民出版社，1988.
11. Steven Husted，Michael Melvin，*International Economics*，3rd ed.，New York：Harper Collins，1995.
12. Mordechai E. Kreinin，*International Economics*，New York：Harcourt Brace Jovanovich，1988.
13. Wilfred Ethier，*Modern International Economics*，New York：W. W. Norton，1983.

图书在版编目（CIP）数据

国际经济学简明教程/黄卫平，彭刚编著．—3版．—北京：中国人民大学出版社，2019.5
21世纪经济学系列教材
ISBN 978-7-300-26638-1

Ⅰ.①国… Ⅱ.①黄… ②彭… Ⅲ.①国际经济学-高等学校-教材 Ⅳ.①F11-0

中国版本图书馆CIP数据核字（2019）第002662号

21世纪经济学系列教材
国际经济学简明教程（第三版）
黄卫平　彭　刚　编著
Guoji Jingjixue Jianming Jiaocheng

出版发行	中国人民大学出版社			
社　　址	北京中关村大街31号	**邮政编码**	100080	
电　　话	010－62511242（总编室）	010－62511770（质管部）		
	010－82501766（邮购部）	010－62514148（门市部）		
	010－62515195（发行公司）	010－62515275（盗版举报）		
网　　址	http://www.crup.com.cn			
经　　销	新华书店			
印　　刷	运河（唐山）印务有限公司	**版　　次**	2010年9月第1版	
规　　格	185mm×260mm　16开本		2019年5月第3版	
印　　张	13.25　插页1	**印　　次**	2021年12月第3次印刷	
字　　数	311 000	**定　　价**	36.00元	

教学支持说明

1. 教辅资源获取方式

为秉承中国人民大学出版社对教材类产品一贯的教学支持，我们将向采纳本书作为教材的教师免费提供丰富的教辅资源。您可直接到中国人民大学出版社官网的教师服务中心注册下载——http://www. crup. com. cn/Teacher。

如遇到注册、搜索等技术问题，可咨询网页右下角在线 QQ 客服，周一到周五工作时间有专人负责处理。

注册成为我社教师会员后，您可长期根据您所属的课程类别申请纸质样书、电子样书和教辅资源，自行完成免费下载。您也可登录我社官网的“教师服务中心”，我们经常举办赠送纸质样书、赠送电子样书、线上直播、资源下载、全国各专业培训及会议信息共享等网上教材进校园活动，期待您的积极参与！

2. 高校教师可加入下述学科教师 QQ 交流群，获取更多教学服务

经济类教师交流群：809471792

财政金融教师交流群：182073309

国际贸易教师交流群：162921240

税收教师交流群：119667851

3. 购书联系方式

网上书店咨询电话：010－82501766

邮购咨询电话：010－62515351

团购咨询电话：010－62513136

中国人民大学出版社经济分社

地址：北京市海淀区中关村大街甲 59 号文化大厦 1506 室　100872

电话：010－62513572　010－62515803

传真：010－62514775

E-mail：jjfs@crup. com. cn

书名	作者	书名	作者
西方经济学（第七版）	高鸿业 等	经济学说史教程（第四版）	陈孟熙 等
微观经济学	刘骏民 刘晓欣	经济思想史（第二版）	张旭昆
宏观经济学	刘骏民 刘晓欣	产业经济学（第二版）	肖兴志
经济学原理（第二版）	高鸿业 等	产业经济学：原理及案例（第四版）	赵玉林
经济学基础（第二版）	高鸿业 等	产业经济学	高志刚
政治经济学教程（第12版）	宋 涛 等	产业组织理论（第二版）	吴汉洪
政治经济学（第二版）	李建建 等	发展经济学教程（第三版）	彭 刚
新编政治经济学教程（第三版）	刘志国 等	发展经济学	关 权
金融学（第四版·精编版）		新制度经济学原理	胡乐明 等
【货币银行学（第六版）】	黄 达	新制度经济学	杨德才
财政学（第九版）	陈 共	世界经济史（第四版）	高德步
计量经济学（第五版）	赵国庆	中国经济史	陈勇勤
应用计量经济学（第二版）	赵国庆	博弈论教程	卢照坤 等
计量经济学（第三版）	熊义杰 等	当代西方经济学主要流派（第三版）	方福前
● 国际经济学简明教程（第三版）	黄卫平 等	《资本论》精选	卫兴华
国际经济学（第四版）	冯德连	《资本论》导读（第二版）	胡 钧 等
社会主义市场经济概论（第五版）	杨干忠 等	《资本论》选读（第三版）	杨 志
社会主义市场经济理论（第三版）	李丰才	中级宏观经济学教程（第二版）	尹敬东 等
当代中国经济（第二版）	张 宇 等	公共经济学	张思锋
区域经济学教程（第二版）	孙久文 等	经济法（第二版）	刘大洪
区域经济学（第五版）	高洪深	城市经济学	孙久文
经济学说史（第三版）	姚开建	国民经济管理学（第三版）	胡乃武

教师可在人大社网站或通过编辑部邮箱申请本书教学资源
www.crup.com.cn或jjfs@crup.com.cn

ISBN 978-7-300-26638-1
9 787300 266381 >
定价：36.00元

策划编辑 王晗霞
责任编辑 王素克
装帧设计